네이티브처럼
듣고 말하는 영어
구동사수업

네이티브처럼 듣고 말하는
영어 구동사 수업

초판 1쇄 발행 2024년 8월 23일
초판 3쇄 발행 2024년 11월 5일

지은이 조찬웅, Kayla Mundstock
발행인 김태웅
편집 황준, 안현진
카피 디렉팅 정상미
디자인 싱타디자인
마케팅 김철영
제작 현대순

발행처 (주)동양북스
등록 제 2014-000055호
주소 서울시 마포구 동교로22길 14 (04030)
구입 문의 전화 (02) 337-1737 팩스 (02) 334-6624
내용 문의 전화 (02) 337-1763 이메일 dybooks2@gmail.com

ISBN 979-11-7210-034-6 13740

네이티브 처럼 듣고 말하는 영어 구동사 수업

조찬웅, Kayla Mundstock 지음

PRACTICAL GUIDE TO
ENGLISH
PHRASAL
VERBS
FOR REAL-WORLD USE

동양북스

어학원에서 10년 이상 영어를 가르치고, 수많은 실전 영어 콘텐츠를
제작하면서 항상 고민했던 문제점이 하나 있었습니다.
영어를 배우는 한국인 학습자들이 무엇보다도 '구동사'에 대한
접근을 어려워한다는 것이었습니다. 구동사는 일상 대화에서
자주 사용되지만, 많은 학생이 그 의미를 혼동하곤 합니다.
단순히 동사 목록을 외우는 것만으로는 이해하기 어렵고,
또 활용하는 데에도 한계가 있기 때문에 학습에 고충을 겪게 되는
것입니다. 저는 이 문제를 해결할 방법을 찾고 싶었고,
학습자들이 영어를 쉽게 배울 수 있도록 돕는 것에 큰 관심과
열정을 가지고 있는 동료 선생님 Kayla 역시 같은 생각이었습니다.

많은 노력과 여러 시행착오 끝에 〈네이티브처럼 듣고 말하는
영어 구동사 수업〉이 탄생했습니다. 가장 큰 목표는 구동사를
따분하게 반복하는 대신, 다양한 방식으로 접하도록 구성 방향을
잡는 것이었습니다. 비슷하게 생긴 구동사 리스트를 과감히 없애되,
쉽게 접근할 수 있는 일상 소재에 관한 주제를 정해
그와 어울리는 구동사를 배치했습니다. 이 책은 하나의 구동사를
문장, 대화문, 단락, 문답 퀴즈 등 8개의 각기 다른 구성을 통해
반복 학습할 수 있도록 설계되었습니다. 이는 네이티브가
하나의 구동사를 다양한 맥락에서 반복하며 배우는 방식을
그대로 반영한 것입니다.

Kayla와 저는 이 책을 통해 영어 구동사에 대한 올바른 해결책을
제시하고자 합니다. 우리의 목표는 단순히 구동사의 의미를
설명하는 데 그치지 않고, 학습자가 일상 대화에서
자신 있게 구동사를 사용할 수 있도록 하는 것입니다.
어떤 구동사를 써야 할지 고르는 것 자체가 어렵다는 걸 알기에,
실제 상황이 잘 녹아 있으면서 활용도가 높은 다양한 예문을
많이 실었습니다. 영어를 마스터하기 위해 노력하는 학생이든,
언어 실력을 키우고자 하는 열정이 있는 사람이든,
이 책이 영어를 배우는 여러분의 여정에 소중한 자산이 될 것이라
자신합니다. 구동사의 세계에 오신 것을 환영합니다!
이 책에서 많은 배움을 얻어가시길 진심으로 바랍니다.

1 구동사를 꼭 배워야 할까?

"영어권 원어민은 실제로 구동사를 자주 쓰나요?" 결론부터 말씀드리면, '셀 수 없을 정도로 자주 쓴다'입니다. 팝송, 영화, 드라마, 유튜브, 원서, 팟캐스트 등 어떤 영어 콘텐츠를 봐도 구동사를 반드시 만나게 됩니다. 그만큼 자주 사용되기 때문이죠. 지금부터 제가 모은 구동사 증거를 하나씩 살펴보겠습니다.

❶ 팝송 〈New Light 뉴 라이트〉 by John Mayer

We talk, and then you walk away every day.
매일 우린 대화를 나누다가도 너는 떠나 버려

❷ 영화 〈Marriage Story 결혼 이야기〉

I rely on him to keep things in order.
나는 그에게 정리정돈을 믿고 맡긴다.

❸ 드라마 〈Emily in Paris 에밀리, 파리에 가다〉

Gabriel set aside some tables.
가브리엘이 테이블을 몇 개 잡아 줬어요.

❹ 원서 〈Hidden Potential 숨겨진 잠재력〉 by Adam Grant

How well did they get along?
그들은 얼마나 잘 지냈어요?

❺ 팟캐스트 〈The Morgan Housel Podcast 모건 하우젤 팟캐스트〉

Bill Gates came up with this approach.
빌 게이츠가 이런 접근 방식을 생각해 냈어요.

위 예문에서는 walk away, rely on, set aside, get along, come up with와 같은 구동사들을 사용했습니다. 다양한 영어 콘텐츠에서 구동사가 자주 보이죠? 이 구동사들을 찾기 위해 일부러 노력한 것은 아닙니다. 아침에 들었던 팝송에서 귀에 들어온 것을 골랐고, 점심에 읽은 원서에서 눈에 띄는 것을 고른 것뿐입니다. 다시 질문으로 돌아가 보겠습니다. "영어권 원어민은 실제로 구동사를 자주 쓰나요?" 이제 독자 분들도 자신 있게 답할 수 있을 것입니다. 구동사가 사용되지 않는 곳이 없다고요.

2   구동사에서 동사와 전치사/부사의 역할은?

구동사는 동사와 전치사/부사로 이루어져 있습니다. 예를 들어, '(옷 등을) 입다'라는 의미의 put on을 생각해 봅시다. 여기서 put은 동사이고, on은 전치사/부사입니다. 예를 들어, "밖이 추우니 스웨터를 입으세요"라는 문장은 "You should put on a sweater. It's cold outside."가 됩니다. 이는 구동사의 기본 개념으로, 이해하기 어렵지 않습니다.

하지만 put on과 비슷하게 생긴 다른 구동사들을 만나면 문제가 생길 수 있습니다. 예를 들어, try on, pull on, throw on은 모두 '(옷 등을) 입다'라는 의미를 갖지만, 각각의 뉘앙스가 조금씩 다릅니다. try에는 '처음'이라는 뉘앙스가 있어서 try on은 '처음 입다'라는 의미가 됩니다. pull에는 '당기다'라는 뉘앙스가 있어 pull on은 힘을 들여 '잡아당겨 입다'라는 뜻이 됩니다. 마지막으로 throw에는 '아무렇게나 던지다'라는 뉘앙스가 깔려 있어서 throw on은 대충 '걸쳐 입다'라는 의미가 됩니다.

put on, try on, pull on, throw on은 각각 동사 put, try, pull, throw가 다르지만, 전치사 또는 부사 on은 동일합니다. 이들을 묶어서 보면, 동사와 전치사/부사의 역할이 더 분명해집니다. '입다'라는 기본 의미는 전치사/부사 on에 있고, '어떻게 입느냐'의 섬세한 뉘앙스는 동사 put, try, pull, throw에 있습니다. 즉, 구동사의 기본 의미는 전치사/부사에 있고, 기본 의미에 더한 세부적인 뉘앙스는 동사에 있다는 뜻입니다.

구동사는 이름 때문에 동사만 중요하다고 생각하고, 전치사/부사를 소홀히 여기는 경향이 있습니다. 하지만 구동사는 동사와 전치사/부사로 이루어져 있습니다. 동사는 동사대로 역할이 있고, 전치사/부사는 전치사/부사대로 역할이 있습니다. 이 두 가지의 역할을 이해하고 균형 있게 학습하면, 구동사가 더 이상 영어 학습의 걸림돌이 되지 않을 것입니다.

3 구동사가 만만해지는 방법은?

구동사를 쉽게 이해할 수 있는 한 가지 방법을 알려드리겠습니다. 이 방법을 사용하면 구동사가 이전과는 다르게 보일 것입니다. 더 좋은 점은, 이 방법이 배우기도 쉽다는 것입니다. 이제 그 비법을 공개합니다! 구동사를 만날 때마다 '물리적인 뜻'과 '추상적인 뜻'을 분류해서 기억하세요.

물리적인 것은 모양이 있고 눈에 보이며 만질 수 있다는 뜻입니다. 예를 들어 '노트북'을 생각해 보세요. 노트북은 직사각형의 모양이 있고 눈에 보이며 손으로 만질 수 있습니다. 반면, 추상적인 것은 모양이 없고 눈에 보이지 않으며 만질 수 없다는 뜻입니다. 예를 들어 '결혼'은 모양이 없고 눈에 보이지 않으며 만질 수도 없습니다. 조금 복잡하게 들릴 수 있지만, 걱정하지 마세요. 구동사 fall apart에 적용해 보면 쉽게 이해할 수 있을 것입니다.

구동사 fall apart의 기본 의미는 '무너지다, 허물어지다'입니다. 예를 들어 노트북이 망가져 가는 상황에서는 "My laptop is falling apart."라고 말합니다. 신발이 낡아서 더는 못 신게 되었다면 "These shoes are already falling apart."라고 할 수 있습니다. 포크로 세게 눌러 케이크가 부서졌을 때는 "The cake fell apart."라고 자연스럽게 말할 수 있습니다. 이 세 가지 예문에서 공통점을 찾으셨나요? 노트북, 신발, 케이크는 모두 fall apart의 물리적인 뜻이 적용됩니다.

이번에는 fall apart의 추상적인 의미를 살펴보겠습니다. 계획이 완전히 틀어진 상황이라면 "The plan completely fell apart."라고 말합니다. 결혼 생활이 파국으로 치닫고 있다면 "Our marriage is starting to fall apart."라고 할 수 있습니다. 또한 경제가 빠른 속도로 어려워지고 있다면 "The economy is quickly falling apart."라고 표현합니다. 계획, 결혼, 경제는 fall apart의 추상적인 뜻이 적용됩니다.

이렇게 분류하지 않고 개별 뜻을 외우려고 하면 중간에 포기할 확률이 높습니다. 우리말 번역이 제각각이어서 의미가 혼란스러워질 수 있기 때문입니다. 다행히도 많은 구동사가 물리적인 뜻과 추상적인 뜻을 가지고 있습니다. 다시 말해, 구동사의 수많은 상황을 단 두 가지로 분류해서 이해할 수 있다는 의미입니다. 이렇게 생각하면 구동사가 더 만만하게 느껴지지 않나요? 지금까지 배운 구동사와 앞으로 배울 구동사에 모두 이 방법을 적용해 보세요!

4 구동사에도
짝꿍 단어가 있다?

특정 동사에는 자주 함께 쓰이는 단어가 있듯이, 구동사에도 자주 함께 등장하는 단어들이 있습니다. 예를 들어, 우리말 '실수하다'에 해당하는 영어 표현은 make a mistake입니다. 여기서 make의 짝꿍 단어는 a mistake입니다. 이러한 단어의 조합을 '콜로케이션(collocation)'이라고 합니다. 'co'는 '함께'라는 뜻이고, 'location'은 '위치'라는 뜻이므로, 콜로케이션은 함께 쓰이는 단어의 조합이라고 이해하면 됩니다.

그렇다면 구동사에도 짝꿍 단어가 있을까요? 네, 있습니다. 특정 구동사와 자주 같이 쓰이는 단어들이 있습니다. 예를 들어, 구동사 come up with는 '생각해 내다'라는 뜻인데, 보통 a solution과 함께 사용됩니다. 이를 합치면 '해결책을 생각해 내다'라는 의미의 come up with a solution이 됩니다. 여기서 a solution이 come up with의 짝꿍 단어입니다.

이와 비슷한 예는 많습니다. 예를 들어, '공간을 차지하다'는 take up space, '문제에 부딪히다'는 run into problems, '밀린 잠을 자다'는 catch up on sleep 등이 있습니다. 이 외에도 주어와 함께 쓰이는 구동사의 조합도 있습니다. 예를 들어, '시간이 부족하다'는 time runs out, '상황이 바뀌다'는 things turn around, '이름이 뜨다'는 name pops up 등이 있습니다.

구동사의 짝꿍 단어를 익히면 어떤 효과가 있을까요? 구동사가 들어 있는 영어 문장을 읽고 들을 때 더 쉽고 빠르게 이해할 수 있습니다. 구동사 앞뒤에 나올 단어가 정해져 있으므로, 머릿속에서 고민할 시간이 줄어들기 때문입니다. 물론 영어로 말할 때도 유용합니다. 한 번에 뱉을 수 있는 덩어리 단어가 많아져서, 자연스럽고 속도감 있게 말할 수 있습니다. 구동사의 조합을 익히지 않을 이유가 없겠죠?

하나의 구동사를 8번 반복하여 학습할 수 있도록 구성했습니다. 같은 구동사를 다양한 맥락에서
여러 번 마주치는 것이 구동사를 기억하는 최적의 방법입니다.

1 기본 설명 들어보기

기본적인 의미와 자주 쓰이는 상황을 섬세하게 설명합니다. 흔히 저지
르는 실수를 짚어내고, 그 대안과 해결책을 제시합니다.

> 구동사를 확실히 이해하는 데 초점을 맞췄어요.

2 원어민의 시각 보기

네이티브 감각으로 구동사의 정확한 뜻을 해설합니다.
원어민이 아니면 이해하기 어려운 뉘앙스를 집어줍니다.

> 구동사를 영어로 이해하고 받아들일 수 있게 도와줄 거예요.

저자의 강의를 통해 유튜브에서 직접
가이드를 받을 수 있습니다.

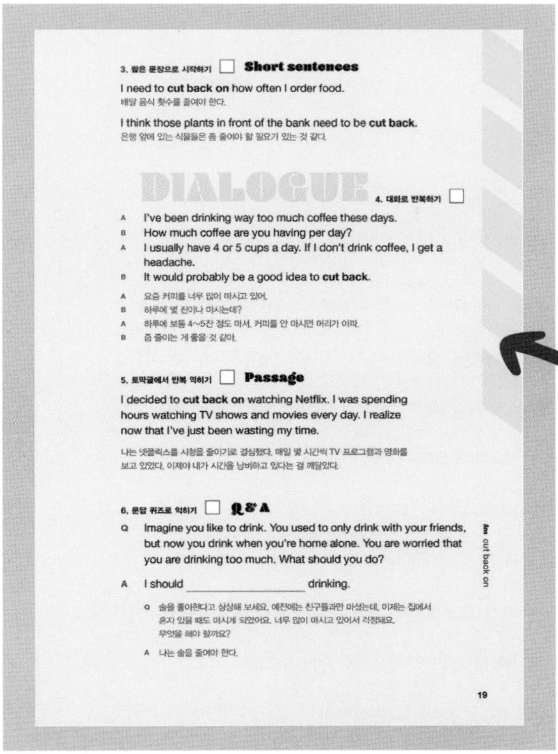

3. 짧은 문장으로 시작하기 ☐ **Short sentences**

I need to **cut back on** how often I order food.
배달 음식 횟수를 줄여야 한다.

I think those plants in front of the bank need to be **cut back.**
은행 앞에 있는 식물들은 좀 줄여야 할 필요가 있는 것 같다.

DIALOGUE

4. 대화로 반복하기 ☐

A I've been drinking way too much coffee these days.
B How much coffee are you having per day?
A I usually have 4 or 5 cups a day. If I don't drink coffee, I get a headache.
B It would probably be a good idea to **cut back.**

A 요즘 커피를 너무 많이 마시고 있어.
B 하루에 몇 잔이나 마시는데?
A 하루에 보통 4~5잔 정도 마셔. 커피를 안 마시면 머리가 아파.
B 좀 줄이는 게 좋을 것 같아.

5. 토막글에서 반복 익히기 ☐ **Passage**

I decided to **cut back on** watching Netflix. I was spending hours watching TV shows and movies every day. I realize now that I've just been wasting my time.

나는 넷플릭스를 시청을 줄이기로 결심했다. 매일 몇 시간씩 TV 프로그램과 영화를 보고 있었다. 이제야 내가 시간을 낭비하고 있다는 걸 깨달았다.

6. 문답 퀴즈로 익히기 ☐ **Q&A**

Q Imagine you like to drink. You used to only drink with your friends, but now you drink when you're home alone. You are worried that you are drinking too much. What should you do?

A I should __________ drinking.

Q 술을 좋아한다고 상상해 보세요. 예전에는 친구들과만 마셨는데, 이제는 집에서 혼자 있을 때도 마시게 되었어요. 너무 많이 마시고 있어서 걱정돼요. 무엇을 해야 할까요?

A 나는 술을 줄여야 한다.

Ans cut back on

19

3 짧은 문장으로 시작하기

구동사를 직관적으로 이해할 수 있는 문장 2개를 준비했습니다. 앞서 다룬 포인트를 짧은 문장에 스스로 적용해 봅니다.

> 깊이 고민하지 않고 구동사에 눈도장을 찍는 것만으로 충분해요.

4 대화로 반복하기

생생한 맥락 속에서 구동사를 배우는 단계입니다. 원어민이 주고받는 대화에서 구동사를 다양하게 반복합니다.

> 곧장 써먹어도 될 정도로 자연스러운 구어체 표현에 중점을 뒀어요.

5 토막글에서 반복 익히기

짧은 글 속에서 구동사를 반복합니다. 생각, 경험, 사건 등을 표현하는 데 구동사를 활용하는 방법을 배웁니다.

> 내 생각을 확장해서 말할 수 있도록 도와줄 거예요.

6 문답 퀴즈로 익히기

구동사를 제대로 이해하고 사용할 수 있는지 최종 점검하는 단계입니다. 영어로 문제를 풀고 정답까지 영어로 생각하는 것이 중요합니다.

> 퀴즈를 풀고 나면 네이티브 감각이 완성될 거예요.

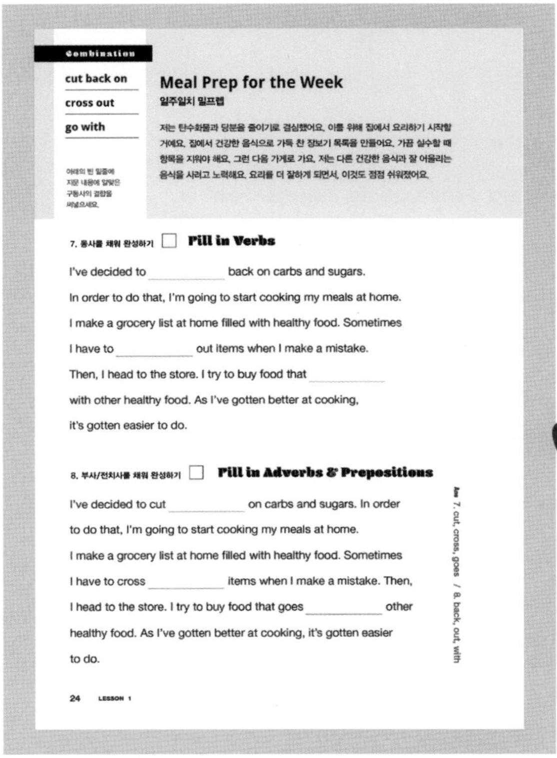

Combination

cut back on
cross out
go with

아래의 빈 밑줄에 지문 내용에 알맞은 구동사의 결합을 써넣으세요.

Meal Prep for the Week
일주일치 밀프렙

저는 탄수화물과 당분을 줄이기로 결심했어요. 이를 위해 집에서 요리하기 시작할 거예요. 집에서 건강한 음식으로 가득 찬 장보기 목록을 만들어요. 가끔 실수할 때 항목을 지워야 해요. 그런 다음 가게로 가요. 저는 다른 건강한 음식과 잘 어울리는 음식을 사려고 노력해요. 요리를 더 잘하게 되면서, 이것도 점점 쉬워졌어요.

7. 동사를 채워 완성하기 ☐ **Fill in Verbs**

I've decided to __________ back on carbs and sugars.
In order to do that, I'm going to start cooking my meals at home.
I make a grocery list at home filled with healthy food. Sometimes
I have to __________ out items when I make a mistake.
Then, I head to the store. I try to buy food that __________
with other healthy food. As I've gotten better at cooking,
it's gotten easier to do.

8. 부사/전치사를 채워 완성하기 ☐ **Fill in Adverbs & Prepositions**

I've decided to cut __________ on carbs and sugars. In order to do that, I'm going to start cooking my meals at home. I make a grocery list at home filled with healthy food. Sometimes I have to cross __________ items when I make a mistake. Then, I head to the store. I try to buy food that goes __________ other healthy food. As I've gotten better at cooking, it's gotten easier to do.

Ans 7. cut, cross, goes / 8. back, out, with

24 LESSON 1

7/8 동사/부사/전치사를 채워 완성하기

일상을 주제로 한 글을 제공합니다. 구동사를 억지로 끼워 넣은 부자연스러운 표현이 아니라, 실제 원어민이 일상에서 자연스럽게 사용하는 내용을 담았습니다.

> 글을 읽으며 네이티브 감각을 확인하고 강화해요.

120
PHRASAL
VERBS

PART 1

기본 삶에 대해
말할 때 쓰는 영어 구동사

cut back on
_____

cross out
_____

go with
_____

I've decided to [   ] carbs and sugars. In order to do that, I'm going to start cooking my meals at home. I make a grocery list at home filled with healthy food. Sometimes I have to [   ] items when I make a mistake. Then, I head to the store. I try to buy food that [   ] other healthy food. As I've gotten better at cooking, it's gotten easier to do.

Learn fast with **YouTube**

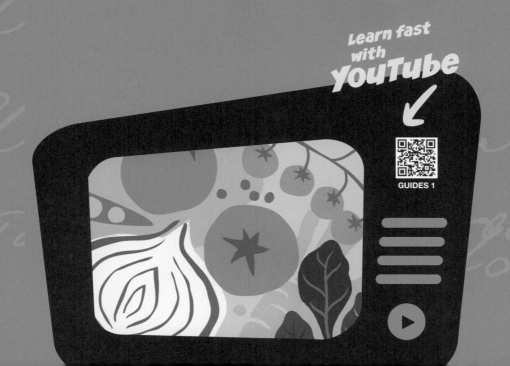

GUIDES 1

1. 기본 설명 들어보기

cut에는 '자르다' 외에도 '줄이다'라는 뜻이 있어요. 긴 끈을 자르면 길이가 줄어들죠?
이런 식으로 이해하면 기억하기 쉬워요. 보통 뒤에 '뒤로'라는 뜻의 back을 붙여 '줄이다'라는
뜻을 명확하게 해서 사용해요. cut back on은 줄이려는 대상을 명시할 때 사용하고, 문맥상
대상이 명확할 때는 cut back만으로도 충분해요. 이 표현은 특히 새해 결심을 말할 때 자주
사용돼요. 예를 들어, 새해에 몸에 안 좋은 음식을 줄이겠다고 할 때는 "I'm trying to cut back
on eating junk food."라고 말해요. 참고로 cut back은 완전히 그만두는 give up과는 달라요.
예를 들어, 담배를 줄이는 것과 금연의 차이로 생각하면 돼요.

2. 원어민의 시각 보기

When we "cut back" on something, we reduce how often we do that thing. We spend less, do less, or use something less. We usually cut back on things that are not good for us. We can also "cut back" plants or trees when they're getting too big. When we cut off branches or make a plant smaller, then we are cutting it back.

무언가를 cut back한다는 건 그 일을 하는 빈도를 줄이는 거예요. 덜 소비하거나, 덜 하거나, 무언가를 덜 사용하는 것을 의미해요. 우리는 보통 우리에게 좋지 않은 것들을 줄이려고 할 때 cut back을 사용해요. 또한, 식물이나 나무가 너무 커질 때 cut back할 수 있어요. 가지를 자르거나 식물을 작게 만들면, 그것을 cut back하는 것이 돼요.

3. 짧은 문장으로 시작하기 ☐ **Short sentences**

I need to **cut back on** how often I order food.
배달 음식 횟수를 줄여야 한다.

I think those plants in front of the bank need to be **cut back**.
은행 앞에 있는 식물들은 좀 줄여야 할 필요가 있는 것 같다.

DIALOGUE

4. 대화로 반복하기 ☐

A   I've been drinking way too much coffee these days.
B   How much coffee are you having per day?
A   I usually have 4 or 5 cups a day. If I don't drink coffee, I get a headache.
B   It would probably be a good idea to **cut back**.

A   요즘 커피를 너무 많이 마시고 있어.
B   하루에 몇 잔이나 마시는데?
A   하루에 보통 4~5잔 정도 마셔. 커피를 안 마시면 머리가 아파.
B   좀 줄이는 게 좋을 것 같아.

5. 토막글에서 반복 익히기 ☐ **Passage**

I decided to **cut back on** watching Netflix. I was spending hours watching TV shows and movies every day. I realize now that I've just been wasting my time.

나는 넷플릭스를 시청을 줄이기로 결심했다. 매일 몇 시간씩 TV 프로그램과 영화를 보고 있었다. 이제야 내가 시간을 낭비하고 있다는 걸 깨달았다.

6. 문답 퀴즈로 익히기 ☐ **Q & A**

Q   Imagine you like to drink. You used to only drink with your friends, but now you drink when you're home alone. You are worried that you are drinking too much. What should you do?

A   I should _____ drinking.

Q   술을 좋아한다고 상상해 보세요. 예전에는 친구들과만 마셨는데, 이제는 집에서 혼자 있을 때도 마시게 되었어요. 너무 많이 마시고 있어서 걱정돼요. 무엇을 해야 할까요?

A   나는 술을 줄여야 한다.

1. 기본 설명 들어보기 ☐

cross는 '선을 긋다'라는 뜻이고, out은 '밖으로'라는 뜻이에요. 메모를 하다가 실수로
잘못 적은 내용에 선을 그은 적이 있죠? 이때 가장 잘 어울리는 구동사가 cross out이에요.
불필요한 내용을 선으로 그어 메모에서 제외하는 거죠. 예를 들어, 글을 쓰는 초반에는
단어와 문장을 여러 번 지우게 되는데, 이때는 "When you write your first draft, it's okay
to cross out words and sentences."라고 해요. 비슷한 구동사로 cross off가 있어요.
이건 실수로 잘못 적은 내용을 지우는 것이 아니라, 완료된 일을 지우는 거예요.
이 뉘앙스 차이를 함께 기억하세요!

2. 원어민의 시각 보기 ☐

When you "cross out" something, you
draw a line through it. Usually, we cross
out words on a page when we make a
mistake. After we cross something out,
we typically rewrite it. Sometimes a
teacher might cross out a sentence that
is grammatically incorrect. The student
should then make a new sentence.

무언가를 cross out 한다는 것은
그것에 줄을 긋는 거예요. 보통 실수를
했을 때 페이지에 있는 단어를 지울 때
사용해요. 무언가를 지운 후에는
보통 다시 작성해요. 때때로 선생님이
문법적으로 틀린 문장에 줄을 그을 수도
있어요. 그런 경우 학생은 새로운 문장을
만들어야 해요.

I think you should **cross** this sentence **out**.
이 문장은 지우는 게 낫겠다.

There were some mistakes in the script, so I had to **cross out** a few words.
대본에 오타가 있어서, 몇 단어를 지워야 했다.

DIALOGUE

4. 대화로 반복하기 ☐

A Oh, no! I wrote the wrong address on this form.
B That's okay. Just **cross** it **out** and write the correct address underneath.
A I'm so glad I don't have to get a new form.
B People make mistakes all the time.

A 이럴 수개 양식에 주소를 잘못 적었어.
B 괜찮아. 그냥 선을 그어 지우고 밑에다 맞는 주소를 적어.
A 양식을 새로 작성하지 않아도 돼서 정말 다행이야.
B 사람은 언제나 실수를 하지.

5. 토막글에서 반복 익히기 ☐ **Passage**

I was correcting some of my students' homework assignments last week. They had to write an essay about their family. One student made so many mistakes I had to **cross out** a whole paragraph.

지난주에 학생들의 숙제 몇 개를 교정하고 있었다. 그들은 가족에 대한 에세이를 써야 했다. 한 학생이 너무 많은 실수를 해서 한 단락 전체에 줄을 그어야 했다.

6. 문답 퀴즈로 익히기 ☐ **Q & A**

Q Imagine you are helping your friend fill out a form at the hospital. You accidentally write your name on the form instead of hers. What should you do?

A I should _____ my name and write hers.

Q 친구가 병원에서 양식을 작성하는 것을 도와준다고 상상해 보세요. 실수로 그녀의 이름 대신에 당신의 이름을 양식에 썼어요. 무엇을 해야 할까요?

A 내 이름을 지우고 친구 이름을 적어야 한다.

Ans cross out

21

1. 기본 설명 들어보기 ☐

go with는 '누군가와 함께 가다'라는 뜻에서 확장되어 '잘 어울리다'라는 뜻을 가집니다.
특히 음식의 조합이 잘 어울리는 상황에서 자주 사용돼요. 예를 들어, 예전에는
햄버거와 콜라가 잘 어울린다고 생각했지만, 요즘에는 햄버거와 밀크셰이크가 잘 어울린다고
생각해요. 영어로는 "I think burgers go well with milkshakes."라고 할 수 있어요.
이런 음식의 조화를 '푸드 페어링(food pairing)'이라고 하죠. 또 다른 예로는 치킨과 맥주가
있어요. "Beer goes well with fried chicken."이라고 외국인 친구에게 말해 보세요!

2. 원어민의 시각 보기 ☐

If one thing "goes with" another thing, then the two suit each other well. We often use this when talking about foods or drinks that taste good together. A waiter might suggest a wine that goes well with a dish. We can also say that things that look good together go well with each other. We can use it to describe interior design choices, too.

한 가지가 다른 것과 goes with하면, 그 두 가지는 서로 잘 어울린다는 뜻이에요. 우리는 종종 이 표현을 같이 먹으면 맛있는 음식이나 음료에 대해 말할 때 사용해요. 예를 들어, 웨이터가 어떤 요리와 잘 어울리는 와인을 추천할 수 있어요. 또한, 함께 잘 어울리는 것들을 말할 때도 사용할 수 있어요. 예를 들어, 인테리어 디자인 선택을 설명할 때도 사용할 수 있어요.

3. 짧은 문장으로 시작하기 **Short sentences**

Do these shoes **go with** my dress?
이 신발이 내 원피스랑 어울리나요?

I don't think the wallpaper **goes with** the curtains.
벽지가 커튼과 어울리지 않는 것 같다.

DIALOGUE

4. 대화로 반복하기

A What would you two like to have this evening?
B I'll have the fish. What wine would **go** well **with** that?
A I recommend a white wine.
B Okay. I'll have one glass of white wine as well.

A 두 분, 오늘 저녁 메뉴는 어떤 걸로 하시겠어요?
B 전 생선 요리로 할게요. 어떤 와인이 그것과 잘 어울릴까요?
A 화이트 와인을 추천해요.
B 좋아요. 그럼 화이트 와인도 한 잔 주세요.

5. 토막글에서 반복 익히기 **Passage**

When I was visiting my friend in the U.S., she suggested
I dip my French fries in my vanilla shake. It sounded
disgusting, but it was delicious! I was surprised at how
well they **went** together.

내가 미국에 있는 친구를 방문했을 때, 그녀가 프렌치프라이를 바닐라 쉐이크에
찍어 먹어 보라고 제안했다. 그건 정말 끔찍하게 들렸지만, 맛있었다! 그들이
얼마나 잘 어울리는지에 놀랐다.

6. 문답 퀴즈로 익히기 **Q & A**

Q Imagine you visit a café. Classical music is playing there. You
think the music suits the atmosphere. What would you say about
this situation?

A The music _____ the atmosphere in the café.

Q 카페를 방문했다고 상상해 보세요. 그곳에서는 클래식 음악이 흘러나오고 있어요. 당신은
그 음악이 분위기와 잘 어울린다고 생각해요. 이 상황에 대해 뭐라고 말할 수 있을까요?

A 음악이 카페 분위기와 잘 어울린다.

Ans goes well with

cut back on

cross out

go with

아래의 빈 밑줄에
지문 내용에 알맞은
구동사의 결합을
써넣으세요.

Meal Prep for the Week
일주일치 밀프렙

저는 탄수화물과 당분을 줄이기로 결심했어요. 이를 위해 집에서 요리하기 시작할 거예요. 집에서 건강한 음식으로 가득 찬 장보기 목록을 만들어요. 가끔 실수할 때 항목을 지워야 해요. 그런 다음 가게로 가요. 저는 다른 건강한 음식과 잘 어울리는 음식을 사려고 노력해요. 요리를 더 잘하게 되면서, 이것도 점점 쉬워졌어요.

7. 동사를 채워 완성하기 ☐ **Fill in Verbs**

I've decided to _____ back on carbs and sugars.

In order to do that, I'm going to start cooking my meals at home.

I make a grocery list at home filled with healthy food. Sometimes

I have to _____ out items when I make a mistake.

Then, I head to the store. I try to buy food that _____

with other healthy food. As I've gotten better at cooking,

it's gotten easier to do.

8. 부사/전치사를 채워 완성하기 ☐ **Fill in Adverbs & Prepositions**

I've decided to cut _____ on carbs and sugars. In order

to do that, I'm going to start cooking my meals at home.

I make a grocery list at home filled with healthy food. Sometimes

I have to cross _____ items when I make a mistake. Then,

I head to the store. I try to buy food that goes _____ other

healthy food. As I've gotten better at cooking, it's gotten easier

to do.

Ans 7. cut, cross, goes / 8. back, out, with

come out

---

come around

---

put up with

When streaming services first [   ], I was really against them. I thought buying physical copies of the shows and movies you liked was better. I didn't like the idea of just borrowing a digital copy. Eventually, I [   ] and gave Netflix a shot. I've enjoyed streaming a lot more than I had expected to. Unfortunately, I heard some streaming services might start showing ads. That's something I definitely won't [   ].

Learn fast with YouTube

GUIDES 2

1. 기본 설명 들어보기

come은 '나오다'라는 뜻이고, out은 '밖으로'라는 뜻이에요. 무언가가 세상에 나오는 그림이 그려지나요? 이제 중요한 건 무엇이 come out할 수 있는가예요. 책, 영화, 온라인 서비스부터 자동차, 스마트폰까지 모두 come out할 수 있어요. 책이 출간되고, 영화가 개봉하고, 스마트폰이 출시되는 등 우리말로는 다르게 표현되지만, 영어에서는 모두 come out으로 표현해요. 예를 들어, 기다렸던 영화가 이번 달에 개봉한다면 "The movie is coming out this month."라고 말할 수 있어요. 참고로, 신제품을 출시하는 회사를 주어로 삼으면 'come out with + 신제품' 형태가 돼요. "The company is going to come out with a new product this fall."이라고 하면 '그 회사는 올가을 신제품을 출시할 예정이다'라는 의미가 돼요

2. 원어민의 시각 보기

When something "comes out," it is released to the public. We often use this to describe when new products or services are available for purchase. Many people wait for the day that a movie comes out. It means that something that wasn't available can be bought, used, or seen. We usually eagerly wait for new things to come out.

무언가 comes out한다는 건 대중에게 공개된다는 거예요. 우리는 새로운 제품이나 서비스가 언제 구매 가능한지 말할 때 이 표현을 자주 사용해요. 많은 사람들이 영화가 개봉하는 날을 기다리죠. 이는 이용할 수 없었던 것이 이제 구매되거나, 사용되거나, 볼 수 있게 된다는 뜻이에요. 우리는 보통 새로운 것이 공개되기를 간절히 기다려요.

3. 짧은 문장으로 시작하기 ☐ **Short sentences**

I don't think this company is going to **come out** with any games this year.
이 회사는 올해 게임을 하나도 출시하지 않을 것 같다.

I've been waiting for Jennifer Lawrence's new movie to **come out** for ages. 제니퍼 로렌스의 새 영화가 나오길 오랫동안 기다려 왔다.

DIALOGUE

4. 대화로 반복하기 ☐

A Have you heard that Apple is going to **come out** with a new iPhone soon?
B I'm not surprised. Are you going to buy it?
A Of course! I have to have all the latest products.
B You're such an Apple superfan.

A 애플이 곧 새 아이폰을 출시할 예정이라는데 들었어?
B 별로 놀라운 소식이 아닌데. 너 살 거야?
A 물론이지! 모든 신제품은 일단 써 봐야지.
B 넌 진짜 애플을 너무 좋아한다니까.

5. 토막글에서 반복 익히기 ☐ **Passage**

My favorite author just **came out** with a new book. Unfortunately, it's really popular, so I haven't been able to get a copy yet. I'll have to look for one online.

제일 좋아하는 작가가 새 책을 냈다. 안타깝게도 너무 인기가 많아서 아직 한 권도 구할 수가 없다. 온라인에서 찾아봐야겠다.

6. 문답 퀴즈로 익히기 ☐ **Q & A**

Q Imagine you work at a start-up company. Your company hasn't released any new products yet. Your boss told you that you need to have one ready by the end of the year. What has your boss demanded?

A I must _____ with a product by the end of the year.

Q 당신이 스타트업 회사에서 일한다고 상상해 보세요. 아직 회사에서 새로운 제품을 출시한 적이 없어요. 당신의 상사가 올해 말까지 하나를 준비해야 한다고 말했어요. 상사가 무엇을 요구한 건가요?

A 연말까지 제품을 출시해야만 한다.

1. 기본 설명 들어보기 ☐

come은 '오다'란 뜻이고 around는 '주위에, 돌아서'란 뜻이에요. 여행을 예로 들어 볼게요.
한때는 배낭여행이 최고라고 생각했어요. 혼자서 계획 없이 돌아다니는 자유가 좋았거든요.
하지만 시간이 지나면서 가이드와 함께하는 여행도 재미있더라고요.
가이드가 아는 맛집과 숨겨진 장소를 소개해 주니까요. 이런 식으로 처음에는
반대했던 아이디어를 받아들이게 된 경험을 설명할 때, 구동사 come around를 써요.
반대했던 마음이 찬성 쪽으로 돌아오는 거죠. 제 경험을 영어로 표현하면
"I've come around to group tours."가 되겠네요.

2. 원어민의 시각 보기 ☐

When we "come around" to something, we change our mind about it and start accepting it. We usually use this to talk about ideas that we were against at first. As time goes by, you start to realize that the idea isn't so bad. Eventually, you come around and accept it. We can also come around to people or things.

무언가에 대해 come around 한다는 건 그것에 대한 생각을 바꿔 받아들이기 시작한다는 뜻이에요. 우리는 보통 처음에는 반대했던 아이디어에 대해 이야기할 때 이 표현을 사용해요. 시간이 지나면서 그 아이디어가 그렇게 나쁘지 않다는 것을 깨닫게 되죠. 결국, 마음을 바꾸고 그것을 받아들이게 돼요. 우리는 사람이나 사물에 대해서도 come around 할 수 있어요.

3. 짧은 문장으로 시작하기 □ Short sentences

I think my dad is finally starting to **come around** to my boyfriend.
아빠가 드디어 남자 친구에게 마음을 열기 시작한 것 같다.

She's starting to **come around** to the idea that we should tax the rich more. 그녀는 부자에게 세금을 더 부과해야한다는 의견에 동의하기 시작했다.

A   What do you think about the new president?
B   Well, I hated him at first, but I'm starting to **come around** to him now.
A   What made you change your mind?
B   He's a lot more competent than I thought.

A   새 대통령에 대해 어떻게 생각해?
B   음, 처음엔 별로였는데, 그에 대한 마음이 지금은 바뀌기 시작했어.
A   무엇이 맘을 바꾸게 만들었어?
B   생각했던 것보다 훨씬 유능하더라고.

5. 토막글에서 반복 익히기 □ Passage

When I first moved to Seoul, I hated taking the bus. It seemed really complicated and overwhelming. I finally **came around** though, and now I love taking the bus.

처음 서울로 이사 왔을 때 나는 버스를 타는 것이 정말 싫었다. 너무 복잡하고 부담스럽게 느껴졌다. 하지만 결국 마음이 바뀌어서 이제는 버스를 타는 것을 좋아한다.

6. 문답 퀴즈로 익히기 □ Q & A

Q   Imagine you have a new coworker at work. At first, you really don't like him. He seems arrogant and cold. Eventually, you get to know him and find that he's really nice. What happened to your opinion of him?

A   At first, I didn't like my coworker, but I eventually

_____ .

Q   당신에게 새로운 직장 동료가 생겼다고 상상해 보세요. 처음에는 그가 정말 마음에 들지 않아요. 그는 거만하고 냉정해 보였거든요. 하지만 결국 그를 알게 되면서 그가 정말 좋은 사람이라는 것을 알게 돼요. 당신의 그에 대한 의견에 무슨 일이 일어난 건가요?

A   처음엔 내 동료가 맘에 들지 않았지만, 결국엔 마음을 바꾸게 되었다.

1. 기본 설명 들어보기 ☐

put up with의 기본 뜻은 '참다, 견디다'예요. 특히 힘들고 불편한 상황을 억지로
참아야 할 때 자주 사용되는 표현이에요. 예를 들어, 전보다 훨씬 좋은 조건으로 이직했지만
차가 막히는 시간대 때문에 출퇴근 시간이 길어진 상황을 생각해 보세요.
그래도 다른 조건들이 괜찮으니 교통 체증을 참아야겠죠? 이를 영어로는
"I have to put up with traffic every day."라고 말할 수 있어요.
개별 단어의 뜻이 put up with의 뜻과 직접적으로 연결되지 않기 때문에, put up with를
한 단어처럼 기억해 주세요!

2. 원어민의 시각 보기 ☐

If you "put up with" someone or something, then you tolerate it even though you find it annoying or difficult. We often have to put up with annoying coworkers at work. We don't like being around them, but we have no choice. We might also have to put up with loud noises or unpleasant smells. We don't want to be around these things, but we don't really have a choice.

누군가나 무언가를 put up with 한다면, 짜증나거나 어렵다고 느끼면서도 그것을 참는다는 뜻이에요. 우리는 종종 직장에서 짜증나는 동료들을 참아야 해요. 그들과 함께 있는 것을 좋아하지 않지만, 어쩔 수 없어요. 우리는 또한 시끄러운 소음이나 불쾌한 냄새를 참아야 할 수도 있어요. 이런 것들과 함께 있고 싶지 않지만, 어쩔 수가 없죠.

3. 짧은 문장으로 시작하기 ☐ **Short sentences**

I just have to **put up with** the construction for now.
당분간은 공사를 참아야 해.

Putting up with my sister's boyfriend has been really tough.
언니 남자 친구를 참아 주는 건 정말이지 힘들었다.

DIALOGUE

A   What is that horrible smell?
B   Oh, I think that's Jenny's perfume.
A   How do you **put up with** it?
B   I just got used to it.

A   저 끔찍한 냄새는 뭐지?
B   아, 그거 Jenny의 향수 냄새일 거야.
A   넌 이걸 어떻게 참아?
B   그냥 맡다 보니 익숙해졌어.

5. 토막글에서 반복 익히기 ☐ **Passage**

I've been **putting up with** my noisy neighbor for months.
He's always stomping around in his apartment. He's finally
moving out next week, and I can't wait.

나는 몇 달 동안 시끄러운 이웃을 참아 왔다. 그는 항상 아파트에서 쿵쿵거리며 다닌다.
그가 마침내 다음 주에 이사를 나가게 되었다. 정말 기다려진다.

6. 문답 퀴즈로 익히기 ☐ **Q & A**

Q   Imagine you live with messy roommates. You have asked them to
clean the kitchen many times. They've left dirty dishes in the sink
again. What can you say about this situation?

A   I've been _____ my messy roommates for too
long.

Q   지저분한 룸메이트들과 함께 산다고 상상해 보세요. 당신은 여러 번 그들에게 주방을
청소해 달라고 부탁했어요. 그런데 그들이 다시 싱크대에 더러운 접시를 남겨뒀어요.
이 상황에 대해 뭐라고 말할 수 있을까요?

A   나는 지저분한 룸메이트들을 너무 오랫동안 참아 왔어.

Ans putting up with

31

come out

come around

put up with

아래의 빈 밑줄에
지문 내용에 알맞은
구동사의 결합을
써넣으세요.

My Streaming Services
내 스트리밍 서비스

스트리밍 서비스가 처음 나왔을 때, 저는 정말 반대했어요. 좋아하는 프로그램과 영화를 실물로 구입하는 것이 더 좋다고 생각했거든요. 그냥 디지털 복사본을 빌리는 개념이 마음에 들지 않았어요. 결국에는 마음이 바뀌어서 넷플릭스를 시도해 보았어요. 예상했던 것보다 스트리밍을 훨씬 더 즐기게 되었어요. 그런데 안타깝게도, 일부 스트리밍 서비스가 광고를 보여주기 시작할 것이라는 소식을 들었어요. 그것은 제가 절대 참을 수 없는 일입니다.

7. 동사를 채워 완성하기 ☐ **Fill in Verbs**

When streaming services first _____ out, I was really against them. I thought buying physical copies of the shows and movies you liked was better. I didn't like the idea of just borrowing a digital copy. Eventually, I _____ around and gave Netflix a shot. I've enjoyed streaming a lot more than I had expected to. Unfortunately, I heard some streaming services might start showing ads. That's something I definitely won't _____ up with.

8. 부사/전치사를 채워 완성하기 ☐ **Fill in Adverbs & Prepositions**

When streaming services first came _____, I was really against them. I thought buying physical copies of the shows and movies you liked was better. I didn't like the idea of just borrowing a digital copy. Eventually, I came _____ and gave Netflix a shot. I've enjoyed streaming a lot more than I had expected to. Unfortunately, I heard some streaming services might start showing ads. That's something I definitely won't put _____.

Ans 7. came, came, put / 8. out, around, up with

come across

---

bring out

---

get ahead

The other day, I ⬚⬚⬚⬚⬚⬚⬚ a gym in my neighborhood. It was offering a discount for new members. I'd been wanting to get in shape, so this seemed like a good opportunity for me. I talked with the personal trainer and asked if there was a way to ⬚⬚⬚⬚⬚⬚⬚ my back muscles. The PT assured me he could help me with that. I decided that if I wanted to ⬚⬚⬚⬚⬚⬚⬚, I would need to work with the PT. I signed up on the spot.

Learn fast with *YouTube*

GUIDES 3

1. 기본 설명 들어보기

come은 '오다'라는 뜻이고, across는 '가로질러'라는 뜻이에요. 두 사람이 각각 다른 방향에서 오다가 우연히 만나는 장면을 상상해 보세요. 이게 바로 come across의 의미인 '우연히 마주치다'가 되는 거예요. 이 표현은 사람뿐만 아니라 다른 대상에도 쓸 수 있어요. 예를 들어, 편의점에 갔다가 예전에 먹고 싶었던 맥주를 발견했을 때도 come across를 쓸 수 있고, 유튜브를 보다가 우연히 세계사 채널을 발견했을 때도 come across가 딱이에요. 영어로는 "The other day, I came across a YouTube channel about world history."라고 할 수 있어요. 이 표현의 핵심은 의도하지 않고 우연히 발견했다는 뉘앙스입니다.

2. 원어민의 시각 보기

If you "come across" someone or something, then you meet that person or find it by chance. We use this when we're just going about our day and suddenly run into an old friend. We can say that we "bumped into" or "came across" that person. We might also use this when we unexpectedly find a new café or restaurant. The important thing is that you weren't trying to find something.

누군가나 무언가를 come across한다면, 그 사람을 우연히 만나거나 그것을 우연히 발견하는 것을 의미해요. 우리는 평소처럼 하루를 보내다가 갑자기 옛 친구를 만나게 될 때 이 표현을 사용해요. 그럴 때 bumped into나 came across라고 말할 수 있어요. 또한, 예상치 못하게 새로운 카페나 레스토랑을 발견할 때도 사용할 수 있어요. 중요한 것은 당신이 무언가를 찾으려고 하지 않았다는 거예요.

3. 짧은 문장으로 시작하기 ☐ **Short sentences**

I **came across** a new trend on TikTok.
틱톡에서 새로운 트렌드를 발견했다.

She **came across** a lost kitten on her way home from work.
퇴근길에 우연히 길 잃은 새끼 고양이를 마주쳤다.

DIALOGUE

4. 대화로 반복하기 ☐

A Are you busy this Saturday?
B I don't think so. What's up?
A I **came across** this really cute restaurant I want to go to. Would you like to go with me?
B That sounds really nice. Thanks for the invitation!

A 이번 주 토요일에 바빠?
B 그럴 것 같지 않은데. 무슨 일이야?
A 한번 가보고 싶은 정말 멋진 식당을 발견했거든. 같이 갈래?
B 너무 좋겠다. 같이 가자고 해 줘서 고마워!

5. 토막글에서 반복 익히기 ☐ **Passage**

The other day, I was shopping in my old neighborhood. I **came across** a friend I hadn't seen in months. We stopped what we were doing and went to a café to catch up.
며칠 전, 나는 옛 동네에서 쇼핑을 하고 있었다. 몇 달 동안 못 본 친구를 우연히 만났다. 우리는 하던 일을 멈추고 카페에 가서 이야기를 나누었다.

6. 문답 퀴즈로 익히기 ☐ **Q & A**

Q Imagine you have recently started living with your partner. You find a diary on her desk. You're not sure if you should read it or not. What can we say about the diary?

A I _____ a diary on my partner's desk.

Q 최근에 파트너와 함께 살기 시작했다고 상상해 보세요. 파트너의 책상에서 일기장을 발견했어요. 읽어 봐야 할지 아닐지 모르겠습니다. 일기장에 대해 뭐라고 말할 수 있을까요?

A 파트너의 책상에서 우연히 일기장을 발견했다.

1. 기본 설명 들어보기

bring은 '가져오다'라는 뜻이고, out은 '밖으로'라는 뜻이에요. 쉽게 말해,
무언가를 밖으로 *끄집어내는* 것을 의미해요. 이때 '무언가'에 해당하는 단어를 많이 알고
있어야 bring out의 뉘앙스를 제대로 이해하고 쓸 수 있어요. 예를 들어,
저녁 식사 준비가 끝나서 식탁에 음식을 내오는 상황이라면 "Let's bring out the food."라고
말할 수 있어요. 격려를 통해 잠재력을 끌어내 좋은 결과를 내는 상황에서도 쓰이는데요,
예를 들어 "His encouragement always brings out the best in me."라고 할 수 있죠.
bring out의 뉘앙스가 느껴지시나요?

2. 원어민의 시각 보기

We can use "bring out" when
something emphasizes another thing.
It makes the second thing appear clearer.
For example, we might say that
a T-shirt brings out someone's eyes.
This means that that person's eyes look
more beautiful and are highlighted
when he or she wears that color shirt.

bring out은 무언가가 다른 것을 강조할 때
사용할 수 있어요. 그것이 두 번째 것을
더 분명하게 나타내는 거예요. 예를 들어,
티셔츠가 누군가의 눈을 돋보이게
한다고 말할 수 있어요. 이는 그 사람이
그 색상의 티셔츠를 입었을 때
그 사람의 눈이 더 아름답고 돋보인다는
의미예요.

3. 짧은 문장으로 시작하기 Short sentences

I think that if you add a little salt, you'll really **bring out** the flavor of the chicken.
소금을 좀 더 넣으면, 닭고기의 풍미가 더 부각될 것 같다.

The designer recommended that she paint the room cream to **bring out** the wood floor.
디자이너는 그녀에게 나무 바닥을 돋보이게 하도록 크림색으로 방을 칠하는 것을 추천했다.

DIALOGUE
4. 대화로 반복하기

A Thanks for supporting me tonight.
B It was my pleasure. Your speech was wonderful.
A It was all thanks to you. You really **bring out** the best in me.
B You had it in you all along.

A 오늘 밤에 응원해 주셔서 감사해요.
B 제가 영광이죠. 멋진 연설이었어요.
A 모두 당신 덕분이에요. 당신은 저의 잠재력을 정말 최대치로 끌어내 줘요.
B 그 능력은 당신 안에 항상 있었는걸요.

5. 토막글에서 반복 익히기 Passage

I recently bought some red lipstick. My friend said it really **brings out** my smile. I'm not a big fan of makeup, but I think I'll keep using it.

최근에 빨간 립스틱을 샀다. 친구가 그 립스틱이 내 미소를 정말 돋보이게 한다고 말했다. 나는 화장을 크게 좋아하지 않지만, 그것을 계속 사용할 것 같다.

6. 문답 퀴즈로 익히기 Q & A

Q Imagine you have a close friend. He often gets angry when he's hungry. You make sure that you eat regularly when you hang out with him. What can we say about his personality?

A Being hungry _____ my friend's irritability.

Q 친한 친구가 있다고 상상해 보세요. 그 친구는 배고플 때 자주 화를 내요. 그래서 그와 함께 있을 때는 규칙적으로 식사하는 것을 신경 씁니다. 그의 성격에 대해 뭐라고 말할 수 있을까요?

A 배고픔은 친구의 짜증을 돋운다.

Ans brings out

37

1. 기본 설명 들어보기

ahead는 시간과 공간상 앞에 있는 상황을 의미해요. 예를 들어, 앞으로 할 일이 많다면 "I have a lot of work ahead."라고 하고, 앞쪽 도로에서 차가 막힌다면 "The road ahead is busy."라고 할 수 있죠. 그렇다면 구동사 get ahead는 언제 사용할까요? 보통 경쟁자보다 앞서 나가는 상황을 말할 때 써요. 특히 커리어에서 앞서 나가는 상황에서 자주 사용해요. 예를 들어, 회사에서 성공하고 싶다면 열심히 노력해야겠죠? 영어로는 "If you want to get ahead at work, you need to work hard."라고 할 수 있어요. get ahead라는 표현에는 항상 성공의 뉘앙스가 깔려 있어요!

2. 원어민의 시각 보기

We can use "get ahead" when we want to talk about becoming more successful. People who want to get ahead want to be the top person at their companies. They always want to be promoted and to make more money. We can also use this when you want to be better at something. Any time we want to improve ourselves or become successful, we can say that we want to get ahead.

get ahead는 더 성공하고 싶다고 말할 때 사용할 수 있어요. 성공하고 싶은 사람들은 회사에서 최고가 되고 싶어해요. 그들은 항상 승진하고 더 많은 돈을 벌고 싶어해요. 또한, 무언가를 더 잘하고 싶을 때도 이 표현을 사용할 수 있어요. 우리가 자신을 개선하거나 성공하고 싶을 때 언제든지 get ahead 하고 싶다고 말할 수 있어요.

3. 짧은 문장으로 시작하기 ☐ **Short sentences**

It has never been easy for women to **get ahead** in politics.
여성이 정치계에서 두각을 나타내는 게 쉬운 적은 없었다.

He has always been passionate about **getting ahead** in his career.
그는 커리어에서 앞서 나가기 위해 항상 열성적이었다.

DIALOGUE

4. 대화로 반복하기 ☐

A I've been studying painting for years, but I don't feel like I've gotten better.
B I'm sure you've been improving more than you know.
A How can I **get ahead** of the competition?
B Just keep practicing and putting out quality work.

A 몇 년 동안 그림을 배웠는데도 실력이 는 것 같지 않아.
B 네 생각보다 더 많이 발전했을 거야.
A 어떻게 하면 경쟁에서 남들보다 앞서갈 수 있을까?
B 계속 연습해서 좋은 작품을 내면 되지.

5. 토막글에서 반복 익히기 ☐ **Passage**

I've really been struggling with my position in life. I feel like no matter how hard I try, I never **get ahead**. Maybe I should just give up and not work so hard.

나는 정말로 내 인생에서의 위치 때문에 힘들어하고 있다. 아무리 열심히 노력해도 결코 앞서 나가지 못하는 것 같다. 어쩌면 그냥 포기하고 그렇게 열심히 일하지 말아야 할지도 모르겠다.

6. 문답 퀴즈로 익히기 ☐ **Q & A**

Q Imagine you feel frustrated that you can't buy your own house. When your parents were younger, they could easily buy a house and a car. What might you say about this situation?

A It was much easier to _____ in the past.

Q 당신이 자신의 집을 살 수 없어서 좌절감을 느낀다고 상상해 보세요. 당신의 부모님이 젊었을 때는 쉽게 집과 차를 살 수 있었어요. 이 상황에 대해 뭐라고 말할 수 있을까요?

A 과거에는 성공하는 게 훨씬 더 쉬웠다.

come across

bring out

get ahead

Regular Exercise Routine
규칙적인 운동 루틴

아래의 빈 밑줄에
지문 내용에 알맞은
구동사의 결합을
써넣으세요.

며칠 전에 동네에서 체육관을 발견했어요. 새 회원에게 할인 혜택을 제공하고 있더라고요. 저는 몸을 만들고 싶었기 때문에 이 기회가 저에게 좋을 것 같았어요. 개인 트레이너와 얘기하면서 등 근육을 어떻게 키울 수 있는지 물어봤어요. 개인 트레이너는 저를 도울 수 있다고 확신시켜 줬어요. 성공하고 싶다면 개인 트레이너와 함께 운동해야겠다고 결심했어요. 그 자리에서 바로 등록했어요.

7. 동사를 채워 완성하기 ☐ **Fill in Verbs**

The other day, I _____ across a gym in my neighborhood.

It was offering a discount for new members. I'd been wanting to get in

shape, so this seemed like a good opportunity for me. I talked with the

personal trainer and asked if there was a way to _____ out

my back muscles. The PT assured me he could help me with that.

I decided that if I wanted to _____ ahead, I would need to

work with the PT. I signed up on the spot.

8. 부사/전치사를 채워 완성하기 ☐ **Fill in Adverbs & Prepositions**

The other day, I came _____ a gym in my neighborhood.

It was offering a discount for new members. I'd been wanting to get in

shape, so this seemed like a good opportunity for me. I talked with the

personal trainer and asked if there was a way to bring _____

my back muscles. The PT assured me he could help me with that.

I decided that if I wanted to get _____, I would need to work

with the PT. I signed up on the spot.

look down on
---
pick out
---
show off

I'm really into fashion. My favorite part of the day is _____ my outfits in the morning. I love to _____ my outfits and post them online. I enjoy getting feedback on how I can improve my outfits, too. I spend hours researching new looks and keeping up with the latest trends. Some people might _____ me for being obsessed with fashion, but it's my passion.

Learn fast with *YouTube*

GUIDES 4

1. 기본 설명 들어보기 ☐

look down은 우리말의 '깔보다, 얕잡아 보다'와 비슷한 뜻으로, 위에서 아래를 내려다본다는 뉘앙스를 가진 표현이에요. 말 그대로 내가 더 우월해서 상대보다 높이 있다고 생각하는 거죠. 예를 들어, 다른 배경을 가진 사람을 무시하는 경우 "He tends to look down on people who come from different backgrounds."라고 할 수 있어요. 여기서 on은 부정적인 영향을 미칠 때 자주 쓰는 전치사인데요, 예를 들어 "Don't take it out on me."라고 하면 '나한테 화풀이하지 마'라는 뜻으로, look down on의 on과 비슷한 의미로 쓰인 것이죠.

look
down
on

2. 원어민의 시각 보기 ☐

When you "look down on" someone, you see that person as less important or less impressive than yourself. People who look down on others think they're better than those people. They judge other people as having less or being less than they are. Usually, people look down on others due to things like money, fame, or appearance. It's not nice to look down on others.

누군가를 look down on 한다는 건 그 사람을 자신보다 덜 중요하거나 덜 인상적이라고 여기는 거예요. 다른 사람을 깔보는 사람들은 자신이 그 사람들보다 더 낫다고 생각해요. 그들은 다른 사람들을 자신보다 덜 가치 있거나 덜 뛰어나다고 판단해요. 보통 사람들은 돈, 명성, 외모 같은 이유로 다른 사람들을 깔봐요. 다른 사람을 깔보는 것은 좋지 않아요.

Some people **look down on** those who work blue-collar jobs.
어떤 사람들은 블루칼라 직업을 가진 사람을 깔본다.

My grandma has always **looked down on** me because I didn't go to college. 우리 할머니는 내가 대학을 안 갔다는 이유로 항상 날 무시하신다.

DIALOGUE

A   Did you see Sarah's hair today? It was a mess!
B   You shouldn't **look down on** people. We don't know what she's going through.
A   I'm not **looking down on** her. I just think she should care about her appearance a little more.
B   I don't know. Maybe she has a lot going on.

A   오늘 Sarah의 머리 봤어? 엉망이더라!
B   사람을 그렇게 무시하면 안 되지. 그녀가 무슨 일을 겪고 있는지도 모르잖아.
A   무시하고 있는 거 아니야. 그냥 외모에 조금 더 신경을 써야 하지 않나 싶은 거지.
B   모르겠네. 아마 여러 사정이 있을 거야.

One day, I decided to quit my job on Wall Street and become a painter. A lot of my former friends **looked down on** me. I don't care though because I'm much happier now.

어느 날, 나는 월스트리트에서의 직장을 그만두고 화가가 되기로 결심했다. 많은 옛 친구들이 나를 깔봤지만, 나는 개의치 않는다. 왜냐하면 지금이 훨씬 더 행복하니까.

Q   Imagine you are watching a YouTube video. The person in the video is flexing their wealth and home. He thinks poor people are lazy. What is this person doing?

A   The YouTuber is _____ poor people.

Q   유튜브 영상을 보고 있다고 상상해 보세요. 영상 속 사람이 자신의 부와 집을 자랑하고 있어요. 그는 가난한 사람들이 게으르다고 생각해요. 이 사람은 무엇을 하고 있는 건가요?

A   그 유튜버는 가난한 사람들을 무시하고 있다.

1. 기본 설명 들어보기 ☐

pick out은 여러 옵션 중에서 하나를 고를 때 쓰는 구동사예요. 해외 여행 중에 조카의 선물을 사러 백화점에 간 적이 있어요. 신발을 사려고 했는데 종류가 무척 많더라고요. 여러 신발 가운데 하나를 고르는 상황이라면 "It's hard to pick out what to get for my nephew."라고 할 수 있어요. 또 다른 예로, IKEA에서 의자를 사 본 적이 있나요? 여러 의자 중에서 하나를 선택해야 하니 pick out이 잘 어울려요. 영어로는 "I picked out the best chair from a selection of chairs."가 돼요. 마지막으로 저는 아침에 옷을 고르는 게 귀찮아서 전날 밤에 미리 고르는 편인데요, 영어로는 "I pick out my clothes the night before."라고 해요.

2. 원어민의 시각 보기 ☐

When you "pick something out," you select it from a group of other things. We often use it when we pick out what to wear. There are a lot of clothes that we could wear, but we can only select one outfit. We might also pick out our friend from a crowd. This means that there are many people around, but I was able to find my friend.

pick something out하는 것은 다른 것들 중에서 선택하는 거예요. 우리는 입을 옷을 고를 때 이 표현을 자주 사용해요. 입을 수 있는 옷이 많지만, 우리는 한 벌의 옷만 선택할 수 있죠. 또한, 우리는 군중 속에서 친구를 찾아낼 수도 있어요. 이는 주변에 많은 사람들이 있지만, 내가 친구를 찾아냈다는 의미예요

3. 짧은 문장으로 시작하기 [ ] **Short sentences**

I only **pick out** the freshest fruit at the store.
나는 마트에서 제일 신선한 과일만 고른다.

My teacher asked me to **pick out** five mistakes in my essay.
선생님이 내 에세이에서 실수한 부분 5개를 찾아내라고 하셨다.

DIALOGUE

A   I read your interview in the paper. It was great!
B   Thanks, but the reporter only **picked out** a few things that I said.
A   Oh, did the newspaper cut out a lot of it?
B   Yeah, it was like an hour-long interview, so I guess the reporter had
    to cut it down.

A   신문에서 인터뷰한 거 봤어. 멋지더라!
B   고마워. 그런데 내가 한 말 중에 몇 개만 골라서 썼더라고.
A   그래? 신문사에서 많이 잘라낸 거야?
B   응. 한 시간 분량의 인터뷰라서 리포터가 줄일 수밖에 없었던 것 같아.

5. 토막글에서 반복 익히기 [ ] **Passage**

The other day, I ordered pasta from a restaurant. I told the waiter
that I'm allergic to onions, but the chef still put them in the dish.
I had to spend a lot of time **picking** onions **out** of my pasta.

며칠 전, 나는 레스토랑에서 파스타를 주문했다. 웨이터에게 내가 양파 알레르기가 있다고
말했지만, 셰프는 여전히 요리에 양파를 넣었다. 나는 파스타에서 양파를 골라내느라 많은
시간을 보내야 했다.

6. 문답 퀴즈로 익히기 [ ] **Q & A**

Q   Imagine you are decorating your apartment. You want to buy
    some new wallpaper. There are many different colors and
    patterns. What do you need to do?

A   I need to _____ the best wallpaper for my home.

Q   당신이 아파트를 꾸미고 있다고 상상해 보세요. 새로운 벽지를 사고 싶어 해요. 다양한
    색상과 패턴이 많아요. 무엇을 해야 할까요?

A   집에 가장 잘 어울리는 벽지를 골라야 한다.

Ans **pick out**

45

1. 기본 설명 들어보기 ☐

show는 '보여 주다'란 뜻이고, off는 '멀리, 떨어진'이란 뜻이에요. 이 두 단어의 조합이 조금 어색해 보일 수 있지만, show off는 나와 떨어져 있는 사람의 주의를 끌기 위해 보여 주는 것을 의미해요. 이로 인해 '뽐내다', '자랑하다', '과시하다'라는 의미를 가지게 되죠. 예를 들어, 만날 때마다 새로 산 물건을 자랑하는 친구에게 "Stop showing off."라고 할 수 있어요. 또한 한때 소셜 미디어에서는 비싼 차나 옷을 사서 자랑하는 '플렉스 문화'가 유행했었는데요, 영어로는 "They're trying to show off by buying expensive cars or clothes."라고 표현할 수 있어요. 보통 이 표현은 부정적인 뉘앙스를 가지고 있습니다.

2. 원어민의 시각 보기 ☐

When we "show something off," we show many people something that we have. We make it obvious that we have that thing and want people to see it because we're proud of it. We often show off expensive things like watches, jewelry, and maybe even cars. Sometimes showing off is seen as bad behavior because you might make other people feel bad. It's typically not a good idea to show off too much.

show something off하는 건 우리가 가진 무언가를 많은 사람들에게 보여 주는 거예요. 우리는 그 물건을 가지고 있다는 것을 분명히 하고, 사람들이 그것을 보기를 원해요. 왜냐하면 우리는 그것을 자랑스러워하기 때문이에요. 우리는 종종 시계, 보석, 심지어 자동차와 같은 비싼 것들을 자랑해요. 때로는 자랑하는 것은 다른 사람들을 기분 나쁘게 할 수 있기 때문에 나쁜 행동으로 여겨지기도 해요. 너무 자랑하는 것은 일반적으로 좋은 생각이 아니에요.

3. 짧은 문장으로 시작하기 ☐ **Short sentences**

She's definitely **showing off** her husband tonight.
그녀는 오늘 밤에 남편 자랑을 하는 게 분명하다.

I'm going to wear this dress because I want to **show off** my tan.
난 이 드레스를 입을 거야. 태닝한 것을 자랑하고 싶거든.

DIALOGUE

4. 대화로 반복하기 ☐

A   Did you see my sports car parked outside?
B   I did. How are you able to afford that?
A   I'm making six figures a year now.
B   All right. There's no need to **show off**.

A   밖에 주차된 내 스포츠카 봤어?
B   봤지. 어떻게 그런 차를 샀어?
A   나 이제 억대 연봉을 받잖아.
B   그래. 자랑할 필요는 없잖아.

5. 토막글에서 반복 익히기 ☐ **Passage**

I hate it when people **show off**. It doesn't make me feel bad about myself; it makes me feel sorry for them. They think stuff is more important than building relationships with people.

나는 사람들이 자랑할 때 정말 싫다. 그게 나를 기분 나쁘게 만드는 게 아니라, 오히려 그들을 안타깝게 느끼게 한다. 그들은 물질이 사람들과의 관계를 쌓는 것보다 더 중요하다고 생각한다.

6. 문답 퀴즈로 익히기 ☐ **Q & A**

Q   Imagine you went to a soccer game. One of the players was about to score a goal when he decided to do a little dance. He didn't notice there was a defender behind him who stole the ball. What did the player learn?

A   He shouldn't have _____ until after he scored the goal.

Q   당신이 축구 경기에 갔다고 상상해 보세요. 한 선수가 골을 넣으려는 순간, 간단한 춤을 추기로 했어요. 그는 뒤에 수비수가 있다는 것을 알아차리지 못했고, 그 수비수가 공을 가로챘어요. 그 선수는 무엇을 배웠을까요?

A   그는 골을 넣을 때까지 잘난 척을 하지 말았어야 했다.

Ans show off

47

look down on

pick out

show off

아래의 빈 밑줄에
지문 내용에 알맞은
구동사의 결합을
써넣으세요.

Fashion
패션

저는 패션에 정말 관심이 많아요. 하루 중 가장 좋아하는 시간은 아침에 옷을 고르는 시간이에요. 저는 제 옷차림을 자랑하고 온라인에 올리는 것을 좋아해요. 그리고 옷차림을 어떻게 개선할 수 있는지에 대한 피드백을 받는 것도 즐겨요. 새로운 스타일을 연구하고 최신 유행을 따라가는 데 몇 시간을 보내요. 일부 사람들은 제가 패션에 집착한다고 깔볼 수도 있지만, 그것이 제 열정이에요.

7. 동사를 채워 완성하기 ☐ **Fill in Verbs**

I'm really into fashion. My favorite part of the day is _____

out my outfits in the morning. I love to _____ off

my outfits and post them online. I enjoy getting feedback on how

I can improve my outfits, too. I spend hours researching new looks

and keeping up with the latest trends. Some people might

_____ down on me for being obsessed with fashion,

but it's my passion.

8. 부사/전치사를 채워 완성하기 ☐ **Fill in Adverbs & Prepositions**

I'm really into fashion. My favorite part of the day is picking

_____ my outfits in the morning. I love to show _____

my outfits and post them online. I enjoy getting feedback on how

I can improve my outfits, too. I spend hours researching new looks

and keeping up with the latest trends. Some people might

look _____ me for being obsessed with fashion,

but it's my passion.

Ans 7. picking, show, look / 8. out, off, down on

set aside
_____

hold off
_____

give in
_____

To get a good night's sleep, I try to ⬚ time for meditation every day. It helps me relax after a hard day at work. In addition, after 3:00 p.m., I try to ⬚ on having coffee until the next day. If I have coffee too late in the day, I can't sleep well. I try not to take sleeping supplements, but sometimes I ⬚ and take one. I've found that melatonin really helps me sleep well.

Learn fast with YouTube

GUIDES 5

1. 기본 설명 들어보기 ☐

set은 '놓다'라는 뜻이고, aside는 '한쪽으로'라는 뜻이에요. 이 두 단어를 합치면 '한쪽으로 놓다, 치우다'라는 의미가 되죠. 단순히 물건을 한쪽으로 치우는 것을 뜻할 수도 있지만, 주로 나중에 사용하기 위해 저축하거나 보관하는 의미로 많이 쓰여요. 예를 들어, 특별한 날을 위해 좋은 와인을 따로 놓아둘 때 영어로 "I set aside a nice bottle of wine." 이라고 표현할 수 있어요. 음식뿐만 아니라 돈이나 시간을 나중에 사용할 수 있도록 따로 저축할 수도 있어요. "I set aside time for the project." 핵심은 지금 당장 사용하지 않고, 나중을 위해 따로 놓아두는 것입니다.

2. 원어민의 시각 보기 ☐

When we "set something aside," we are planning to use it for a special reason or purpose. We don't use it for anything else, so we can use it for that specific reason. We can set aside time to do certain activities. We can also set aside an object that we want to use later. We often set aside money for specific purposes so that we don't just spend it.

set something aside하는 건 특별한 이유나 목적을 위해 그것을 따로 남겨 두는 거예요. 다른 목적으로 사용하지 않고, 그 특정한 이유를 위해 사용하려고 하는 거죠. 우리는 특정 활동을 하기 위해 시간을 따로 마련할 수 있어요. 또한 나중에 사용하고자 물건을 따로 놓아둘 수도 있어요. 우리는 자주 특정한 목적을 위해 돈을 따로 저축해서 그냥 쓰지 않도록 해요.

Short sentences

My husband and I have **set aside** $100,000 for a house so far.
남편과 나는 집을 마련하기 위해 지금까지 10만 달러를 따로 모아 놨다.

If you want to be successful, you need to **set aside** time to study every day.
성공하려면 매일 공부 시간을 따로 떼어 놔야 한다.

DIALOGUE

4. 대화로 반복하기

A   You look like you've lost a lot of weight!
B   Thank you. It's all thanks to diet and exercise.
A   How do you find time to work out?
B   I **set aside** an hour every day to work out.

A   살이 많이 빠진 것 같네!
B   고마워. 모두 식이요법이랑 운동 덕분이야.
A   운동할 시간은 어떻게 내는 거야?
B   매일 한 시간씩 운동할 시간을 따로 빼놓지.

5. 토막글에서 반복 익히기 **Passage**

I really love hiking. I **set aside** a pair of shoes that I only use when I go hiking. That way, they don't wear out so quickly and can be worn longer.

나는 정말로 하이킹을 좋아한다. 하이킹을 갈 때만 신는 신발 한 켤레를 따로 두었다. 그렇게 하면 신발이 빨리 닳지 않고 더 오래 신을 수 있다.

6. 문답 퀴즈로 익히기 **Q & A**

Q   Imagine you are a parent of three children. You want all of them to go to college. You've made a savings account for each of them in which you deposit money every month. What did you do for your kids?

A   I _____ money for my kids' education.

Q   세 아이의 부모라고 상상해 보세요. 당신은 그들 모두가 대학에 가기를 원해요. 그래서 매달 돈을 입금하는 저축 계좌를 각각 만들어 줬어요. 당신이 아이들을 위해 무엇을 한 걸까요?

A   아이들의 교육을 위해 돈을 따로 모아 두었다.

Ans set aside

51

1. 기본 설명 들어보기 ☐

hold는 '쥐다'라는 뜻이고, off는 '멀리, 떨어진'이라는 뜻이에요. 떨어진 상태로 쥐고 있다는 것은 무슨 뜻일까요? 쉽게 말해 어떤 행동이나 결정을 내리기 전에 일부러 '기다리다, 보류하다'라는 의미가 됩니다. 결정을 멈추고 대기하는 뉘앙스를 가지고 있죠. 그래서 지금 당장 행동하거나 결정하는 것이 최선이 아닌 것 같을 때 hold off를 사용해요. 예를 들어, 조만간 프로모션이 있을 것 같아 소파를 사는 것을 보류한다면 "I decided to hold off on buying a sofa."라고 할 수 있어요. 또한, 날씨가 좋아질 때까지 여행을 미루거나, 돈이 생길 때까지 대학원 입학을 미루는 상황에서도 hold off가 잘 어울립니다.

2. 원어민의 시각 보기 ☐

When you "hold off" on something, you delay doing it or making a decision about it. Sometimes we hold off on doing something that might be harmful. Other times, we hold off on doing something fun until all of our friends are there. There are many reasons why you may want to wait to do something. Sometimes we just need more time to make a decision.

무언가를 hold off하는 것은 그것을 하거나 그것에 대한 결정을 내리는 것을 미루는 거예요. 때때로 우리는 해로울 수 있는 일을 하는 것을 미뤄요. 다른 때는 모든 친구들이 다 올 때까지 재미있는 일을 미루기도 해요. 무언가를 하는 것을 기다려야 하는 많은 이유가 있을 수 있어요. 때로는 결정을 내리기 위해 더 많은 시간이 필요하기도 해요.

Short sentences

I have to **hold off on** swimming until my doctor says it's okay.
의사가 괜찮다고 할 때까지 수영을 잠시 멈춰야 한다.

Should I buy a computer now or **hold off** until Black Friday?
컴퓨터를 지금 사야 할까, 블랙 프라이데이까지 미뤄야 할까?

DIALOGUE

4. 대화로 반복하기

A Hello, Bob. I'd like to offer you a promotion to manager.
B Really? Wow, that's a lot of responsibility.
A **Hold off on** making your decision until Monday. I'll give you some time to think about it.
B Thank you. I really appreciate the opportunity.

A 안녕하세요, Bob. 승진으로 매니저 자리를 제안하고 싶어요.
B 정말요? 와, 책임이 막중하네요.
A 답변은 월요일까지 보류하셔도 돼요. 생각할 시간을 드릴게요.
B 고맙습니다. 기회를 주셔서 정말 감사해요.

5. 토막글에서 반복 익히기 ## Passage

I've been trying to quit smoking for months now. The longest I've been able to **hold off** has been a week. I really hope I can quit this time.

나는 몇 달째 담배를 끊으려고 노력하고 있다. 가장 오래 참아 본 기간은 일주일이다. 이번에는 정말로 담배를 끊을 수 있기를 바라고 있다.

6. 문답 퀴즈로 익히기 ## Q&A

Q Imagine you want to buy a car. You have enough money in your bank account, but you won't have much left over if you buy one. You decide to wait until you get paid. What will you do?

A I'm going to _____ on buying a car until after I get paid.

Q 당신이 차를 사고 싶다고 상상해 보세요. 은행 계좌에 충분한 돈이 있지만, 차를 사면 남는 돈이 별로 없을 거예요. 그래서 당신은 월급을 받을 때까지 기다리기로 했어요. 당신은 무엇을 할 건가요?

A 월급을 받을 때까지 차 사는 걸 미룰 예정이다.

Ans hold off

1. 기본 설명 들어보기

give는 '주다'라는 뜻이고, in은 '공간'을 의미해요. 내 공간을 준다는 의미는 곧 내 의견을 굽히거나 양보한다는 뜻으로 확장됩니다. 내가 이길 수 없다는 걸 인정하는 것에 가깝죠. 저는 학교 다닐 때 수학을 잘 못했는데, 문제를 풀다가 답답한 마음을 참지 못하고 답지를 본 기억이 나요. 이해가 안 돼서 결국 give in하고 만 상황이었죠. 영어로는 "I didn't understand it, so I gave in and looked at the answers."가 됩니다. 우리말로는 '굴복하다, 항복하다, 마지못해 동의하다' 등 다양하게 바뀌니 맥락에 맞게 이해해 주세요

2. 원어민의 시각 보기

When you "give in," you do something or agree to do something that you have been trying not to do. Our friends often force us to do things. We don't want to do that thing, but our friends keep pressuring us, so we finally give in and do it. Other times, we are trying not to do an unhealthy thing, like smoking. But eventually, we can't handle the cravings anymore, and we give in and smoke.

give in하는 것은 하지 않으려고 했던 일을 하거나, 하기로 동의하는 것을 의미해요. 친구들은 종종 우리에게 어떤 일을 하도록 강요해요. 하고 싶지 않지만, 친구들이 계속 압박을 가하니까 결국 우리는 굴복하고 그 일을 하게 되죠. 또 다른 경우로는, 흡연과 같은 건강에 해로운 일을 하지 않으려고 노력할 때가 있어요. 하지만 결국 갈망을 더 이상 견딜 수 없어서 굴복하고 담배를 피우게 되죠.

3. 짧은 문장으로 시작하기 ☐ Short sentences

I won't **give in** just because everyone's telling me to.
남들이 모두 하라고 한다고 해서 따르진 않겠다.

She tried to ignore her puppy's cute face, but she finally **gave in** and played with him.
강아지의 귀여운 얼굴을 못 본 척하려고 애썼지만, 그녀는 결국 두 손 두 발 다 들고 강아지와 놀아주었다.

DIALOGUE

A My wife wants me to take dance classes with her, but I don't want to.
B Why? It might be really fun!
A I don't know. It seems like such a hassle.
B I think you should **give in** and try dancing.

A 아내가 댄스 수업을 같이 듣자고 하는데 난 안 하고 싶어.
B 왜? 너무 재미있을 것 같은데!
A 모르겠어. 좀 귀찮을 것 같아.
B 네 뜻을 굽히고 같이 해 보는 게 좋을 것 같아.

5. 토막글에서 반복 익히기 ☐ Passage

Last summer, my friends really wanted to go to Hawaii.
I thought it would be too far and too expensive. I was outnumbered though, so I eventually **gave in**.

지난 여름, 내 친구들은 정말로 하와이에 가고 싶어 했다. 나는 그곳이 너무 멀고
너무 비쌀 거라고 생각했다. 하지만 나는 수적으로 열세였기 때문에 결국 굴복했다.

6. 문답 퀴즈로 익히기 ☐ Q & A

Q Imagine you are on a diet. Your friend bought you some bread today. You really didn't want to eat it, but you couldn't take it anymore. You finally ate the bread. What happened to you?

A I tried not to eat the bread, but I eventually _____.

Q 당신이 다이어트를 하고 있다고 상상해 보세요. 오늘 친구가 당신에게 빵을 사 줬어요. 정말 먹고 싶지 않았지만, 더 이상 참을 수 없었어요. 결국 그 빵을 먹었어요. 당신에게 무슨 일이 일어난 건가요?

A 빵을 먹지 않으려고 노력했지만 결국 내가 졌다.

Ans give in

set aside

hold off

give in

아래의 빈 밑줄에
지문 내용에 알맞은
구동사의 결합을
써넣으세요.

A Good Night's Sleep
숙면

좋은 잠을 자기 위해, 저는 매일 명상을 할 시간을 따로 마련하려고 해요. 이는 힘든 하루를 보낸 후에 저를 편안하게 해 줍니다. 게다가 오후 3시 이후에는 다음 날까지 커피를 마시지 않으려고 해요. 너무 늦게 커피를 마시면 잘 잘 수가 없거든요. 수면 보조제를 복용하지 않으려고 노력하지만, 가끔은 굴복해서 하나를 먹어요. 멜라토닌이 정말로 숙면에 도움이 된다는 것을 알게 되었어요.

7. 동사를 채워 완성하기 ☐ Fill in Verbs

To get a good night's sleep, I try to _____ aside time for

meditation every day. It helps me relax after a hard day at work.

In addition, after 3:00 p.m., I try to _____ off on having

coffee until the next day. If I have coffee too late in the day,

I can't sleep well. I try not to take sleeping supplements, but

sometimes I _____ in and take one. I've found that

melatonin really helps me sleep well.

8. 부사/전치사를 채워 완성하기 ☐ Fill in Adverbs & Prepositions

To get a good night's sleep, I try to set _____ time for

meditation every day. It helps me relax after a hard day at work.

In addition, after 3:00 p.m., I try to hold _____ on having

coffee until the next day. If I have coffee too late in the day, I can't

sleep well. I try not to take sleeping supplements, but sometimes

I give _____ and take one. I've found that melatonin really

helps me sleep well.

Ans 7. set, hold, give / 8. aside, off, in

fall behind

---

figure out

---

do without

In order to manage your money well, I think it's really important to have a budget. That way, you know how much money is coming in and how much is going out. When I notice that I'm _____ on paying my bills, I try to _____ a way to save money. I try to cut out things that are not essential. I can _____ a cup of coffee every day. Making little changes can make a big difference to your budget.

Learn fast with **YouTube**

GUIDES 6

1. 기본 설명 들어보기 ☐

동사 fall에는 '떨어지다'라는 뜻 외에도 '특정한 상태가 되다'라는 뜻이 있어요. behind는
'뒤에, 뒤처진'이라는 뜻이니, fall behind는 '뒤처진 상태가 되다'라는 의미가 되죠.
예를 들어, 육상 경기에 뒤처져서 달리는 선수가 있었네요. 이 선수를 두고
"The runner fell behind during the race."라고 할 수 있어요. 시장 경쟁에서 뒤처진 회사
에도 fall behind를 쓸 수 있어요. 예를 들면, "The fashion company has fallen behind its
competitors in the past three years."와 같이 말이죠. 또한 카드값이나 월세 등을
제때(on time) 내지 못한 상황에서도 이 표현을 활용할 수 있답니다.
예를 들어, "I fell behind on my rent payments."라고 할 수 있어요.

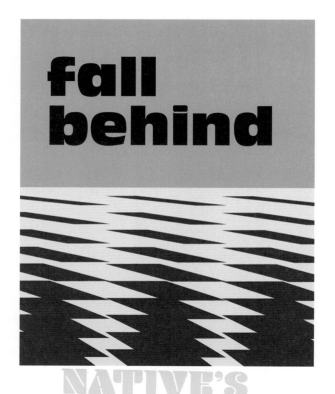

2. 원어민의 시각 보기 ☐

When you "fall behind" on something,
then you fail to do it quickly enough. You
don't get that thing done on time. We
can fall behind on our work or payments.
We can also fall behind people who are
doing something better or faster than us.
If someone is more successful than us, we
can say that we are falling behind.

fall behind한다는 것은 그것을 충분히
빠르게 하지 못한다는 뜻이에요. 제시간에
그 일을 완료하지 못하는 거죠. 우리는
업무나 지불에서 뒤처질 수 있어요. 또한,
우리보다 더 잘하거나 더 빠르게 일을 하는
사람들보다 뒤처질 수도 있어요. 누군가가
우리보다 더 성공적이라면, 우리는
그들보다 뒤처지고 있다고 말할 수 있어요.

3. 짧은 문장으로 시작하기 □ **Short sentences**

If you **fall behind** on your bills, you will be evicted.
요금이 연체되면 퇴거 조치 됩니다.

The computer company was **falling behind** its competitors.
그 컴퓨터 회사는 경쟁사들에 뒤처지고 있었다.

4. 대화로 반복하기 □

A   How are things going at school?
B   Things have been crazy! I feel like I'm **falling behind** in my studies.
A   It sounds like you need to spend more time studying.
B   I can't! I have to work in the evenings.

A   학교생활은 어때?
B   정신없어! 공부가 뒤처지는 것 같이 느껴져.
A   공부에 더 많은 시간을 쏟아야 할 것 같이 들리네.
B   그럴 수가 없어! 저녁엔 일을 해야 하거든.

5. 토막글에서 반복 익히기 □ **Passage**

I used to feel like I was **falling behind** in life. Everyone else
seemed to have the perfect job, the perfect partner, the perfect
everything. I'm much happier now that I don't compare myself
to others.

나는 예전에 인생에서 뒤처지고 있다는 느낌을 받곤 했다. 다른 모든 사람들은 완벽한 직업,
완벽한 파트너, 완벽한 모든 것을 가진 것처럼 보였다. 이제는 다른 사람들과 나를 비교하지
않아서 훨씬 더 행복하다.

6. 문답 퀴즈로 익히기 □ **Q & A**

Q   Imagine you lost your job. You haven't been able to pay your
    phone bill for a few months. You tried to make a call today
    and found out that your phone had been disconnected. What
    happened to you?

A   I _____ on my phone bill, so my phone was disconnected.

Q   당신이 직장을 잃었다고 상상해 보세요. 몇 달 동안 전화 요금을 내지 못했어요. 오늘
    전화를 걸려고 했는데 전화가 끊긴 것을 알게 되었어요. 당신에게 무슨 일이 일어난
    건가요?

A   전화 요금이 밀려서 전화가 끊겼다.

1. 기본 설명 들어보기 ☐

figure out의 핵심 뉘앙스는 크게 두 가지예요. 하나는 '이해하다'이고, 다른 하나는 '답을 알아내다'입니다. 보통 복잡한 무언가를 이해하거나 해결해서 답을 알아낼 때 사용돼요. 예를 들어, 새로 구입한 카메라의 사용 설명서가 무려 20페이지나 되어서 조작법을 이해하는 데 어려움을 겪고 있다면 "I'm having a hard time figuring it out."이라고 할 수 있어요. 이번에는, 집에서 이상한 냄새가 나서 그 원인을 찾으려는 상황을 가정해 봅시다. 주방 구석에서 썩은 딸기를 발견했다면, "I figured out where the bad smell was coming from."이라고 할 수 있어요.

2. 원어민의 시각 보기 ☐

When you "figure something or someone out," you finally understand that person or thing. You get what it means, or you understand the person's behavior. We can also use this when we finally find the answer to a problem we've had. We can say that we've figured out a problem when we've solved it. We usually figure out things that are complicated.

무언가를 figure out한다는 것은 그 사람이나 그것을 마침내 이해하게 된다는 뜻이에요. 그 의미를 파악하거나, 그 사람의 행동을 이해하게 되는 거죠. 또한, 우리가 가지고 있던 문제의 답을 마침내 찾았을 때도 이 표현을 사용할 수 있어요. 문제를 해결했을 때 "We've figured out a problem."이라고 말할 수 있어요. 우리는 보통 복잡한 것들을 이해하게 될 때 figure out을 사용해요.

3. 짧은 문장으로 시작하기 ☐ **Short sentences**

She wasn't able to **figure out** her taxes.
그녀는 세금을 계산하지 못했다.

I can't **figure out** Susan. She's very mysterious.
Susan을 이해할 수 없어. 그녀는 정말 미스터리해.

DIALOGUE 4. 대화로 반복하기 ☐

A Have you **figured out** what to get your girlfriend for Valentine's Day?
B Yes, I finally found the answer!
A So what are you going to get her?
B I'm going to get her a diamond necklace with matching earrings.

A 밸런타인데이에 여자 친구한테 뭘 선물할지는 생각해 봤어?
B 응. 드디어 답을 찾았지!
A 그래서, 뭘 선물할 건데?
B 다이아몬드 목걸이랑 거기에 잘 어울리는 귀걸이를 선물할 거야.

5. 토막글에서 반복 익히기 ☐ **Passage**

The other day, my boss winked at me. I couldn't **figure out**
if he was flirting with me or telling a joke. I think I'm going to
have to ask him what he meant.

며칠 전, 내 상사가 나에게 윙크를 했다. 나는 그가 나에게 추파를 던지는 건지 농담을
하는 건지 이해할 수 없었다. 무슨 뜻이었는지 그에게 물어봐야 할 것 같다.

6. 문답 퀴즈로 익히기 ☐ **Q & A**

Q Imagine you are working in an office. You are hot and want to
open a window. No matter how hard you try, you can't get the
window to open. What happened with the window?

A I couldn't _____ how to open the window.

Q 당신이 사무실에서 일하고 있다고 상상해 보세요. 덥고 창문을 열고 싶어요.
아무리 열려고 해도 창문이 열리지 않아요. 창문에 무슨 일이 생긴 건가요?

A 창문을 어떻게 여는 건지 알아낼 수 없었다.

Ans figure out

1. 기본 설명 들어보기 ☐

do without은 말 그대로 '~없이 하다'라는 뜻이에요. 무언가가 없어도 성공적으로 일하거나 생활할 수 있다는 의미를 내포하고 있어요. 예를 들어, 컴퓨터 없이 일을 한다면 do without a computer라고 할 수 있고, 커피 없이도 지낼 수 있다면 do without a cup of coffee라고 할 수 있어요. 각각 work without a computer, live without a cup of coffee로 해석할 수도 있죠. 이렇게 구동사를 자유자재로 사용하려면 언제 어떤 상황에서 어떤 의미로 쓰이는지를 잘 기억해 둬야 해요.

2. 원어민의 시각 보기 ☐

If we "do without" something, then we have to manage without that thing. Usually, it's a bit difficult or upsetting that the thing is gone. We'd like to have it, but we can't. Sometimes we do without things; other times, we have to do without people. It means we have to keep going even if we're missing someone or something.

무언가에 대해 do without 한다는 것은 그 물건 없이 지내야 한다는 뜻이에요. 보통 그것이 없어져서 약간 어렵거나 속상하다는 의미가 포함돼요. 우리는 그것을 가지고 싶지만, 가질 수 없어요. 때로는 물건 없이 지내야 하고, 어떤 때는 사람 없이 지내야 할 수도 있어요. 이는 우리가 누군가나 무언가가 없더라도 계속 살아가야 한다는 의미예요.

3. 짧은 문장으로 시작하기 ☐ **Short sentences**

He had to **do without** a secretary for the week.
그는 일주일 동안 비서 없이 일해야 했다.

You'll just have to **do without** a computer today.
오늘은 그냥 컴퓨터 없이 일해야 할 거예요.

DIALOGUE

4. 대화로 반복하기 ☐

A You look really tired. Have you been sleeping okay?
B Actually, I've been struggling with insomnia. It hasn't been easy.
A No one can **do without** sleep for very long. You should figure out what's wrong.
B I think I'm going to go to a sleep clinic this weekend.

A 정말 피곤해 보인다. 잠은 잘 잤어?
B 실은 불면증으로 고생하고 있거든. 버티기가 쉽지 않네.
A 잠 안 자고 오래 버틸 수 있는 사람이 어디 있겠어. 뭐가 문제인지 알아내야겠다.
B 이번 주말에 수면 클리닉에 가 볼까 해.

5. 토막글에서 반복 익히기 ☐ **Passage**

When I moved to Seoul, I was surprised to find that I could **do without** a car. The public transportation was so convenient that I didn't need one at all. You have to have a car if you live in the U.S.

서울로 이사 왔을 때, 나는 차 없이도 지낼 수 있다는 사실에 놀랐다. 대중교통이 너무 편리해서 차가 전혀 필요 없었다. 미국에 살면 차가 반드시 있어야 한다.

6. 문답 퀴즈로 익히기 ☐ **Q&A**

Q Imagine you are going to have hamburgers for dinner. Your mom forgot to buy ketchup at the store. You're going to have to enjoy the hamburgers without ketchup. What do you have to do?

A I'll have to _____ ketchup tonight.

Q 저녁으로 햄버거를 먹을 거라고 상상해 보세요. 엄마가 가게에서 케첩 사는 것을 깜빡하셨어요. 케첩 없이 햄버거를 즐겨야 할 거예요. 당신은 무엇을 해야 하나요?

A 오늘 저녁엔 케첩 없이 먹어야 할 것이다.

Ans do without

63

| fall behind |
| figure out |
| do without |

아래의 빈 밑줄에
지문 내용에 알맞은
구동사의 결합을
써넣으세요.

Money Management
자금 관리

돈을 잘 관리하려면 예산을 세우는 것이 정말 중요하다고 생각해요. 그렇게 하면 들어오는 돈과 나가는 돈을 알 수 있거든요. 만약 내가 청구서 결제를 제때 못하고 있다는 것을 알게 되면, 돈을 절약할 방법을 찾아보려고 해요. 필수적이지 않은 것들을 줄이려고 노력해요. 저는 매일 마시는 커피 없이도 지낼 수 있어요. 작은 변화를 주는 것이 예산에 큰 차이를 만들 수 있어요.

7. 동사를 채워 완성하기 ☐ Fill in Verbs

In order to manage your money well, I think it's really important to have a budget. That way, you know how much money is coming in and how much is going out. When I notice that I'm _____ behind on paying my bills, I try to _____ out a way to save money. I try to cut out things that are not essential. I can _____ without a cup of coffee every day. Making little changes can make a big difference to your budget.

8. 부사/전치사를 채워 완성하기 ☐ Fill in Adverbs & Prepositions

In order to manage your money well, I think it's really important to have a budget. That way, you know how much money is coming in and how much is going out. When I notice that I'm falling _____ on paying my bills, I try to figure _____ a way to save money. I try to cut out things that are not essential. I can do _____ a cup of coffee every day. Making little changes can make a big difference to your budget.

Ans 7. falling, figure, do / 8. behind, out, without

check out
---
check up on
---
get away with

I was [ ] a new bar with my
university friends one day. We were having
fun drinking when a professor interrupted us.
He wanted to [ ] me and see how my
thesis was going. I told him it was going okay
but was taking longer than expected. I jokingly
said I had considered cheating but didn't
think I could [ ] it. My professor
encouraged me to do my best and not to give
up.

1. 기본 설명 들어보기 ☐

check out은 '알아보다, 확인하다'라는 뜻이에요. 보통 관심 있는 것에 대해 더 많은 정보를 얻고 싶을 때 사용하는 표현이에요. 관심의 대상은 장소나 사람 등이 될 수 있어요. 예를 들어, 새로 생긴 식당이 궁금해서 가 보고 싶다면 check out the new restaurant라고 할 수 있고, 매력적인 사람에 대해 더 알고 싶다면 check him/her out이라고 할 수 있어요. 또한 미드에서 "이것 좀 봐!"라는 말을 "Check this out!"이라고 표현하는데요, 구하기 힘든 콘서트 티켓을 친구에게 자랑하는 장면에서 나왔던 대사입니다.

2. 원어민의 시각 보기 ☐

When we "check out" someone or something, we look at that person or thing or spend time getting more information about that person or thing. If we "check out" something, we want to learn more about it. We might want to confirm if someone's story is true. When we check out a place, we want to visit it and see what it's like. If we check out a person, we usually look at or talk to that person to find out more about him or her.

누군가나 무언가를 check out한다는 건 그 사람이나 물건을 보거나 더 많은 정보를 얻기 위해 시간을 보낸다는 뜻이에요. 무언가를 check out하면, 그것에 대해 더 알고 싶어 한다는 의미죠. 우리는 누군가의 이야기가 사실인지 확인하고 싶을 수 있어요. 장소를 check out할 때는, 그곳을 방문해서 어떤 곳인지 확인하고 싶어 해요. 사람을 check out 할 때는, 보통 그 사람에 대해 더 알기 위해 그 사람을 보거나 그 사람과 대화를 하죠.

3. 짧은 문장으로 시작하기 ☐ **Short sentences**

Let's **check out** the festival this weekend.
이번 주말에 그 페스티벌에 가 보자.

My nosy neighbor always **checks** me **out** when I come home.
참견하기 좋아하는 이웃은 내가 집에 오면 항상 나를 살핀다.

DIALOGUE
4. 대화로 반복하기 ☐

A   Are you doing anything this weekend?
B   No, I think I'm free. Why do you ask?
A   I want to **check out** the clubs on Main Street on Saturday. Do you want to join?
B   Sure! That sounds like a lot of fun.

A   이번 주말에 뭐 할 일 있어?
B   아니, 한가할 것 같아. 왜 물어?
A   토요일에 메인 스트리트에 있는 클럽에 한번 가 보고 싶어서. 같이 갈래?
B   좋지! 정말 재미있겠다.

5. 토막글에서 반복 익히기 ☐ **Passage**

I got a text message from Olive Young last week about a sale it was having. I decided to **check** it **out**. A lot of my favorite products were on sale, so I bought them.

지난주에 올리브영에서 세일에 대한 문자를 받았다. 그래서 가서 확인해 보기로 했다.
내가 좋아하는 많은 제품들이 세일 중이어서, 그것들을 샀다.

6. 문답 퀴즈로 익히기 ☐ **Q & A**

Q   Imagine you are going to move into a new apartment. You want to see what it looks like before you move in. You arrange a time to see it with a real estate agent. What do you want to do?

A   I want to _____ the apartment before I move in.

Q   새 아파트로 이사할 예정이라고 상상해 보세요. 이사하기 전에 그 아파트가 어떻게 생겼는지 보고 싶어요. 부동산 중개인과 시간을 정해서 아파트를 보러 가기로 해요. 당신은 무엇을 하고 싶어 하나요?

A   입주하기 전에 아파트를 확인하고 싶다.

Ans check out

67

1. 기본 설명 들어보기

check up on은 '건강 검진'을 의미하는 medical check-up을 떠올리면 이해하기 쉬울 거예요.
몸에 이상을 확인하는 것처럼, check up on 뒤에 오는 사람이나 사물에게 문제가 없는지
'확인하다'란 뜻이에요. 이것은 보통 걱정하거나 챙겨 주려는 대상이 될 수 있어요.
맥락에 따라 감시하는 뉘앙스로 쓸 때도 있는데요, 예를 들어 팀장이 재택근무를 하는
팀원이 잘하고 있는지 확인하는 상황에서도 check up on을 쓸 수 있죠.
"The manager decided to check up on the employees working from home."

2. 원어민의 시각 보기

When you "check up on" someone, then you visit or contact that person to see what he or she is doing. We usually check up on people when we're worried about them. We do that because we haven't seen them for a while. Other times, we check up on people when we think they're misbehaving or getting into trouble. We can also confirm information by checking up on it.

누군가를 check up on한다는 것은 그 사람이 무엇을 하고 있는지 보기 위해 방문하거나 연락하는 것을 의미해요. 우리는 보통 걱정될 때 사람들을 check up on해요. 오랫동안 그 사람을 보지 못했기 때문에 그렇게 하는 거죠. 다른 경우에는, 그 사람이 잘못된 행동을 하거나 문제가 생길 것 같다고 생각할 때 check up on하기도 해요. 또한 정보를 확인하기 위해 check up on 할 수도 있어요.

3. 짧은 문장으로 시작하기 ☐ **Short sentences**

My boss often **checked up on** me while I was working from home.
재택근무 중에 상사가 자주 나를 살폈다.

Her mom emailed her to **check up on** her every day.
엄마는 딸의 안부를 확인하기 위해 매일 메일을 보냈다.

DIALOGUE

4. 대화로 반복하기 ☐

A   Is the article ready to be published?
B   Not yet. I want to **check up on** a few things.
A   Okay. Just make sure it's ready to go by Monday.
B   Will do!

A   기사 발행할 준비 됐어요?
B   아직이요. 확인하고 싶은 게 몇 개 있어요.
A   알겠어요. 월요일까지는 나갈 준비되게 확실히 해 줘요.
B   그럴게요!

5. 토막글에서 반복 익히기 ☐ **Passage**

I was doing research for an essay I was writing. My professor asked me to **check up on** some of the information I had found. It turned out it was from a bad source.

나는 내가 쓰고 있는 에세이를 위해 연구를 하고 있었다. 교수님이 내가 찾은 정보 중 일부를 확인해 보라고 하셨다. 알고 보니 그것은 신뢰할 수 없는 출처에서 나온 것이었다.

6. 문답 퀴즈로 익히기 ☐ **Q&A**

Q   Imagine you just started dating someone recently. That person likes to text you every morning to see how you're doing. You think this is sweet. What does your partner like to do?

A   My partner likes to text me to _____ me every morning.

Q   최근에 누군가와 데이트를 시작했다고 상상해 보세요. 그 사람은 매일 아침 당신이 어떻게 지내는지 확인하기 위해 문자를 보내는 것을 좋아해요. 당신은 이것이 달콤하다고 생각해요. 당신의 파트너는 무엇을 좋아하나요?

A   파트너는 매일 아침 문자로 내 안부를 묻는 걸 좋아한다.

Ans check up on

69

1. 기본 설명 들어보기

get away with의 의미는 '잘못을 저지르고 벌을 면하다'라는 뜻이에요. 다시 말해, 나쁜 짓을 하고도 그것에 대한 벌을 받지 않고 넘어가는 것을 의미하죠. 예를 들어, 부모님이 다른 잘못은 용서하지만 거짓말은 결코 용서하지 않는 경우를 생각해 볼 수 있어요. 이럴 때 "My parents didn't let me get away with lying."이라고 표현할 수 있어요. 그렇다고 해서 범죄나 도덕적으로 잘못된 일에만 한정된 표현은 아니에요. 예를 들어, 다이어트를 하던 중에 가끔 군것질을 하는 상황에서도 사용할 수 있죠. "You can get away with eating snacks every now and then."이라고 하면, 가끔 군것질을 해도 큰 문제가 되지 않는다는 의미예요.

get
away
with

2. 원어민의 시각 보기

If you "get away with" something, then you don't get in trouble for doing something wrong. Somehow, you were able to escape punishment. We often talk about children who get away with breaking a rule. We might say that a child stole a cookie and that his mom didn't see it. In that case, we can say that he got away with stealing a cookie.

만약 당신이 무언가를 get away with 한다면, 잘못된 일을 하고도 문제가 되지 않는다는 뜻이에요. 어떻게든 벌을 피할 수 있었다는 의미죠. 우리는 종종 규칙을 어기고도 무사히 넘어가는 아이들에 대해 이야기할 때 이 표현을 사용해요. 예를 들어, 아이가 쿠키를 훔쳤는데 엄마가 보지 못한 경우를 생각해 볼 수 있어요. 그 경우, 우리는 "그 아이는 쿠키를 훔치고도 무사히 넘어갔다"라고 말할 수 있어요.

3. 짧은 문장으로 시작하기 □ **Short sentences**

I thought I could **get away with** not paying taxes.
세금을 내지 않아도 무사히 빠져나갈 수 있을 줄 알았어.

I don't know how she **got away with** not paying for a train ticket.
그녀가 기차푯값을 안 내고도 어떻게 빠져나갔는지 모르겠어.

DIALOGUE

4. 대화로 반복하기 □

A   Did you hear about Michael's scam?
B   No. What is he going to do?
A   He's going to sell fake gift cards to people.
B   He'll never **get away with** it!

A   Michael이 벌인 사기에 대해 들었어?
B   아니. 걔가 뭘 하려고 하는데?
A   사람들한테 가짜 기프트 카드를 팔려고 해.
B   절대 그냥 넘어가지 못할걸!

5. 토막글에서 반복 익히기 □ **Passage**

My boss finally told me last week that the company I work
for has been failing for months. He thought things would get
better, but they didn't. I can't believe he thought he could **get
away with** lying.

지난주에 상사가 마침내 내가 일하는 회사가 몇 달째 실패하고 있다고 말해 주었다.
그는 상황이 나아질 거라고 생각했지만, 그렇지 않았다. 그가 거짓말을 하고도 무사할 수
있을 거라고 생각했다니 믿을 수가 없다.

6. 문답 퀴즈로 익히기 □ **Q & A**

Q   Imagine you're a student in a classroom. No matter what the
teacher is doing, she always catches the students who are
misbehaving. You don't know how she does it. What can we say
about this classroom?

A   I can't _____ anything in her classroom.

Q   당신이 교실에 있는 학생이라고 상상해 보세요. 선생님이 무엇을 하고 있든, 항상 잘못
행동하는 학생들을 잡아내요. 당신은 그녀가 어떻게 그걸 해내는지 모르겠어요.
이 교실에 대해 뭐라고 말할 수 있을까요?

A   그 선생님 수업에서는 그 어떤 일에 대해서도 무사히 빠져나갈 수 없다.

check out

check up on

get away
with

아래의 빈 밑줄에
지문 내용에 알맞은
구동사의 결합을
써넣으세요.

University Life
대학 생활

어느 날 저는 대학 친구들과 함께 새로 생긴 바에 가 보고 있었어요. 우리는 술을 마시며 즐기고 있었는데, 그때 교수가 우리를 방해했어요. 그는 저를 확인하고 제 논문이 어떻게 진행되고 있는지 알아보고 싶어 했어요. 저는 괜찮다고 했지만 예상보다 더 오래 걸리고 있다고 말했어요. 농담으로 부정행위를 생각해 봤지만, 들키지 않을 자신이 없다고 말했어요. 교수님은 저에게 최선을 다하고 포기하지 말라고 격려해 주셨어요.

7. 동사를 채워 완성하기 ☐ Fill in Verbs

I was _____ out a new bar with my university friends one

day. We were having fun drinking when a professor interrupted us.

He wanted to _____ up on me and see how my thesis was

going. I told him it was going okay but was taking longer than

expected. I jokingly said I had considered cheating but didn't think

I could _____ away with it. My professor encouraged me to

do my best and not to give up.

8. 부사/전치사를 채워 완성하기 ☐ Fill in Adverbs & Prepositions

I was checking _____ a new bar with my university friends

one day. We were having fun drinking when a professor interrupted us.

He wanted to check _____ me and see how my thesis was

going. I told him it was going okay but was taking longer than

expected. I jokingly said I had considered cheating but didn't think

I could get _____ it. My professor encouraged me to

do my best and not to give up.

Ans 7. checking, check, get / 8. out, up on, away with

look into

---

set apart

---

end up

A few months ago, my husband and I were [   ] safe neighborhoods. We found a nice, quiet place close to a school. The fact that there was a police station nearby really [   ] from other neighborhoods. Once we found the perfect neighborhood, we had to find an apartment. We [   ] finding one a few weeks later. We're so happy in our new neighborhood.

Learn fast with **YouTube**

GUIDES 8

1. 기본 설명 들어보기

look into를 직역하면 '안을 들여다보다'라는 뜻이에요. 『백설 공주』에 나오는 마녀가
수정구슬 안을 들여다보는 장면을 look into a crystal ball이라고 하죠. 이 표현은 무언가를
자세히 조사하거나 알아보는 의미로 확장되었어요. 예를 들어, 회사에서 어떤 문제에 대해
알아보고 그 결과를 알려 주겠다는 상황이라면 "I'll look into it and let you know what
I find."라고 할 수 있어요. 비슷한 단어로는 research가 있는데, research는 비교적 공식적인
상황에서 사용되며, look into는 비공식적인 상황에서 자주 사용돼요.

2. 원어민의 시각 보기

If you "look into" something, you investigate or examine it to get more information about it. For example, we might look into a job we want by checking out a company's website or by talking to current employees. We often look into things we want to buy before purchasing them. We need to do research before we spend a lot of money on something. Some people look into their dates before going on a blind date.

무언가를 look into하는 건 그것에 대해 더 많은 정보를 얻기 위해 조사하거나 검토하는 거예요. 예를 들어, 우리가 원하는 직업에 대해 알아보려면 회사 웹사이트를 확인하거나 현직 직원들과 이야기할 수 있어요. 우리는 종종 무언가를 사기 전에 그것에 대해 조사해요. 많은 돈을 쓰기 전에 조사를 해야 하죠. 어떤 사람들은 소개팅에 나가기 전에 상대에 대해 알아보기도 해요.

3. 짧은 문장으로 시작하기 ☐ Short sentences

My mom always **looks into** the guys I want to go out with.
엄마는 내가 사귀고 싶어 하는 남자들에 관해 매번 알아본다.

The president promised that his staff would **look into** the issue.
대통령은 담당자가 이 문제에 대해 조사할 거라고 약속했다.

DIALOGUE

4. 대화로 반복하기 ☐

A   Do you think we need to **look into** election fraud?
B   I don't know. I think our elections are pretty secure.
A   But some people could be using fake IDs.
B   I think that number is pretty small.

A   부정 선거에 대해 조사해야 한다고 생각해?
B   모르겠네. 우리 선거는 보안 수준이 높은 것 같은데.
A   그래도 위조 신분증을 사용하는 사람들이 있을 수도 있잖아.
B   그런 경우는 드물 거야.

5. 토막글에서 반복 익히기 ☐ Passage

Two of my coworkers got into a fight yesterday. I'm still
not sure what caused the argument. The HR Department
is **looking into** the matter.

어제 내 두 명의 동료가 싸움을 벌였다. 나는 아직도 그 싸움의 원인이 무엇인지
잘 모르겠다. 인사부에서 그 문제를 조사하고 있다.

6. 문답 퀴즈로 익히기 ☐ Q & A

Q   Imagine you work at a large company. For some reason, profits
are not as high as expected. You seem to be losing money
somewhere. You need to figure out what's going wrong. What
might you say?

A   I'm going to _____ the problem.

Q   당신이 큰 회사에서 일하고 있다고 상상해 보세요. 어떤 이유에서인지 수익이 예상보다
높지 않아요. 어디선가 돈을 잃고 있는 것 같아요. 무슨 문제가 있는지 알아내야 해요.
뭐라고 말할 수 있을까요?

A   나는 그 문제를 들여다볼 것이다.

Ans look into

75

1. 기본 설명 들어보기

set의 기본 의미는 '놓다'이고, apart는 '따로, 떨어져'라는 뜻이에요. 이 두 단어는 비교 대상과 따로 놓여 있다는 의미로 확장될 수 있어요. 예를 들어, 카페가 많은 동네에서 편안한 분위기가 어떤 카페의 특징이라면 "What sets this café apart from others is how cozy it feels."라고 할 수 있어요. 또 다른 예로, 회사 면접을 보는데 NASA 출신의 지원자가 있다면 다른 지원자들과 확실히 구별될 거예요. 영어로는 "Her experience at NASA really sets her apart from the other candidates."라고 할 수 있죠. 이처럼 set apart는 무언가를 다른 것들과 구별되게 만드는 특징이나 요소를 강조할 때 자주 사용돼요.

set apart

2. 원어민의 시각 보기

If something, like a quality or characteristic, "sets someone apart" from others, it shows that the person is different from others in that way. It's a way to say that someone is unique or special. We usually use this when someone is better than others. When we talk about celebrities or Olympians, we usually say that their skills set them apart from others. However, sometimes we can also say that unfortunate events set us apart.

어떤 자질이나 특성이 다른 사람들과 set someone apart 한다면, 그것은 그 사람이 그 면에서 다른 사람들과 다르다는 것을 보여 주는 거예요. 이는 누군가가 독특하거나 특별하다는 것을 말하는 방법이에요. 우리는 보통 누군가가 다른 사람들보다 더 뛰어날 때 이 표현을 사용해요. 연예인이나 올림픽 선수들에 대해 이야기할 때, 그들의 기술이 다른 사람들과 다르게 만든다고 말하죠. 하지만 가끔 불행한 사건들이 우리를 다르게 만든다고도 말할 수 있어요.

Short sentences

His speed **set** him **apart** from the other runners.
그의 스피드는 다른 선수들과 차별화된다.

Your creativity **sets** you **apart** from the other students.
당신의 창의력이 다른 학생들과 당신을 구별해 줍니다.

DIALOGUE

4. 대화로 반복하기

A   Did you see Ariana Grande's dress the other night?
B   At the awards show? Yes, it was beautiful!
A   I think it really **set** her **apart** from the other singers.
B   She definitely stood out that night.

A   요 전날 밤에 Ariana Grande의 드레스 봤어?
B   시상식에서? 봤지. 정말 아름답더라!
A   그 드레스가 정말 그녀를 다른 가수들보다 더 돋보이게 했던 것 같아.
B   그날 밤에는 확실히 눈에 띄었지.

5. 토막글에서 반복 익히기

Passage

I always had a love of reading that **set** me **apart** from the other kids. I used to get made fun of for being a bookworm. Now, though, I'm a famous author.

나는 항상 다른 아이들과 달리 독서에 대한 사랑이 있었다. 책벌레라고 놀림을 받곤 했다. 하지만 이제는 나는 유명한 작가가 되었다.

6. 문답 퀴즈로 익히기

Q & A

Q   Imagine you work in an office. Everyone tends to dress in business casual attire. One day, your coworker comes to work with bright pink hair. It is really shocking. What can we say about her hair?

A   My coworker's pink hair _____ her _____ from the others.

Ans sets, apart.

Q   당신이 사무실에서 일하고 있다고 상상해 보세요. 모두가 비즈니스 캐주얼 복장을 입는 경향이 있어요. 어느 날, 당신의 동료가 밝은 분홍색 머리로 출근해요. 정말 충격적이에요. 그녀의 머리에 대해 뭐라고 말할 수 있을까요?

A   동료의 분홍 머리가 다른 동료들과 그녀를 구별해 준다.

77

1. 기본 설명 들어보기 ☐

end up은 '어떤 장소에 도착하거나, 어떤 상태가 되거나, 어떤 상황에 처하다'라는 뜻이에요. end에서 짐작할 수 있듯이, 어떤 일이 마무리된 것을 의미하죠. end up에는 계획과 다르거나 예상치 못하게 끝났다는 뉘앙스가 포함되어 있어요. 예를 들어, 이직한 회사를 예상보다 빨리 그만두게 되었다면 "I ended up quitting my job."이라고 할 수 있어요. 컴퓨터를 전공했지만 우연한 기회로 예술가로 일하게 되었다면 "She ended up working as an artist."라고 할 수 있죠. 어떤 일이 계획과 다르게, 예상치 못하게 마무리될 때 구동사 end up을 떠올려 보세요!

2. 원어민의 시각 보기 ☐

When we "end up" somewhere, we reach a certain destination or situation after having been somewhere else. Usually, we end up somewhere that we didn't expect or that wasn't planned. We often use this when explaining the result of something. It sometimes has a similar meaning to "eventually." We can end up in both good and bad places.

우리가 어떤 곳에 end up 한다는 것은, 다른 곳에 있다가 결국 특정 목적지나 상황에 도달한다는 뜻이에요. 보통 예상하지 못했거나 계획되지 않은 곳에 도착할 때 사용해요. 우리는 종종 무언가의 결과를 설명할 때 이 표현을 사용해요. 때로는 eventually와 비슷한 의미를 갖기도 해요. 우리는 좋은 곳이나 나쁜 곳에 end up할 수 있어요.

3. 짧은 문장으로 시작하기 ☐ **Short sentences**

If you don't do your homework, you'll **end up** failing this class.
숙제를 안 하면 이 수업 낙제하게 될 거야.

The nice old lady down the street **ended up** living in a nursing home.
길 아래에 사시던 상냥한 할머니는 결국 요양원에서 지내게 되셨다.

DIALOGUE

4. 대화로 반복하기 ☐

A How was the movie last night?
B It turns out my friend had already seen it, so we **ended up** not going.
A What did you do instead?
B We went to the park and chatted.

A 어젯밤에 영화는 어땠어?
B 친구가 이미 봤다고 해서 결국 영화 보러 안 갔어.
A 대신에 뭐 했어?
B 공원 가서 수다 떨었어.

5. 토막글에서 반복 익히기 ☐ **Passage**

A few years ago, I lost some weight by counting calories.
It worked out really well for me at first. Unfortunately,
I **ended up** gaining most of the weight back.

몇 년 전, 나는 칼로리를 계산하면서 체중을 줄였다. 처음에는 정말 잘 되었었다.
하지만 안타깝게도 결국 체중이 대부분 다시 늘었다.

6. 문답 퀴즈로 익히기 ☐ **Q & A**

Q Imagine you and your friends are skateboarding at the park. One
of your friends starts to do some dangerous tricks. You tell him to
stop before someone gets hurt. What might happen?

A I want my friend to stop, or else someone will _____ hurt.

Q 당신과 친구들이 공원에서 스케이트보드를 타고 있다고 상상해 보세요. 친구 중 한 명이
위험한 묘기를 부리기 시작해요. 당신은 누군가 다치기 전에 그에게 그만두라고 말해요.
무슨 일이 일어날 수 있을까요?

A 친구가 멈추면 좋겠다 그렇지 않으면 누군가 다치게 될 것이다.

Ans end up

look into
_____

set apart
_____

end up
_____

아래의 빈 밑줄에
지문 내용에 알맞은
구동사의 결합을
써넣으세요.

New Neighborhood
새로운 동네

몇 달 전, 남편과 저는 안전한 동네를 알아보고 있었어요. 우리는 학교 가까이에 있
는 멋지고 조용한 곳을 찾았어요. 근처에 경찰서가 있다는 사실이 그 동네를 다른
곳과 차별화시켜 주었어요. 완벽한 동네를 찾고 나서 우리는 아파트를 찾아야 했어
요. 몇 주 후에 결국 하나를 찾았어요. 우리는 새로운 동네가 정말 마음에 들어요.

7. 동사를 채워 완성하기 ☐ **Fill in Verbs**

A few months ago, my husband and I were _____ into

safe neighborhoods. We found a nice, quiet place close to a

school. The fact that there was a police station nearby really

_____ it apart from other neighborhoods. Once we found

the perfect neighborhood, we had to find an apartment.

We _____ up finding one a few weeks later. We're so

happy in our new neighborhood.

8. 부사/전치사를 채워 완성하기 ☐ **Fill in Adverbs & Prepositions**

A few months ago, my husband and I were looking _____

safe neighborhoods. We found a nice, quiet place close to a school.

The fact that there was a police station nearby really set it

_____ from other neighborhoods. Once we found the

perfect neighborhood, we had to find an apartment.

We ended _____ finding one a few weeks later. We're so

happy in our new neighborhood.

Ans 7. looking, set, ended / 8. into, apart, up

work on

---

put together

---

top off

Recently, I've been [   ] renovating my house. It was built in the 2000s, so some of the interior was a little dated. So far, I've [   ] a desk, a bed, and a bookshelf. It's been a lot of work! To [   ] the renovations, we're going to add a hot tub to one of our bathrooms. I can't wait until everything is finished.

Learn fast with **YouTube**

GUIDES 9

1. 기본 설명 들어보기

work의 기본적인 의미는 '일하다'예요. 이는 회사에서 일하는 것뿐만 아니라 일반적인
생산적인 활동을 포괄하는 개념이죠. do와 유사한 의미를 가져요. '접촉'의 의미를 나타내는
on은 어떤 일에 붙어서 몰두하는 것을 의미해요. 따라서 work on은 어떤 일에
시간과 노력을 들여 열심히 하고 있다는 의미를 가지죠. 예를 들어 헬스장에서 하체 운동에
집중하고 있다면 "I'm working on my legs."라고 할 수 있고, 아이돌 그룹이 앨범을 제작하는
데 5년 동안 공들였다면 "They've been working on this album for five years."라고 표현할
수 있어요. work on은 개선의 뉘앙스도 담고 있어요. 따라서 자기 계발 중이면
"I'm working on myself."라고 할 수 있어요.

NATIVE'S
EXPLANATION

2. 원어민의 시각 보기

When we "work on" something, then
we spend time improving that thing.
We often use this expression when we
want to improve our skills. I might
work on my dance or singing skills.
We can also work on things that need
to be built or repaired. I might work
on a puzzle or an old motorcycle.

무언가를 work on 한다는 것은 그것을 개선하기 위해
시간을 보낸다는 뜻이에요. 우리는 자신의 기술을
향상시키고자 할 때 이 표현을 자주 사용해요. 예를
들어, 춤이나 노래 실력을 향상시키기 위해 노력할 때
이 표현을 쓸 수 있어요. 또한, 만들어야 하거나
수리해야 하는 것들에도 사용할 수 있어요. 퍼즐을
맞추거나 오래된 오토바이를 손보는 데도 이 표현을
사용할 수 있는 것이죠.

Short sentences

I think we need to **work on** our relationship.
우리 관계를 개선해야 할 것 같아.

I can't hang out today. I need to **work on** my novel.
오늘은 같이 못 놀아. 소설 집필을 진행해야 해.

DIALOGUE

A   What did you do yesterday?
B   My dad and I **worked on** this old car he's fixing up.
A   That sounds like fun!
B   It is fun, but it's also a lot of hard work.

A   어제 뭐 했어?
B   아빠가 수리 중인 오래된 차를 같이 고쳤어.
A   재미있을 것 같아!
B   재미있긴 한데 엄청 힘든 일이기도 해.

Passage

I went to an interview yesterday, but it went terribly.
I struggled to answer all of the questions she asked me.
I really need to **work on** my interview skills.

어제 면접을 보러 갔는데, 정말 형편없었다. 그녀가 물어본 모든 질문에 답하는 데
어려움을 겪었다. 정말 면접 기술을 향상시킬 필요가 있다.

Q & A

Q   Imagine you just got a puppy. You are trying to potty train him.
He still goes to the bathroom in the house sometimes. What does
your puppy need to do?

A   My puppy needs to _____ peeing outside.

Q   당신이 막 강아지를 데려왔다고 상상해 보세요. 당신은 그를 배변 훈련시키려고 하고
있어요. 그는 여전히 가끔 집 안에서 화장실을 가요. 당신의 강아지는 무엇을 해야
하나요?

A   우리 강아지는 밖에서 오줌 누는 연습을 해야 한다.

Ans work on

1. 기본 설명 들어 보기 ☐

put은 '놓다'란 뜻이고, together는 '함께'라는 뜻이에요. put together는
'함께 놓다'라는 기본적인 의미에서 확장되어 '이것저것을 모아 만들다'라는 뜻으로도 쓰여요.
그래서 가구 부품이 모이면 '조립하다'가 되고, 사람이 모이면 '팀을 짜다'가 되죠.
음식 재료가 모이면 '식사 준비를 하다'가 되기도 하고요. 이외에도 꽃다발, 장난감,
파워포인트 슬라이드 등 다양한 상황에서 put together를 쓸 수 있어요.
이처럼 변화무쌍한 put together를 제대로 익혀 두면 두고두고 유용하겠죠?

2. 원어민의 시각 보기 ☐

When we "put something together," we organize people, ideas, things, etc. into something. We take the small parts of something and turn them into something great. We can put together teams, reports, or even a table. We use this whenever we combine things into a greater whole. We put things together at work and at home.

put together하는 건 사람들, 아이디어, 물건 등을 모아 정리해서 하나의 무언가로 만드는 거예요. 작은 부분들을 모아서 훌륭한 무언가로 만드는 거죠. 우리는 팀, 보고서, 심지어 테이블도 만들 수 있어요. 이 표현은 무언가를 결합하여 더 큰 전체로 만들 때 사용해요. 우리는 직장과 가정에서 무언가를 함께 모아 만들어요.

3. 짧은 문장으로 시작하기 □ **Short sentences**

My boss wants me to **put** a team **together**.
상사는 내가 팀을 꾸리기를 원한다.

At my last job, we **put together** a collection of short stories.
전 직장에서 단편 소설집을 만들었다.

DIALOGUE 4. 대화로 반복하기 □

A What should I bring to the picnic?
B Could you bring some food?
A Sure. I can **put** a few things **together**.
B That would be a big help. Thank you.

A 피크닉 갈 때 뭐 가져가야 해?
B 음식을 좀 가져올 수 있어?
A 그럼. 몇 가지 모아서 준비해 볼게.
B 그러면 큰 도움이 될 것 같아. 고마워.

5. 토막글에서 반복 익히기 □ **Passage**

Last week, I was responsible for **putting together** a proposal. I was sure I could do it, but I think I messed up. So far, the client hasn't accepted the proposal.

지난주에 나는 제안서를 작성하는 책임을 맡았다. 내가 할 수 있을 거라고 확신했지만, 실수한 것 같다. 지금까지 고객이 제안서를 받아들이지 않았다.

6. 문답 퀴즈로 익히기 □ **Q & A**

Q Imagine you bought a model airplane kit for your nephew. You want to help him build the plane. There are a lot of pieces. What will you do with your nephew?

A My nephew and I will _____ the model plane.

Q 당신이 조카에게 모형 비행기 키트를 사 줬다고 상상해 보세요. 그가 비행기를 조립하는 것을 도와주고 싶어요. 많은 부품들이 있어요. 당신은 조카와 무엇을 할 건가요?

A 나는 조카와 함께 모형 비행기를 조립할 것이다.

1. 기본 설명 들어보기

top은 '맨 위'를 의미하고, off는 '끝, 완료'를 의미해요. 이 두 단어를 합치면 '맨 위에서 마무리 짓다'라는 의미가 되죠. 모임, 여행, 음식 등 다양한 상황에서 사용할 수 있어요. 예를 들어, 해변을 보고 휴가를 마무리하고 싶다면 "Let's top off our vacation with a trip to the beach."라고 할 수 있어요. 어? 비슷한 의미로 사용되는 wrap up이 떠오른다고요? 무슨 차이가 있을까요? wrap up은 단순히 일을 끝내는 것을 의미하는 반면, top off는 이미 좋은 상황을 더욱 완벽하게 만들어 주는 뉘앙스를 가지고 있어요. 매번 열리는 회의가 끝나면 wrap up the meeting이라고 하지만, 영업팀을 축하하며 회의를 마무리할 때는 top off the meeting by congratulating the sales staff가 어울리죠.

2. 원어민의 시각 보기

When we "top off" something, we finish it in a remarkable or memorable way. We usually use this after we've almost completed something and want to add a finishing touch. It's like putting a cherry on top of a scoop of ice cream. We often top things off with an object, but we can also top off a performance with a song or dance.

무언가를 top off하는 건 그것을 눈에 띄거나 기억에 남는 방식으로 마무리하는 거예요. 보통 거의 완료된 작업에 마지막 손질을 추가하고 싶을 때 이 표현을 사용해요. 이는 아이스크림 위에 체리를 올리는 것과 같아요. 우리는 종종 무언가를 물건으로 마무리를 하지만, 공연을 노래나 춤으로 마무리할 수도 있어요.

3. 짧은 문장으로 시작하기　☐　Short sentences

I'd like to **top off** this meeting by expressing my appreciation to everyone.
모두에게 감사를 전하면서 회의를 마칠게요.

It's time for me to go home, so let's **top off** the night with a shot.
이제 집에 갈 시간이야. 마지막으로 술 한잔하면서 오늘 밤을 마무리하자.

DIALOGUE

A　How was your trip to Paris?
B　It was phenomenal. We got to see all the sights and eat some great food.
A　What was your favorite part?
B　We **topped off** the trip by sharing a kiss in front of the Eiffel Tower.

A　파리 여행은 어땠어?
B　굉장했어. 명소란 명소는 다 구경하고 맛있는 음식도 먹었어.
A　어떤 게 제일 좋았어?
B　에펠탑 앞에서 키스를 나누며 여행을 마무리했어.

5. 토막글에서 반복 익히기　☐　Passage

My friend was in a dance competition yesterday. He gave an amazing performance and **topped** it all **off** with the splits.
He won first prize!

내 친구가 어제 댄스 대회에 나갔다. 그는 멋진 공연을 펼쳤고 마지막에는 스플릿으로
마무리했다. 그는 1등을 했다!

6. 문답 퀴즈로 익히기　☐　Q & A

Q　Imagine it's your birthday. Your friends did a great job planning a party for you. You enjoyed cake and presents. At the end of the party, they all sang happy birthday to you. How did your birthday end?

A　To _____ my birthday, my friends sang happy birthday to me.

Q　당신의 생일이라고 상상해 보세요. 친구들이 당신을 위해 멋진 생일 파티를 계획했어요.
　　케이크와 선물을 즐겼어요. 파티가 끝날 때, 친구들이 모두 생일 축하 노래를
　　불러 줬어요. 당신의 생일은 어떻게 끝났나요?

A　내 생일을 멋지게 마무리하기 위해, 친구들이 생일 축하 노래를 불러 주었다.

Ans top off

87

work on

put together

top off

Home Interior Design
집 인테리어

아래의 빈 밑줄에
지문 내용에 알맞은
구동사의 결합을
써넣으세요.

최근에 집을 리모델링하는 작업을 하고 있어요. 이 집은 2000년대에 지어져서 내부의 일부가 조금 낡았어요. 지금까지 책상, 침대, 책장을 조립했어요. 정말 많은 일이었어요! 리모델링을 마무리하기 위해, 우리는 욕실 중 하나에 온수 욕조를 추가할 예정이에요. 모든 작업이 끝나는 것이 정말 기다려져요.

7. 동사를 채워 완성하기 ☐ **Fill in Verbs**

Recently, I've been _____ on renovating my house.

It was built in the 2000s, so some of the interior was a little dated.

So far, I've _____ together a desk, a bed, and a

bookshelf. It's been a lot of work! To _____ off the

renovations, we're going to add a hot tub to one of our bathrooms.

I can't wait until everything is finished.

8. 부사/전치사를 채워 완성하기 ☐ **Fill in Adverbs & Prepositions**

Recently, I've been working _____ renovating my

house. It was built in the 2000s, so some of the interior was a little

dated. So far, I've put _____ a desk, a bed, and

a bookshelf. It's been a lot of work! To top _____ the

renovations, we're going to add a hot tub to one of our bathrooms.

I can't wait until everything is finished.

Ans 7. working, put, top / 8. on, together, off

move on

---

catch up on

---

count on

After a busy day at work, it's important to
[   ] to other things when you get
home. If you just keep thinking about work,
you'll never relax. So when I get home, I like to
watch TV or read a book. I often [   ]
episodes of my favorite TV shows that I've
missed. I also [   ] my dog to cheer
me up. He always makes me feel relaxed and
happy.

Learn fast
with
YouTube

GUIDES 10

1. 기본 설명 들어보기

move on은 직역하면 '넘어가다'예요. 단순히 '넘어가다'를 넘어서, '그전에 했던 건 남겨두고' '새로운 것을 한다'는 의미죠. 흔한 예로 영화에서 헤어진 커플이 항상 하는 대사가 있어요. "It's time to move on." 좋았던 기억을 남겨두고 각자의 삶으로 새롭게 넘어가자는 뜻이죠. 또 다른 예로 회사의 미팅을 들 수 있어요. 시간이 없으니 다음 주제로 넘어가자는 말을 "We have a limited amount of time, so let's move on to the next topic."이라고 하죠. 끝으로 퇴사할 때 "I'm quitting."이 너무 직접적으로 들린다면 "I've decided to move on from this job."으로 돌려 말할 수도 있어요.

NATIVE'S EXPLANATION

2. 원어민의 시각 보기

When we "move on" from something, we start a new activity. We stop doing one thing and start doing the next thing. Sometimes we need to move on when we've taken too long doing one activity. We can also move on from people or relationships. When one relationship ends, we need to go out and find the next one.

무언가로부터 move on하는 건 새로운 활동을 시작하는 거예요. 하나의 일을 멈추고 다음 일을 시작하는 거죠. 때로는 한 활동을 너무 오래 했을 때 move on 해야 할 필요가 있어요. 또한 사람이나 관계로부터 move on할 수도 있어요. 한 관계가 끝나면, 우리는 나가서 새로운 관계를 찾아야 해요.

3. 짧은 문장으로 시작하기 [ ] **Short sentences**

Let's **move on** to the next item on the agenda.
의제의 다음 항목으로 넘어가겠습니다.

Once you've finished here, **move on** to the next exercise.
이 부분이 끝나면 다음 (운동) 동작으로 넘어가세요.

DIALOGUE

4. 대화로 반복하기 [ ]

A   How did your date go last night?
B   It was okay, I don't know. I guess it was awkward.
A   Do you think you'll see her again?
B   Can we just **move on** to the next topic, please?

A   어젯밤 데이트는 어땠어?
B   괜찮았던 것도 같고 잘 모르겠어. 좀 어색했던 것 같아.
A   그녀를 또 만날 거야?
B   제발 다음 화제로 넘어가면 안 될까?

5. 토막글에서 반복 익히기 [ ] **Passage**

I recently got into a serious relationship. It took me a long time to start dating again, but I really thought it was time to **move on**. I'm ready for this new relationship.

나는 최근에 진지한 관계를 시작했다. 다시 데이트를 시작하는 데 오랜 시간이 걸렸지만, 이제는 새로운 시작을 할 때라고 생각했다. 이 새로운 관계를 시작할 준비가 되었다.

6. 문답 퀴즈로 익히기 [ ] **Q & A**

Q   Imagine you are swimming in a lake with some friends. You're supposed to eat lunch afterward. You're starting to get really hungry. What might you ask your friends?

A   Can we _____ to lunch already?

Q   당신이 친구들과 함께 호수에서 수영을 하고 있다고 상상해 보세요. 수영 후에 점심을 먹기로 되어 있어요. 점점 매우 배가 고파지기 시작해요. 친구들에게 뭐라고 물어볼 수 있을까요?

A   이제 점심 식사로 넘어가도 될까?

1. 기본 설명 들어보기 ☐

catch up on은 '밀린 일을 따라잡다'라는 뜻이에요. 어떤 일이 밀렸을 때
그걸 만회한다는 의미죠. catch up on을 쓰려면 일정이 밀리거나 지연된 상태여야 해요.
예를 들어, 밀린 집안일을 해야 한다면 "I have a lot of household chores to catch up on."
이라고 할 수 있어요. 또한, 일주일 동안 휴가를 다녀와서 쌓인 이메일을
처리해야 한다면 "I think I need to catch up on hundreds of emails."가 제격이에요.
끝으로, 따라잡을 대상을 구체적으로 밝히려면 on 뒤에 쓰면 되고,
맥락에서 그 대상을 알 수 있다면 on 이하를 생략해도 돼요.

2. 원어민의 시각 보기 ☐

When we "catch up on" something, then we do something that we haven't been able to do recently. We often need to catch up on our work after we've been on vacation. On the other hand, we need to catch up on our hobbies if we spend too much time at work. Anytime that we are behind schedule, we need to catch up on something.

무언가를 catch up on하는 건 최근에 할 수 없었던 일을 하는 거예요. 예를 들어, 휴가를 다녀온 후에 일을 따라잡아야 할 때가 많아요. 반대로, 일을 너무 많이 하면 취미 생활을 따라잡아야 해요. 일정이 뒤처진 경우에는 언제나 무언가를 catch up on해야 해요.

Short sentences

After last week, I really need to **catch up on** my sleep.
지난주에 이어서 나는 정말 밀린 잠을 좀 자야겠어.

I've been on a plane for 15 hours. I need to **catch up on** the news.
15시간 동안 비행기를 타고 있었어. 밀린 뉴스를 봐야 해.

DIALOGUE

A Are you working late again tonight?
B Yes, I need to **catch up on** a lot of work.
A I guess you won't be taking a vacation anytime soon.
B I honestly kind of regret going.

A 오늘 밤도 야근이야?
B 응. 밀린 일이 많아.
A 당분간 휴가는 못 가겠네.
B 솔직히 전에 갔다 온 게 후회돼.

Passage

I used to read a lot when I was a kid. I think I stopped reading in college because I had so much homework to do. I'd like to **catch up on** all the books I missed out on.

나는 어렸을 때 책을 많이 읽곤 했다. 대학에 가서 숙제가 너무 많아서 독서를 그만둔 것 같다. 놓친 모든 책들을 따라잡고 싶다.

Q & A

Q Imagine you get sick. Your doctor says you need to stay in bed and rest. You realize you can watch a lot of TV now. What can you do?

A I can _____ all the TV shows I've missed out on.

Q 당신이 아프다고 상상해 보세요. 의사가 당신에게 침대에 누워서 쉬어야 한다고 말해요. 이제 TV를 많이 볼 수 있다는 것을 깨달아요. 당신은 무엇을 할 수 있나요?

A 그 동안 못 봤던 TV 프로그램을 전부 챙겨 볼 수 있다.

Ans catch up on

1. 기본 설명 들어보기 ☐

count on은 대상을 '믿다, 기대다, 의지하다'라는 뜻이에요. 그래서 count on에는
trust, rely on과 비슷한 뉘앙스가 들어 있어요. 예를 들어, 어릴 때는 부모님에게 거의
모든 것을 의지하게 되는데, 영어로는 "I count on my parents for everything."이라고 해요.
또 다른 예로, 미국의 싱어송라이터 브루노 마스의 노래 가운데 〈Count on Me〉가 있어요.
도움이 필요할 때 나에게 기대라는 뜻의 가사죠. 참고로 count on은 반려동물과
대중교통에도 쓸 수 있어요. 반려동물에게서 힘을 얻는다는 뜻과 버스와 기차 등이
제시간에 도착해 믿고 탈 수 있다는 뜻으로 이해해 주세요.

2. 원어민의 시각 보기 ☐

When we say that we can "count on"
someone, then we are confident that we
can depend on that person. We know
that he or she will always have our back.
That person will support us no matter
what. We can also use this to talk about
dependable things, like the train. We
could say that we can always count on the
train to come on time.

누군가를 count on할 수 있다고 말할 수
있다면, 그 사람에게 의지할 수 있다는 확신이
있는 거예요. 우리는 그 사람이 항상 우리를
지원해 줄 것이라는 것을 알고 있어요. 그
사람은 어떤 상황에서도 우리를 도와줄
거예요. 이 표현은 기차와 같은 믿을 수 있는
것들에 대해서도 사용할 수 있어요. 예를 들어,
기차가 항상 제시간에 온다는 걸 믿을 수
있다고 말할 수 있죠.

3. 짧은 문장으로 시작하기 □ **Short sentences**

You know you can always **count on** me.
언제나 나한테 기대도 되는 거 알지.

I can always **count on** the subway to run on time.
지하철은 정시에 운행한다는 믿음이 늘 있다.

DIALOGUE

4. 대화로 반복하기 □

A   I'm freaking out! I need to find a babysitter for Friday night.
B   I'm free. Would you like me to watch your girls?
A   Really? That would be amazing! I knew I could **count on** you.
B   Sure. It would be my pleasure.

A   정말 미치겠다! 금요일 밤에 베이비시터를 구해야 해.
B   나 시간 돼. 내가 애들 봐 줄까?
A   정말? 그럼 너무 좋지! 너에게 의지할 수 있다는 걸 알고 있었어.
B   알았어. 즐거운 마음으로 해 줄게.

5. 토막글에서 반복 익히기 □ **Passage**

I think it's really important to have people in your life
that you can **count on**. Sometimes it's our family, and
sometimes it's our friends. Whoever it is, it's nice to know
that someone will always support us.

내 생각에, 인생에서 의지할 수 있는 사람을 가지는 것은 정말 중요하다. 때로는
가족일 수도 있고, 때로는 친구일 수도 있다. 누구든 간에, 항상 우리를 지지해 줄
사람이 있다는 것을 아는 것은 좋은 일이다.

6. 문답 퀴즈로 익히기 □ **Q & A**

Q   Imagine you are flying on BlueSky Air. The weather is bad, but it
     seems like the plane will still leave on time. What could you say
     about this company?

A   I can always _____ BlueSky Air to depart on time.

   Q   당신이 블루스카이 항공을 타고 비행할 거라고 상상해 보세요. 날씨가 좋지 않지만
       비행기는 여전히 제시간에 출발할 것 같아요. 이 회사에 대해 뭐라고 말할 수 있을까요?

   A   블루스카이 항공은 언제나 제시간에 출발할 거라고 믿을 수 있다.

move on

catch up on

count on

아래의 빈 밑줄에
지문 내용에 알맞은
구동사의 결합을
써넣으세요.

How to Relax After Work
퇴근 후에 휴식을 취하는 방법

바쁜 하루를 보낸 후 집에 돌아오면 다른 일들로 넘어가는 것이 중요해요. 일을 계속 생각하면 절대 휴식을 취할 수 없어요. 그래서 집에 오면 TV를 보거나 책을 읽는 것을 좋아해요. 자주 놓친 좋아하는 TV 프로그램의 에피소드를 몰아서 보기도 해요. 또한, 제 기분을 북돋아 주는 반려견에게 의지해요. 반려견은 항상 저를 편안하고 행복하게 만들어 줘요.

7. 동사를 채워 완성하기 ☐ **Fill in Verbs**

After a busy day at work, it's important to _____ on to

other things when you get home. If you just keep thinking about

work, you'll never relax. So when I get home, I like to watch TV

or read a book. I often _____ up on episodes of my

favorite TV shows that I've missed. I also _____ on

my dog to cheer me up. He always makes me feel relaxed and

happy.

8. 부사/전치사를 채워 완성하기 ☐ **Fill in Adverbs & Prepositions**

After a busy day at work, it's important to move _____ to

other things when you get home. If you just keep thinking about

work, you'll never relax. So when I get home, I like to watch TV or

read a book. I often catch _____ episodes of my favorite

TV shows that I've missed. I also count _____ my dog to

cheer me up. He always makes me feel relaxed and happy.

Ans 7. move, catch, count / 8. on, up on, on

PART 2

풍요로운 삶에 대해
말할 때 쓰는 영어 구동사

MP3
다운로드&듣기

stand out
---
shop around
---
settle for

I like to buy clothes that make me ⬚⬚⬚⬚⬚⬚⬚.
Of course, my clothes should be fashionable;
I don't just follow trends. I like to make my
own style. Because of this, I often spend hours
⬚⬚⬚⬚⬚⬚⬚ for the perfect outfit. It can really
annoy my friends, but I don't want to
⬚⬚⬚⬚⬚⬚⬚ any outfit. I want the clothes that I
wear to be special. It takes time to choose the
perfect outfit.

Learn fast
with
YouTube

GUIDES 11

1. 기본 설명 들어보기 ☐

stand out은 '눈에 띄다'라는 뜻이에요. stand는 '서다'라는 의미를 가지고 있죠.
다른 사람들이 모두 앉아 있는데 혼자 밖으로 분리되어 서 있는 장면을 상상해 보세요.
그럼 눈에 띄겠죠? 바로 그게 stand out의 기본 의미예요. 광화문 광장에 가면 이순신 동상을
볼 수 있어요. 누가 봐도 쉽게 눈에 띄죠. 이럴 때 "That statue really stands out."이라고
말할 수 있어요. 꼭 시각적으로 두드러지는 상황에서만 쓰는 것은 아니에요. 호주 멜버른에
가면 대부분 카페가 새벽 6시부터 문을 연다는 사실을 알게 돼요. 이런 점이 다른 도시와는
다르게 눈에 띄는 특징이죠. 영어로는 "That stood out to me."라고 해요.

2. 원어민의 시각 보기 ☐

If someone or something "stands out" from others, then it is very noticeable. There is something about it that makes it different from others. In America, we often use this in a positive way. It means there is something unique or special about you. However, we can also stand out for negative reasons.

사물이나 사람이 다른 것보다 stand out 한다면, 매우 눈에 띈다는 의미예요. 다른 것들과 다르게 만드는 뭔가가 있는 거죠. 미국에서는 이 표현을 흔히 긍정적인 의미로 사용해요. 당신에게 독특하고 특별한 무언가가 있다는 뜻이죠. 하지만 부정적인 이유로도 눈에 띌 수 있어요.

3. 짧은 문장으로 시작하기 □ Short sentences

My brother is so tall that he always **stands out** in a crowd.
내 동생은 워낙 키가 커서 군중 속에서 항상 눈에 띈다.

The sign's neon lights made it **stand out** from those of other
businesses. 간판의 네온 불빛 덕분에 다른 가게들의 간판보다 눈에 잘 띄었다.

DIALOGUE 4. 대화로 반복하기 □

A Wow, your dress is beautiful!
B Thank you. You don't think it's too much?
A Well, you definitely **stand out**, but I think it looks nice.
B I appreciate it. I'm not used to having so many people stare at
me.

A 와, 원피스 너무 예쁘다!
B 고마워. 너무 과하지는 않아?
A 글쎄, 눈에 확 띄긴 하지만 정말 잘 어울리는 것 같아.
B 고마워. 이렇게 많은 사람이 쳐다보는 게 영 익숙하지가 않아.

5. 토막글에서 반복 익히기 □ Passage

Many people often laugh at my dog when I take him out for a walk.
He's a bit chubby, and his weight makes him **stand out** from other
dogs. I don't mind though because my dog is very happy.

우리 개랑 산책하러 나가면 많은 사람들이 자주 쳐다보고 웃는다. 개가 좀 통통한 편이라
다른 개들에 비해 덩치가 눈에 띈다. 하지만 우리 개가 행복해하니 난 전혀 신경 쓰지 않는다.

6. 문답 퀴즈로 익히기 □ Q&A

Q Imagine you are walking down a narrow street in Seoul. Suddenly,
a Lamborghini turns onto the street. It is trying to drive through
the crowd. What can we say about this situation?

A The Lamborghini really _____ from the crowd.

Q 서울에서 좁은 길을 걷고 있다고 상상해 보세요. 갑자기 람보르기니 한 대가 그 길로
들어서요. 인파를 뚫고 지나가려고 하네요. 이런 상황에 대해 뭐라고 말할 수 있을까요?

A 사람들 사이에서 람보르기니가 유독 눈에 띈다.

Ans stands out

1. 기본 설명 들어보기 ☐

shop은 동사로 '사다, 쇼핑하다'라는 뜻이고, around는 '주변에, 여기저기에'란 뜻이에요.
두 단어를 조합하면 '여기저기를 돌아다니며 쇼핑하다'라는 의미가 되는데요,
물론 그런 뜻으로도 쓰이지만 가격을 비교할 때도 shop around를 사용해요.
결국 가게를 돌아다니는 이유가 좋은 가격에 물건을 사기 위해서니까요. 보통 쇼핑할 때
처음 간 매장에서 처음 본 물건을 바로 사지 않죠? 영어로는 "I don't like to buy the first
thing I see. I like to shop around."라고 해요. 특히 해외여행을 가려고 비행기 티켓 가격을
비교할 때도 shop around를 쓸 수 있어요.

2. 원어민의 시각 보기 ☐

When we "shop around," we don't buy something right away. We go from store to store and compare the prices of different items. We want to get a good deal, so we don't buy something right away. We keep going to different stores to get the best deal. Usually, people think it's smart to shop around.

shop around하는 것은 물건을 바로 사지 않는 거예요. 우리는 여러 가게를 돌아다니며 물건의 가격을 비교해요. 더 좋은 가격에 사고 싶으니까 바로 물건을 사지 않는 거죠. 제일 좋은 조건으로 구매하기 위해 계속 다른 가게에 가 보기도 해요. 사람들은 보통 이렇게 돌아다니며 비교해 보는 것이 현명하다고 생각해요.

3. 짧은 문장으로 시작하기 ☐ **Short sentences**

You should **shop around** whenever you buy something expensive.
비싼 물건을 살 때는 여기저기 둘러봐야 한다.

I'm not going to buy a car right away. I'm going to **shop around** first.
차를 당장은 안 살 거야. 일단 둘러보면서 가격을 비교해 보려고.

DIALOGUE

4. 대화로 반복하기 ☐

A   My husband and I are thinking about buying a new refrigerator.
B   That's a big investment! Have you been to MegaMart?
A   Yes. We're just **shopping around** for now, so we've gone to a lot of stores.
B   I hope you find a good one soon.

A   나랑 남편은 새 냉장고를 사려고 해.
B   비용이 꽤 들겠네! 메가마트는 가 봤어?
A   응. 지금은 일단 둘러보는 중이라서 많은 가게에 가 봤어.
B   얼른 괜찮은 걸 찾았으면 좋겠다.

5. 토막글에서 반복 익히기 ☐ **Passage**

When I wanted to buy a new laptop, I spent a lot of time online just **shopping around**. There were lots of good deals, but it was hard to trust the quality. I finally decided to buy one in person.

새 노트북을 구매하고 싶었을 때 나는 온라인으로 가격을 비교하며 많은 시간을 보냈다. 괜찮은 가격에 올라온 건 많았는데 품질이 의심스러웠다. 결국 직접 보고 사기로 했다.

6. 문답 퀴즈로 익히기 ☐ **Q & A**

Q   Imagine you want to buy a motorcycle. You have gone to a few different stores to compare prices. You're not sure which one to get yet. What have you been doing?

A   I've been _____ for a new motorcycle.

Q   오토바이를 사고 싶다고 상상해 보세요. 가격을 비교해 보려고 여러 매장을 방문했어요. 아직 어떤 걸로 살지 결정하지 못했죠. 당신은 뭘 하고 있었나요?

A   새 오토바이를 사려고 여기저기 보러 다니고 있다.

1. 기본 설명 들어보기　☐

동사 settle에는 '논쟁을 끝내다'라는 의미가 있어요. 논쟁을 마치고 합의를 할 때는 각자가 어느 정도 손해를 감수해야 하죠. 여기서 확장되어 settle for는 '100% 만족스럽지는 않지만 받아들이다'라는 의미로 사용돼요. 예를 들어, 처음부터 큰 집에 살고 싶지만 그럴 수 없는 상황에서는 영어로 "I wanted a big house but settled for a small one."이라고 표현해요. 즉, 큰 집을 원하지만 작은 집에 만족한다는 의미예요. 자동차의 경우도 마찬가지예요. "I really wanted a brand-new car, but I had to settle for a used one."은 새 차를 사고 싶었지만 중고차로 만족할 수밖에 없었다는 의미를 담고 있어요.

2. 원어민의 시각 보기　☐

When we "settle for" something or someone, then we agree to it even if it's not exactly what we want. It's not a good thing to settle for something. It means we wanted to get something else but couldn't. Instead, we have to accept something else. Many people don't settle for things.

어떤 것 또는 사람에 대해 settle for하는 건 원하는 것과 정확히 일치하지 않더라도 그것을 받아들이는 것을 의미해요. settle for하는 것은 좋은 일이 아니에요. 우리가 다른 것을 원했지만 얻지 못해서 대신 다른 것을 받아들여야 한다는 의미거든요. 많은 사람들이 어떤 것에 안주하지 않아요.

3. 짧은 문장으로 시작하기 □ **Short sentences**

If there's no coffee, I guess I could **settle for** tea.
커피가 없다면 차로도 괜찮아요.

I'm not going to **settle for** less than I deserve.
나는 내가 받을 자격이 있는 것보다 덜한 것에 만족하지 않을 것이다.

DIALOGUE

4. 대화로 반복하기 □

A How much are you selling your washing machine for?
B We have it listed for $500.
A Would you **settle for** $400?
B Sure. That's good enough for me.

A 세탁기를 얼마에 파시나요?
B 500달러에 내놨어요.
A 400달러에 주실 수 있나요?
B 그러죠. 그 정도면 괜찮아요.

5. 토막글에서 반복 익히기 □ **Passage**

I've been going to a lot of job interviews lately. I've worked at some really bad companies, so I didn't want to **settle for** the first company that offered me a job. I'm starting to get nervous that I'll never find a job though.

요즘 면접을 많이 다니고 있다. 정말 별로인 회사에서 일한 경험이 많아서 처음 연락해 온 회사의 제안에 바로 만족하고 싶지 않았다. 그런데 일자리를 구하지 못할까 봐 불안해지기 시작했다.

6. 문답 퀴즈로 익히기 □ **Q&A**

Q Imagine you're at your friend's house. He offers you a drink. You would like a glass of red wine, but he only has white. You drink that instead. What did you decide to do?

A I _____ white wine.

Q 친구 집에 있다고 상상해 보세요. 친구가 술을 권합니다. 당신은 레드 와인을 한 잔 마시고 싶은데, 친구는 화이트 와인만 있습니다. 그래서 레드 와인 대신 화이트 와인을 마시기로 합니다. 어떤 결정을 내린 걸까요?

A 나는 만족스럽지는 않지만 화이트 와인을 받아들였다.

Ans settled for

stand out

shop around

settle for

아래의 빈 밑줄에
지문 내용에 알맞은
구동사의 결합을
써넣으세요.

Buying Clothes
옷 사기

나는 나를 눈에 띄게 만드는 옷을 사는 걸 좋아해요. 물론 내 옷은 패셔너블해야 해요. 유행만 쫓지 않고, 나만의 스타일을 만드는 걸 좋아해요. 이 때문에 내게 딱 맞는 옷을 찾기 위해 몇 시간씩 쇼핑할 때도 종종 있어요. 같이 간 친구들이 좀 짜증 날 수도 있지만, 나는 아무 옷에나 만족하고 싶지 않아요. 내가 입는 옷이 특별했으면 좋겠어요. 완벽한 옷을 고르는 데는 시간이 걸리는 법이에요.

7. 동사를 채워 완성하기 ☐ Fill in Verbs

I like to buy clothes that make me _____ out. Of course,

my clothes should be fashionable; I don't just follow trends.

I like to make my own style. Because of this, I often spend hours

_____ around for the perfect outfit. It can really annoy my

friends, but I don't want to _____ for any outfit. I want the

clothes that I wear to be special. It takes time to choose the perfect

outfit.

8. 부사/전치사를 채워 완성하기 ☐ Fill in Adverbs & Prepositions

I like to buy clothes that make me stand _____. Of course,

my clothes should be fashionable; I don't just follow trends.

I like to make my own style. Because of this, I often spend hours

shopping _____ for the perfect outfit. It can really annoy my

friends, but I don't want to settle _____ any outfit. I want the

clothes that I wear to be special. It takes time to choose the perfect

outfit.

Ans 7. stand, shopping, settle / 8. out, around, for

take up

---

take away

---

think over

I recently joined a local book club. I've really enjoyed it so far. It's actually [   ] a lot more time than I expected. We often discuss what we can [   ] from the books we've read. I've learned so many things! I love to [   ] the plots of the books and decide if they're well written or not. I highly recommend joining a book club.

Learn fast with YouTube

GUIDES 12

1. 기본 설명 들어보기 ☐

구동사 take up의 기본 의미는 '차지하다'예요. 이 구동사의 특별한 점은 공간과 시간 모두에 사용할 수 있다는 것입니다. 예를 들어, 소파가 거실을 차지할 때 take up을 사용해요. "The sofa takes up a lot of space in the living room."이라고 하면 물리적인 공간을 차지한다는 의미를 나타내죠. 회사에서 미팅이 줄줄이 잡혀 업무 시간을 잡아먹을 때도 take up을 사용할 수 있어요. "These meetings are taking up too much of my time."이라고 하면 추상적인 시간을 차지한다는 의미를 나타내요. 마치 공식처럼 'take up + 공간', 'take up + 시간'으로 기억하면 실전에서 유용하게 활용할 수 있을 거예요.

2. 원어민의 시각 보기 ☐

We can use "take up" when something uses a certain amount of space or time. If my homework takes me 10 hours to finish, I can say that it takes up too much time. Or if a picture fills up all the space on my wall, I could say, "This picture takes up my whole wall." We use this when we want to talk about the size of something or how long it takes to do something. It is often used negatively.

take up은 어떤 것이 일정한 공간이나 시간을 사용할 때 쓸 수 있어요. 예를 들어, 숙제를 끝내는 데 10시간이 걸린다면, "It takes up too much time."이라고 말할 수 있어요. 또 그림이 벽을 가득 채우고 있다면, "This picture takes up my whole wall."이라고 할 수 있어요. 이 표현은 사물의 크기나 어떤 일을 하는 데 걸리는 시간에 대해 이야기할 때 사용합니다. 주로 부정적인 뉘앙스로 사용되는 경우가 많습니다.

3. 짧은 문장으로 시작하기 ☐ **Short sentences**

Reading this book **took up** my whole afternoon.
이 책을 읽는 데 내 오후 전체가 소요되었다.

This rug is **taking up** a lot of space in my living room.
이 러그는 거실에서 많은 공간을 차지하고 있다.

DIALOGUE

A Emily, I have to talk to you about something.
B What seems to be the problem?
A Your jacket is **taking up** too much space on the coat rack.
B Oh, I'm sorry. I'll hang it by my desk instead.

A Emily, 할 얘기가 있어.
B 무슨 일 있어?
A 네 재킷이 옷걸이 공간을 너무 많이 차지해.
B 미안해. 이제 내 책상에 걸어 놓을게.

5. 토막글에서 반복 익히기 ☐ **Passage**

A few months ago, I was addicted to a smartphone game. I realized it was **taking up** way too much of my time. I ended up deleting the app from my phone.

몇 달 전, 스마트폰 게임에 중독됐었다. 내 시간을 너무 많이 잡아먹고 있다는 걸 깨달았다. 결국, 핸드폰에서 그 앱을 삭제했다.

6. 문답 퀴즈로 익히기 ☐ **Q & A**

Q Imagine you are moving into a new apartment. You need to buy an air conditioner. However, you don't want to get one that's too big. How could you describe the A/C?

A I don't want to buy an air conditioner that _____ too much space.

Q 새 아파트로 이사한다고 상상해 보세요. 에어컨을 사야 하는데 너무 큰 것은 싫어요. 원하는 에어컨을 어떻게 설명할 수 있을까요?

A 공간을 너무 많이 차지하는 에어컨은 사고 싶지 않다.

Ans takes up

1. 기본 설명 들어보기 ☐

구동사 take away의 기본 의미는 '무언가를 원래 자리에서 다른 자리로 이동시키다'예요.
예를 들어, 선생님이 내 스마트폰을 압수했다면 "The teacher took my phone away from me."라고 합니다. 이 문장에서 휴대폰이 이동하는 모습이 그려지나요?
또한, '새로 알게 된 것'도 나에게 take away할 수 있어요.
보통 강연에서 새로운 정보, 지식, 교훈 등을 배우게 되죠? 영어로는
"I took away a lot of things from the lecture."라고 표현합니다. 그래서 '5가지 핵심 내용'을
영어로 5 key takeaways라고 해요.

2. 원어민의 시각 보기 ☐

If you "take something away" from something, then you learn something. A "takeaway" is a message or piece of information that you can learn from a meeting or other source of information. As a verb, this means that you learned something from something else. We can take away lessons from TV shows, news articles, conversations with friends, etc.

무언가로부터 take something away 한다는 것은 무언가를 배운다는 뜻이에요. takeaway는 회의나 다른 정보 출처로부터 배울 수 있는 메시지나 정보를 말해요. 동사로서 이 표현은 무언가로부터 배웠다는 의미로 사용됩니다. 우리는 TV 프로그램, 뉴스 기사, 친구들과의 대화 등에서 교훈을 얻을 수 있어요.

3. 짧은 문장으로 시작하기 ☐ **Short sentences**

I didn't **take** anything **away** from that meeting.
그 회의에서 아무것도 얻지 못했다.

I **took away** a positive message from your blog post.
네 블로그 글에서 긍정적인 메시지를 얻었어.

DIALOGUE

4. 대화로 반복하기 ☐

- **A** What did you think of the speech this afternoon?
- **B** I thought it was good. I learned a lot.
- **A** Really? What lessons did you **take away** from it?
- **B** I learned that it's important to stand up for yourself.

- **A** 오늘 오후 연설 어땠어?
- **B** 좋았던 것 같아. 많은 걸 배웠어.
- **A** 정말? 어떤 교훈을 얻었어?
- **B** 스스로 내 편이 되어 주는 게 중요하다는 걸 배웠어.

5. 토막글에서 반복 익히기 ☐ **Passage**

I watched a fitness YouTuber the other day. I **took away** the importance of eating a balanced diet from her video. These days, I think I've been eating too much junk food.

며칠 전에 한 피트니스 유튜버를 봤다. 그녀의 영상에서 균형 잡힌 식사의 중요성에 대해 배웠다. 요즘 내가 정크 푸드를 너무 많이 먹고 있는 것 같다.

6. 문답 퀴즈로 익히기 ☐ **Q & A**

- **Q** Imagine you watched a documentary about democracy. You learned about freedom and dictatorships and how hard it is to maintain a democracy. You now know the importance of voting. What did you learn from this documentary?

- **A** I _____ the fact that voting in elections is very important.

  - **Q** 민주주의에 관한 다큐멘터리를 봤다고 상상해 보세요. 자유와 독재에 대해 배우고, 민주주의를 유지하는 것이 얼마나 어려운 일인지도 배웠습니다. 이제 투표의 중요성을 알게 되었어요. 이 다큐멘터리를 통해 무엇을 배웠나요?

  - **A** 선거에서 투표하는 게 매우 중요하다는 걸 배웠다.

1. 기본 설명 들어보기 ☐

think over는 '심사숙고하다'라는 뜻이에요. 여기서 over에는 '반복, 계속'이라는 의미가 담겨 있어요. 이는 over and over again에서 사용되는 over와 같은 의미죠. 따라서 '반복해서 생각하다'라는 의미가 되어 신중하게 고민한다는 뜻이 돼요. 예를 들어, 회사에서 해외 지사로 발령을 받았다면 곧바로 결정을 내리기 어렵겠죠? 최소 하루 이틀 정도는 신중하게 고민해야 할 거예요. 이런 상황에서는 영어로 "I need to think it over. Give me a day or two."라고 표현할 수 있습니다.

2. 원어민의 시각 보기 ☐

When we "think something over," then we consider something carefully before we make a plan or decision. We use this when we need more time to think about what we want to do. When we don't want to make a decision quickly, we need to think it over. We usually use this for big or important decisions. We usually think something over by ourselves.

think over는 계획을 세우거나 결정을 내리기 전에 신중하게 생각한다는 뜻이에요. 하고 싶은 일에 대해 더 생각할 시간이 필요할 때 이 표현을 써요. 결정을 빨리 내리고 싶지 않을 때, 신중하게 생각할 필요가 있습니다. 주로 중대한 결정을 내릴 때 이 표현을 사용해요. 우리는 보통 곰곰이 생각할 때 혼자서 하곤 합니다.

Short sentences

We'll give you the weekend to **think** it **over**.
주말 동안 생각할 시간을 드릴게요.

I need some time to **think over** your proposal.
제안서를 검토할 시간이 필요해요.

DIALOGUE

4. 대화로 반복하기

A　Are you going to take the promotion?
B　I told our boss I needed time to **think** it **over**.
A　I think you should take it! You'd be a great manager.
B　Thank you. I'm just not sure if I could handle the responsibility.

A　그럼 승진하는 거야?
B　상사한테 생각할 시간이 필요하다고 얘기했어.
A　수락해야지! 넌 훌륭한 매니저가 될 거야.
B　고마워. 그냥 내가 그 책임을 감당할 수 있을지 확신이 안 서.

5. 토막글에서 반복 익히기 **Passage**

One of my friends suggested that we move in together. I told her that I needed to **think** it **over**. While she's a great friend, I don't know if she'd be such a great roommate.

친구 한 명이 같이 살자고 제안했다. 나는 시간을 갖고 생각해 봐야겠다고 말했다.
그녀는 좋은 친구이긴 하지만, 아주 좋은 룸메이트가 될지는 모르겠다.

6. 문답 퀴즈로 익히기 **Q & A**

Q　Imagine you won a chess tournament at your school. You have a chance to compete in England. You've never traveled abroad, so you're a little nervous. You need some time to consider your decision. What could you say about your situation?

A　I need to ＿＿＿＿＿＿＿＿＿＿ what I'm going to do next.

Q　학교에서 열린 체스 토너먼트에서 우승했다고 상상해 보세요. 영국 대회에 출전할 기회가 생겼습니다. 해외여행은 처음이라 조금 긴장됩니다. 결정을 고민할 시간이 필요해요. 이 상황에 대해 뭐라고 말할 수 있을까요?

A　이다음에 어떻게 할지 생각해 봐야 한다.

Ans think over

113

take up

take away

think over

아래의 빈 밑줄에
지문 내용에 알맞은
구동사의 결합을
써넣으세요.

Book Clubs
독서 모임

얼마 전에 동네 독서 모임에 가입했어요. 지금까지 정말 재미있게 참여하고 있어요. 사실 예상했던 것보다 시간을 더 많이 잡아먹고 있어요. 모임에서는 읽은 책에서 어떤 걸 배울 수 있는지 이야기를 나눠요. 저는 많은 걸 배웠어요! 책의 줄거리를 생각해 보고 잘 쓴 책인지 아닌지 따져 보는 과정이 즐거워요. 독서 모임에 가입하는 걸 강력 추천해요.

7. 동사를 채워 완성하기 ☐ Fill in Verbs

I recently joined a local book club. I've really enjoyed it so far.

It's actually _____ up a lot more time than I expected.

We often discuss what we can _____ away from the

books we've read. I've learned so many things! I love to

_____ over the plots of the books and decide if they're

well written or not. I highly recommend joining a book club.

8. 부사/전치사를 채워 완성하기 ☐ Fill in Adverbs & Prepositions

I recently joined a local book club. I've really enjoyed it so far. It's

actually taking _____ a lot more time than I expected.

We often discuss what we can take _____ from the

books we've read. I've learned so many things! I love to think

_____ the plots of the books and decide if they're well

written or not. I highly recommend joining a book club.

find out
_____

give away
_____

blend in
_____

I recently [   ] that Taylor Swift was
going to have a concert in my city. I tried to get
tickets, but I was too late. All of the dates were
already sold out. Luckily, a friend of mine was
[   ] a ticket. I was so excited to go. I
wore a Taylor Swift T-shirt to [   ] with
the other fans.

Learn fast
with
YouTube

GUIDES 13

1. 기본 설명 들어보기 ☐

find out은 새로운 정보를 알게 될 때 쓰는 구동사예요. 새로운 정보를 누군가에게 들었거나
직접 경험해서 알게 되는 경우에 사용하죠. 예를 들어, 친구가 다른 도시로 이사 간다는 소식을
알게 됐다면 "I found out that my friend was moving to another city."라고 말해요. 종종
구동사 figure out과 헷갈릴 때가 있는데, 두 구동사의 결정적 차이는 '태도'에 있어요.
figure out은 개인의 시간, 노력, 에너지를 써서 알아낸다는 '적극적인 태도'를 의미해요.
반면, find out은 특별히 노력하지 않아도 알게 되는 '수동적인 태도'에 가깝죠.

2. 원어민의 시각 보기 ☐

When we "find something out," then
we discover or learn a fact or piece of
information. We use this when we didn't
know something before but now know it. For
example, if you didn't know that your friends
were dating and then you saw them kissing,
you could say that you "found out" that your
friends were dating. It is different from "figure
out" because you aren't trying to solve a
problem. You just learned new information.

find out은 어떤 사실이나 정보를
발견하거나 알게 됐다는 뜻이에요. 전에는
몰랐던 것을 이제 알게 됐을 때 이 표현을
씁니다. 예를 들어, 친구 둘이 사귀는지
몰랐는데, 둘이 키스하는 것을 본 거예요.
그럴 때 둘이 사귄다는 걸 found out했다고
말할 수 있어요. 문제를 해결하기 위해
적극적으로 노력한 건 아니기 때문에
figure out과는 달라요. 단순히 새로운
정보를 알게 됐다는 뜻입니다.

3. 짧은 문장으로 시작하기 ☐ **Short sentences**

How did you **find out** about this job opportunity?
이 채용 기회는 어떻게 알게 됐나요?

I'll be in big trouble if my parents **find out** I saw this movie.
내가 이 영화 본 걸 부모님이 아시면 큰일 날 거야.

DIALOGUE

4. 대화로 반복하기 ☐

A I just **found out** that Lucy is getting married!
B Really? I didn't even know she had a boyfriend!
A I know. She has really kept this relationship a secret.
B I'll have to send her a message and congratulate her.

A 방금 Lucy가 결혼한다는 사실을 알았어!
B 정말? 난 Lucy한테 남자 친구가 있다는 것도 몰랐어!
A 그래. 관계를 철저히 비밀로 해 왔네.
B Lucy에게 축하 메시지 보내야겠다.

5. 토막글에서 반복 익히기 ☐ **Passage**

I went to my local supermarket to buy some groceries last week. While I was there, I **found out** the store would be closing for good soon. I was so shocked and sad to hear the news.

지난주에 장을 보러 동네 마트에 갔다. 장을 보다가 그 가게가 곧 폐업한다는 소식을 알게 됐다. 그 이야기를 듣고 너무 놀라고 섭섭했다.

6. 문답 퀴즈로 익히기 ☐ **Q & A**

Q Imagine you went on a picnic with your friends. Your friend brought some fruit, so you had some strawberries. Suddenly, you got a rash on your arms. You were surprised to learn you are allergic to strawberries. What information did you learn?

A I _____ I was allergic to strawberries.

Q 친구들과 소풍을 갔다고 상상해 보세요. 친구가 과일을 가져와서 딸기를 먹었어요. 그런데 갑자기 팔에 두드러기가 올라왔어요. 딸기 알레르기가 있다는 걸 알고 깜짝 놀랐습니다. 무슨 사실을 알게 되었나요?

A 나에게 딸기 알레르기가 있다는 사실을 알게 됐다.

Ans found out

117

1. 기본 설명 들어보기 ☐

give는 '주다'라는 뜻이고, away는 '떨어진, 다른 곳으로'라는 의미예요. 이렇게 '다른 곳으로 떨어지게 주다'라는 의미에서 확장되어 '무료로 나눠주다'라는 뜻이 되었어요. 예를 들어, 백화점에서 경품 추첨을 통해 카메라를 주는 상황을 영어로 표현하면 "They're giving away a camera."가 돼요. 책꽂이에 방치했던 만화책을 친척 동생에게 주거나, 화장품 가게 앞에서 샘플을 나눠주는 상황에서도 give away를 사용할 수 있어요. '경품'이나 '사은품'을 영어로 어떻게 표현할까요? 구동사 give away를 한 단어로 합쳐 명사로 만들면 돼요. a giveaway!

2. 원어민의 시각 보기 ☐

When you "give something away," then you give it to someone freely without asking for payment. You don't want anything in return for the item you're giving that person. Oftentimes, people give things away that they want to donate. Companies also give away items or coupons to attract customers. The important thing is that we don't get anything in return when we give something away.

give away는 무언가를 대가 없이 기꺼이 주는 것을 의미해요. 그 사람에게 주는 물건에 대해 아무런 대가를 바라지 않는다는 뜻이에요. 흔히 사람들은 기부하고 싶은 물건을 나눠주기도 해요. 회사들도 고객을 끌어들이기 위해 물건이나 쿠폰을 무료로 나눠줘요. 중요한 점은 무언가를 줄 때 아무런 대가를 받지 않는다는 것이에요.

3. 짧은 문장으로 시작하기 | Short sentences

I think I'm going to **give away** these old boots.
이 오래된 부츠들은 기부할 생각이야.

I heard Starbucks is **giving away** a free coffee to the first 100 customers.
스타벅스에서 선착순 100명에게 무료 커피를 준다고 한다.

DIALOGUE

4. 대화로 반복하기

A Are you going to take all your furniture with you when you move?
B We're selling the appliances and **giving away** a few things.
A If you're giving away your dining table, I'm interested in that.
B Sorry. That's going with us.

A 이사할 때 가구는 다 가져가?
B 가전은 팔고 다른 가구 몇 개는 필요한 사람 주려고.
A 다이닝 테이블도 나눠줄 생각이면 나한테 주면 좋겠는데.
B 미안. 그건 가져갈 거야.

5. 토막글에서 반복 익히기 | Passage

I went to a new bookstore that opened recently. It was **giving away** coupons to everyone who visited. I'll definitely go back to use the coupon.

최근에 새로 문 연 서점에 갔다. 방문한 모든 사람에게 쿠폰을 나눠주고 있었다.
꼭 다시 가서 쿠폰을 써야겠다.

6. 문답 퀴즈로 익히기 | Q & A

Q Imagine you are a YouTuber. You are having an event on your channel. You're going to give Amazon gift cards to 50 subscribers for free. What are you going to do with the gift cards?

A I am going to _____ Amazon gift cards.

Q 유튜버라고 상상해 보세요. 채널에서 이벤트를 진행 중이에요. 구독자 50명에게 아마존 기프트 카드를 무료로 주려고 해요. 기프트 카드로 무엇을 할 건가요?

A 아마존 기프트 카드를 무료로 증정할 것이다.

Ans give away

119

1. 기본 설명 들어보기 ☐

blend는 '섞다'라는 뜻이고, in은 '안에'라는 의미예요. 두 단어를 합치면
'주변 환경에 섞여 들다'라는 뜻이 돼요. blend in 하면 가장 먼저 떠오르는 단어가
'보호색'인데요, 이는 외부 공격을 피하고 자신을 보호하기 위해 주변 색과 비슷하게
몸의 색깔을 바꾸는 것을 말해요. 영어로는 "Some animals are great at blending in with
their surroundings."라고 표현하죠. 사람에게도 쓸 수 있어요. 네덜란드에 가서 자전거를
타며 현지인과 섞이고 싶다면 "I will ride a bike when I'm in the Netherlands so that
I can blend in with the locals."라고 말할 수 있어요.

2. 원어민의 시각 보기 ☐

When we "blend in," then we try to look the same as the surroundings or the people around us. In this way, we're not very noticeable. Hunters like to blend in with the forest so that the animals they're hunting don't see them. Teenagers might want to blend in with their peers so that they don't get bullied. When we "blend in," we try to fit in with those around us.

주변 환경이나 사람들과 똑같이 보이려고 노력하는 것을 blend in이라고 말할 수 있어요. 이렇게 하면 눈에 잘 띄지 않게 돼요. 사냥꾼들은 동물들이 자신들을 보지 못하게 하기 위해 숲과 섞여 들기를 좋아해요. 십 대들은 괴롭힘을 당하지 않기 위해 또래 친구들과 어울리고 싶어 할 수 있겠죠. 우리가 blend in할 때, 우리는 주변 사람들과 어울리려고 노력합니다.

3. 짧은 문장으로 시작하기 ☐ **Short sentences**

This lizard can change colors to **blend in** with its environment.
이 도마뱀은 주변 환경에 섞여 들기 위해 색을 바꿀 수 있다.

You need to wear purple if you want to **blend in** with the other fans.
다른 팬들과 어우러지려면 보라색 옷을 입어야 한다.

DIALOGUE 4. 대화로 반복하기 ☐

A What do you think about the new office being built?
B I hate it. It doesn't **blend in** with the neighborhood at all.
A It does seem to stick out.
B It's so ugly. I wish it weren't being built.

A 새로 짓고 있는 사무실은 어떻게 생각해?
B 맘에 안 들어. 주변이랑 전혀 안 어울려.
A 툭 튀어나온 것 같긴 하더라.
B 흉물스러워. 차라리 안 지었으면 좋겠어.

5. 토막글에서 반복 익히기 ☐ **Passage**

I was redoing my living room and decided to buy new curtains.
I needed to find some that **blended in** with my couch and
floor. Fortunately, there were a lot of options at the store,
so I was able to find what I was looking for.

거실을 다시 꾸미면서 커튼을 새로 사기로 했다. 우리 집 소파와 바닥에 잘 어울리는 걸로
찾아야 했다. 다행히 가게에 종류가 많아서 원하는 걸 찾을 수 있었다.

6. 문답 퀴즈로 익히기 ☐ **Q & A**

Q Imagine you are a high school student. You try to wear the same
clothes as your classmates. You style your hair in the same way.
You just want to fit in. What are you trying to do?

A I am trying to _____ with my classmates.

Q 내가 고등학생이라고 상상해 보세요. 반 친구들과 같은 옷을 입으려고 하고, 머리도
똑같이 스타일링합니다. 그냥 친구들과 어울리고 싶을 뿐이에요. 당신은 무엇을 하려고
노력하고 있나요?

A 반 친구들과 어울리려고 노력하고 있다.

Ans blend in

121

find out
_____

give away
_____

blend in
_____

아래의 빈 밑줄에
지문 내용에 알맞은
구동사의 결합을
써넣으세요.

Going to a Concert
콘서트 가기

최근 테일러 스위프트가 내가 사는 도시에서 콘서트를 연다는 소식을 들었어요. 티켓을 구하려고 했지만 너무 늦었어요. 이미 모든 날짜가 매진이었거든요. 운이 좋게도 한 친구가 티켓을 한 장 나눠주고 있었어요. 콘서트 가는 게 너무 기대됐어요. 다른 팬들과 잘 어울러지기 위해 테일러 스위프트 티셔츠를 입었어요.

7. 동사를 채워 완성하기 ☐ **Fill in Verbs**

I recently _____ out that Taylor Swift was going to

have a concert in my city. I tried to get tickets, but I was too late.

All of the dates were already sold out. Luckily, a friend of mine

was _____ away a ticket. I was so excited to go.

I wore a Taylor Swift T-shirt to _____ in with the

other fans.

8. 부사/전치사를 채워 완성하기 ☐ **Fill in Adverbs & Prepositions**

I recently found _____ that Taylor Swift was going to

have a concert in my city. I tried to get tickets, but I was too late.

All of the dates were already sold out. Luckily, a friend of mine

was giving _____ a ticket. I was so excited to go.

I wore a Taylor Swift T-shirt to blend _____ with the

other fans.

fill out

---

fit in

---

get around

It has always been a dream of mine to live abroad. I recently got the chance to go to Bali. I didn't realize how many forms I would have to _____. Once I got there, it was a little hard for me to _____. The culture was very different from what I was used to. I also had a bit of trouble _____ at first. Now, I have friends in Bali and can navigate the area easily.

Learn fast with **YouTube**

GUIDES 14

1. 기본 설명 들어보기 ☐

fill out은 다양한 양식이나 서류를 '작성하거나 기입'할 때 사용할 수 있어요. 예를 들어, 음식점에서 서비스 만족도 조사를 하고 무료 음료를 받은 경험이 있는데, 질문에 대한 제 생각을 빈칸에 입력했어요. 이런 과정을 영어로 표현하면 "I filled out a survey at the restaurant."가 돼요. 또한, 특정 공항에서는 연결 항공편을 위해 의무적으로 서류를 작성해야 하는 경우가 있는데, 이럴 때 영어로는 "I had to fill out an entry form for my connecting flight."라고 해요.

2. 원어민의 시각 보기 ☐

When we "fill something out," we add information to the blank spaces on a form or document. We use this when we have to fill out official forms, such as at a hospital or for a job interview. We typically fill out forms with information like our name, date of birth, and address. We might also "fill out" a crossword puzzle or sudoku puzzle. Anytime we're putting information in blanks, we can use the term "fill out."

fill out은 양식이나 문서의 빈칸에 정보를 추가하는 것을 말해요. 병원이나 면접 같은 곳에서 공식적인 양식을 작성할 때 사용해요. 일반적으로 이름, 생년월일, 주소 등의 정보를 써넣어요. 또한, 십자말풀이나 스도쿠 퍼즐을 fill out 할 수도 있어요. 빈칸을 채우는 상황에서는 언제든지 fill out이라는 표현을 쓸 수 있어요.

Short sentences

Have you **filled out** today's crossword puzzle?
오늘의 십자말풀이는 다 풀었어?

Please **fill out** this form before you see the doctor.
진료 전에 이 양식을 작성해 주세요.

DIALOGUE

4. 대화로 반복하기

A   I'm here for the interview.
B   Have you **filled out** an application yet?
A   Oh, not yet.
B   Here. Sit over there and **fill** this **out**.

A   면접을 보러 왔어요.
B   지원서는 작성하셨죠?
A   아직이요.
B   여기요. 저쪽에 앉아서 작성하시면 돼요.

5. 토막글에서 반복 익히기   **Passage**

The other day, I was **filling out** my sudoku puzzle when
I got rudely interrupted by my coworker. He wanted to
know what I was working on. He said doing puzzles was
a waste of time.

얼마 전에 스도쿠 퍼즐을 완성하고 있었는데, 동료가 갑자기 끼어들어 방해했다.
그는 내가 뭘 하고 있는지 궁금해했다. 그는 퍼즐은 시간 낭비라고 말했다.

6. 문답 퀴즈로 익히기   **Q & A**

Q   Imagine someone broke into your home. The thief stole some
cash and jewelry. You had to go to the police station and make
a report. What else would the police officer ask you to do?

A   I had to _____ a police report.

Q   누군가 집에 침입했다고 상상해 보세요. 현금과 보석을 훔쳐 갔어요. 경찰서에 가서
신고해야 했어요. 그 밖에 경찰이 요구할 수 있는 사항은 무엇일까요?

A   나는 경찰 보고서를 작성해야 했다.

Ans   fill out

125

1. 기본 설명 들어보기 ☐

청바지 사이즈가 맞지 않을 때는 "I don't fit in these jeans anymore."라고 해요.
옷의 사이즈가 맞는 것처럼, 한 사람이 다른 환경에 잘 맞고 자연스럽게 어울리는
상황에서도 fit in이라는 표현을 사용해요. 예를 들어, 새로운 학교로 전학을 가면
처음에는 변화된 환경에 잘 적응하지 못할 수 있어요.
이를 영어로는 "I just don't fit in here."라고 표현할 수 있어요. 새로운 직장에서도
비슷하게 fit in을 사용할 수 있죠. 이 경우 fit in at work, fit in with people과 같이 fit in을
사용한 후에는 at, with 등의 전치사를 함께 사용해야 해요.

2. 원어민의 시각 보기 ☐

If someone or something "fits in,"
then it seems like that person
or thing belongs with others. When
we fit in, we feel accepted by others.
We are not too weird or unique.
Usually, we want to fit in with
our classmates or coworkers. Things
that go together well can also
"fit in" with each other.

누군가 또는 무언가가 fit in한다면, 그
사람이나 물건이 다른 것들과 잘 어울리는 것
처럼 보인다는 뜻이에요. 우리가 fit in할 때,
우리는 다른 사람들에게 받아들여진다고
느껴요. 우리가 너무 이상하거나 독특하지
않은 거죠. 보통 우리는 반 친구들이나
직장 동료들과 잘 어울리길 바라요.
서로 잘 맞는 사물들도 fit in이라고
말할 수 있어요.

3. 짧은 문장으로 시작하기 [ ] **Short sentences**

I don't **fit in** with my coworkers.
나는 동료들과 잘 어울리지 못한다.

The exchange student was worried about **fitting in** with his classmates.
교환 학생은 반 친구들과 어울릴 수 있을지 걱정스러웠다.

DIALOGUE

4. 대화로 반복하기 [ ]

A   I love this table.
B   It's pretty, but I don't think it'll **fit in** with the rest of our furniture.
A   I guess you're right.
B   The wood isn't the right color.

A   이 테이블 너무 예쁘다.
B   예쁘긴 한데 나머지 다른 가구들과는 안 어울릴 것 같아.
A   그런 것 같네.
B   나무 색깔이 안 맞아.

5. 토막글에서 반복 익히기 [ ] **Passage**

I recently read the last book in a trilogy. It was good but didn't **fit in** with the other books. The first two books focused on action, but this one focused on romance.

최근에 3부작 시리즈의 마지막 권을 읽었다. 재미있긴 했지만, 앞의 책들과는 내용이 좀 동떨어졌다. 1, 2권은 액션에 초점을 맞췄는데, 3권은 로맨스에 집중했다.

6. 문답 퀴즈로 익히기 [ ] **Q & A**

Q   Imagine you have two other siblings. They are both really athletic. You are really good at studying. They are very outgoing while you are an introvert. What might you say about your relationship with your siblings?

A   I love my siblings, but I don't _____ with them.

Q   형제자매가 두 명 있다고 상상해 보세요. 둘 다 운동을 엄청나게 잘해요. 당신은 공부에 소질이 있고요. 당신은 내성적인데, 그들은 매우 외향적이에요. 형제자매와의 관계에 대해 어떻게 말할 수 있을까요?

A   내 형제들을 사랑하지만 서로 잘 어울리지는 못한다.

Ans fit in

1. 기본 설명 들어보기

get에는 '이동하다'라는 뜻이 있고, around에는 '여기저기'라는 뜻이 있어요.
따라서 get around는 '돌아다니다'라는 의미를 가져요. 예를 들어, 서울에 처음 여행 온
외국인이 친구에게 "What's the best way to get around Seoul?"이라고 물어볼 수 있어요.
이는 서울에서 편리하게 이동하는 방법을 묻는 것이죠. 사람의 이동뿐만 아니라
소문이나 정보가 퍼지는 것도 표현할 수 있어요. "Word gets around fast."는 소문이
빠르게 퍼진다는 의미예요.

NATIVE'S EXPLANATION

2. 원어민의 시각 보기

When we "get around," we can go, walk, or travel to other places. It is easy for us to go from place to place. As we get older, it can be hard for us to "get around." We can get around by foot or by using various forms of transportation. Sometimes we have to figure out how to get around if we don't have a car.

get around는 우리가 다른 곳으로 가거나, 걷거나, 여행할 수 있다는 것을 의미해요. 장소에서 장소로 이동하는 것이 쉬운 상태를 말하죠. 나이가 들수록 get around 하는 것이 어려워질 수 있어요. 우리는 걸어서 또는 다양한 교통 수단을 이용해 이동할 수 있어요. 때때로 차가 없을 때는 어떻게 이동할지 고민해야 하기도 해요.

3. 짧은 문장으로 시작하기 [ ] **Short sentences**

Riding a bike is a great way to **get around** the city.
자전거는 도시를 돌아다니기에 좋다.

My grandma struggles to **get around** by herself these days.
할머니는 요즘 혼자서 이동하는 게 힘드시다.

DIALOGUE

4. 대화로 반복하기 [ ]

A How was your trip to Italy?
B It was amazing. We got to see all the sights.
A Was it pretty easy to **get around**?
B Yes, Italy has great public transportation.

A 이탈리아 여행은 어땠어?
B 너무 좋았어. 관광 명소를 다 구경했어.
A 돌아다니는 건 편했어?
B 응. 이탈리아는 대중교통이 잘 되어 있더라.

5. 토막글에서 반복 익히기 [ ] **Passage**

When I first moved to Seoul, I didn't know how to use public transportation. I just relied on taxis to **get around**. Finally, I figured out how to use the bus and the subway, and now I save a lot of money.

처음 서울에 이사 왔을 땐 대중교통을 이용하는 법을 몰랐다. 돌아다닐 때는 택시에만 이용했다. 그러다 결국 버스와 지하철 이용법을 알게 됐고, 지금은 돈을 많이 절약하고 있다.

6. 문답 퀴즈로 익히기 [ ] **Q & A**

Q Imagine you are elderly. You struggle to walk without support. You need to start using a cane. What can we say about your situation?

A I need a cane to _____.

Ans get around

Q 노인이라고 상상해 보세요. 도움 없이는 걷기가 힘들어요. 이제 지팡이를 사용해야 할 필요가 있어요. 이런 상황을 어떻게 표현할 수 있을까요?

A 나는 이동하려면 지팡이가 필요하다.

129

fill out
_____

fit in
_____

get around
_____

아래의 빈 밑줄에
지문 내용에 알맞은
구동사의 결합을
써넣으세요.

Living Abroad for a Month
해외에서 한 달 살기

해외에서 사는 것이 늘 꿈이었어요. 최근에 발리에 갈 기회가 생겼어요. 서류를 그렇게 많이 작성해야 하는지 몰랐어요. 막상 도착하고 나니 적응하기가 조금 힘들었어요. 평소 익숙했던 문화와는 너무 달랐거든요. 처음에는 그냥 돌아다니는 것도 약간 불편했어요. 하지만 지금은 발리에 친구들도 있고 도시를 쉽게 돌아다닐 수 있어요.

7. 동사를 채워 완성하기 ☐ **Fill in Verbs**

It has always been a dream of mine to live abroad. I recently got the

chance to go to Bali. I didn't realize how many forms I would have to

_____ out. Once I got there, it was a little hard for me to

_____ in. The culture was very different from what I was used

to. I also had a bit of trouble _____ around at first. Now, I have

friends in Bali and can navigate the area easily.

8. 부사/전치사를 채워 완성하기 ☐ **Fill in Adverbs & Prepositions**

It has always been a dream of mine to live abroad. I recently got the

chance to go to Bali. I didn't realize how many forms I would have to

fill _____ . Once I got there, it was a little hard for me to

fit _____ . The culture was very different from what I was used

to. I also had a bit of trouble getting _____ at first. Now, I have

friends in Bali and can navigate the area easily.

Ans 7. fill, fit, getting / 8. out, in, around

mix up

---

point out

---

stick around

I really enjoy going to the movies. I watched Barbie recently and liked it. I always _____ the main actress though. I can never remember her name. My friend _____ that she was the same actress who played Harley Quinn. I didn't believe her at first, so we _____ to read the credits. I was so shocked to see that my friend was right.

Learn fast with **YouTube**

GUIDES 15

1. 기본 설명 들어보기 ☐

mix의 기본 의미는 '섞다, 섞이다'예요. 대표적인 예로 '물과 기름은 섞이지 않는다'란 문장인 Oil and water don't mix.가 있죠. 그런데 mix에 up이 붙으면 의미가 살짝 바뀌는데요, 서로 다른 두 가지를 헷갈리거나 혼동한다는 의미가 돼요. 예를 들어, 날짜가 헷갈릴 때는 mix up the dates라고 하고, 약속이 헷갈릴 때는 mix up the appointments라고 해요. 때때로 디카페인 커피와 카페인 커피를 착각하거나, 쌍둥이처럼 닮은 두 사람을 착각하기도 하죠. 그럴 때는 "Sorry. I mixed them up."이라고 말하면 돼요. 내가 혼란스러운 상태일 때는 "I'm mixed up."이 적절하고요. 끝으로 명사 a mix-up은 '실수, 착오, 혼동'을 뜻해요!

2. 원어민의 시각 보기 ☐

When we "mix someone or something up," we confuse two people or things. We think that person A is person B, but that individual is actually person A. We might think that an orange is a lemon. In that case, we can say that we mixed up the orange and the lemon. This often happens with people or things that look similar.

mix someone or something up은 사람이나 사물을 혼동할 때 써요. A라는 사람을 B라고 생각했는데, 실제로는 A라는 사람이었던 경우죠. 오렌지를 레몬이라고 생각할 수도 있고요. 이 경우 오렌지와 레몬을 혼동했다고 말할 수 있어요. 비슷해 보이는 사람이나 사물을 두고 자주 일어나는 일이에요.

Short sentences

He **mixed up** the chemicals during the experiment.
그는 실험 중에 화학 물질들이 헷갈렸다.

The teacher **mixed up** her students' homework assignments.
선생님이 학생들의 숙제를 혼동했다.

DIALOGUE

A I made a big mistake yesterday.
B What happened?
A I **mixed up** Susan and Stephanie.
B Oh, no. I bet Susan was upset about that.

A 어제 큰 실수를 저질렀어.
B 무슨 일인데?
A Susan이랑 Stephanie를 혼동한 거 있지.
B 저런. Susan이 열받았겠는데.

Passage

My shampoo and conditioner bottles are very similar,
so I often **mix** them **up**. I finally put a big pink label on
my shampoo bottle. Now, I can easily tell them apart.

샴푸와 컨디셔너 통이 너무 비슷하게 생겨서 자주 헷갈린다. 결국엔 샴푸 통에
큰 분홍색 라벨을 붙였다. 이제 둘을 구분하기 쉬워졌다.

Q & A

Q Imagine you wanted to have a cup of decaf coffee in the evening.
You accidentally chose caffeinated coffee though. They look
similar, so it's easy to make that mistake. What happened?

A I _____ the decaf and caffeinated coffee.

Q 저녁에 디카페인 커피가 한 잔 마시고 싶어졌다고 상상해 보세요. 하지만 무심코
카페인이 든 커피를 골라 버렸습니다. 둘은 비슷해 보이기 때문에 실수하기 쉬워요.
무슨 일이 일어났나요?

A 디카페인 커피와 카페인이 든 커피를 혼동했다.

Ans mixed up

1. 기본 설명 들어보기 ☐

point의 기본 의미는 '특정 대상을 가리키다'예요. 발표할 때 레이저 포인터로 특정 부분을 가리키는 장면을 떠올리면 쉽게 이해할 수 있을 거예요. point 뒤에 out이 붙으면 '어떤 정보를 지적하고, 언급하고, 주목하다'라는 뜻의 구동사가 돼요. 예를 들어 외국인 친구에게 한식이 일식보다 더 맵다는 걸 알려 주는 상황을 떠올려 봅시다. 영어로는 "I'd like to point out that Korean food is spicier than Japanese food."가 되죠. 이처럼 point out은 여러 정보 가운데 콕 집어서 강조하고 싶은 부분을 말할 때 유용해요.

2. 원어민의 시각 보기 ☐

When we "point something out" to someone, we give that person some information. We usually point out things that we think another person doesn't know or has forgotten. When we point things out, we are confident that we are right. Sometimes we literally point at things with our fingers to make a point. We use this when we want to share important information with another person.

우리가 누군가에게 point something out 할 때, 우리는 그 사람에게 정보를 제공하는 거예요. 주로 상대방이 모르거나 잊어버렸다고 생각하는 것을 지적해요. 우리가 무언가를 지적할 때는 그게 옳다고 확신할 때죠. 때로는 요점을 전달하기 위해 말 그대로 손가락으로 사물을 가리키기도 해요. 우리는 다른 사람과 중요한 정보를 공유하고 싶을 때 이 표현을 사용해요.

3. 짧은 문장으로 시작하기 ☐ **Short sentences**

My boss is always **pointing out** my mistakes.
상사는 항상 내 실수를 지적한다.

I would just like to **point out** that I haven't had a drink all night.
밤새 술 한잔 마시지 않았다는 걸 꼭 짚고 넘어가고 싶어.

DIALOGUE

4. 대화로 반복하기 ☐

A   Do you think the president should be reelected?
B   I think so. He seems to have done a good job with the economy.
A   I would like to **point out** that the economy was already good when he came into office.
B   Do you really think so?

A   대통령이 재선되어야 한다고 생각해?
B   응. 경제 분야에서 잘한 것 같아.
A   대통령 취임 당시에 이미 경기가 좋았다는 점에 주목해야 하지 않을까 싶네.
B   정말 그렇게 생각해?

5. 토막글에서 반복 익히기 ☐ **Passage**

Whenever I make a post online, I always **point out** that English is not my first language. Many people dismiss me when I make mistakes until they learn that I'm not a native speaker. Then, they are much more understanding.

나는 온라인에 글을 쓸 때마다 항상 영어가 내 모국어가 아니라고 분명히 말한다.
많은 사람들이 내가 실수라도 하면 원어민이 아니라는 사실을 알기 전까진 무시하곤 한다.
알고 나선 많이 이해해 준다.

6. 문답 퀴즈로 익히기 ☐ **Q & A**

Q   Imagine you are watching your boss give a presentation. Suddenly, you realize that his information is out of date. You hesitate to correct him, but you know you have to. What do you do?

A   I _____ that my boss's information is out of date.

Q   상사가 프레젠테이션하는 걸 보고 있다고 상상해 보세요. 갑자기 상사가 말한 정보가 오래됐다는 걸 알게 됩니다. 잘못된 정보를 바로잡는 게 망설여지지만, 그래도 얘기해야만 해요. 당신은 무엇을 하나요?

A   상사의 정보가 오래되었다는 점을 지적한다.

1. 기본 설명 들어보기 ☐

stick을 보면 먼저 스티커(sticker)가 떠오르죠. 어딘가에 붙어서 고정된 느낌이 있어요. 그래서 stick around는 '주변에 붙어서 자리를 뜨지 않는다'란 의미가 됩니다. 영어로는 stay in the same place for a while이 되죠. 예를 들어, 친구와 카페에서 수다를 떨고 헤어질 시간이 되었을 때, 친구를 먼저 보내고 나는 카페에 조금 더 머물겠다는 의미로 "I'm going to stick around here for a bit longer."라고 말할 수 있어요. 또한, 좋은 음악을 듣거나 영상을 볼 때도 중간에 멈추지 않고 계속해서 듣거나 보는 의미로 stick around를 사용할 수 있죠. "This video is really interesting. You should stick around until the end."라고 하면 됩니다.

2. 원어민의 시각 보기 ☐

When we "stick around" somewhere, we stay somewhere later than normal. We usually stick around to see or do something. For example, if my friend is working late, I might stick around to help her close the store. Usually, I would leave when the store closes, but I stayed later to help her out. We typically stick around places when we want to be there.

우리가 어디에 stick around한다면, 정상적인 시간보다 더 오래 머무르는 거예요. 보통 무언가를 보거나 하기 위해서 머물죠. 예를 들어 친구가 늦게까지 일하고 있다면, 나는 그녀가 가게를 닫는 것을 도와주기 위해 더 오래 남아 있을 수 있어요. 평소에는 가게가 닫을 때 떠나겠지만, 이번에는 그녀를 도와주기 위해 더 오래 머문 거죠. 우리는 보통 그곳에 있고 싶을 때 stick around합니다.

3. 짧은 문장으로 시작하기 | **Short sentences**

Let's **stick around** until the end of the game.
게임이 끝날 때까지 있자.

She asked me to **stick around** in case her ex showed up.
그녀는 전 애인이 나타날지도 모르니 여기 남아 있자고 했다.

DIALOGUE
4. 대화로 반복하기

A Well, it looks like the bar is closing. I had better head home.
B You could **stick around** if you'd like.
A Oh, really? And do what?
B We could go and get a bite to eat.

A 음, 바가 문을 닫는가 보네. 집에 가야겠다.
B 계속 있고 싶으면 있어도 돼.
A 진짜? 뭐 할 건데?
B 뭐 좀 먹으러 가자.

5. 토막글에서 반복 익히기 | **Passage**

When I was in college, I often **stuck around** after class to ask my professor questions. She seemed like a genius to me. She was very kind and always answered my questions.

대학 다닐 때, 나는 종종 수업이 끝난 후 교수님께 질문하려고 강의실에 남아 있곤 했다. 교수님은 나에게 천재처럼 보였다. 정말 친절하셨고 항상 내 질문에 대답해 주셨다.

6. 문답 퀴즈로 익히기 | **Q & A**

Q Imagine you're hosting a book club in a café. You expected at least five people to show up. Unfortunately, only one person came. You told him that he could go home if he wanted, but he decided to stay. What might he say?

A I think I'll _____ for a while.

> Q 카페에서 독서 모임을 주최한다고 상상해 보세요. 적어도 다섯 명이 올 거라고 예상했어요. 그런데 불행히도 딱 한 명만 왔어요. 그에게 원하면 집에 가도 된다고 말했는데, 그는 남아 있기로 했어요. 그가 뭐라고 말했을까요?
>
> A 잠깐 여기에 있을게요. (= 조금 더 있다가 갈게요.)

Trip to the Theater
영화 보러 가기

아래의 빈 밑줄에
지문 내용에 알맞은
구동사의 결합을
써넣으세요.

나는 영화 보러 가는 것을 정말 좋아해요. 최근에 바비를 봤는데, 재미있었어요. 그런데 나는 항상 주연 여배우를 헷갈려요. 이름이 기억나지 않아요. 내 친구가 그 여배우가 할리 퀸을 연기한 배우와 같은 배우라고 지적했어요. 처음에 전 믿지 않았어요. 그래서 우리는 엔딩 크레딧을 읽기 위해 남아 있었어요. 친구 말이 맞았다는 것을 알고 정말 놀랐어요.

7. 동사를 채워 완성하기 ☐ **Fill in Verbs**

I really enjoy going to the movies. I watched Barbie recently and

liked it. I always _____ up the main actress though. I can

never remember her name. My friend _____ out that

she was the same actress who played Harley Quinn.

I didn't believe her at first, so we _____ around to read the

credits. I was so shocked to see that my friend was right.

8. 부사/전치사를 채워 완성하기 ☐ **Fill in Adverbs & Prepositions**

I really enjoy going to the movies. I watched Barbie recently and

liked it. I always mix _____ the main actress though. I can

never remember her name. My friend pointed _____ that

she was the same actress who played Harley Quinn.

I didn't believe her at first, so we stuck _____ to read the

credits. I was so shocked to see that my friend was right.

Ans 7. mix, pointed, stuck / 8. up, out, around

tap into
_____

get across
_____

come up with
_____

I really enjoy webcomics. I think they were
finally able to [   ] a bigger market
because more and more of my friends have
been recommending them to me. I think it's
amazing how the authors can [   ] their
point [   ] with very few words. I also
don't know how they can keep [   ]
such unique story ideas. If you haven't read
any webcomics yet, you should give them a
shot.

Learn fast
with
YouTube

GUIDES 16

1. 기본 설명 들어보기

tap into의 기본 의미는 '이용하다'예요. 비슷한 의미를 나타내는 use, access와는 어떤 차이가 있을까요? tap into에는 좋은 결과를 이끌어내기 위해 활용한다는 뉘앙스가 있어요. 예를 들어, 홈페이지 제작을 위해 최신 기술을 활용할 때 tap into를 쓰죠. "We need to tap into the latest technology to improve our website." 이외에도 정치인이 지지자의 도움을 받을 때 tap into supporters, 선생님이 학생의 관심사를 참고할 때 tap into students' interests라는 표현을 쓸 수 있어요.

2. 원어민의 시각 보기

When we "tap into someone or something", we become friendly with a person or gain access to a thing. We're able to use that person or thing in a way that produces good results. People often have to tap into their savings to make big purchases. I might also tap into my creativity to make a painting. When we "tap into" something, we use it to help ourselves.

누군가나 무언가를 tap into 할 때, 우리는 그 사람과 친해지거나 어떤 것에 접근할 수 있게 돼요. 좋은 결과가 나올 수 있게 그 사물이나 사람을 이용할 수 있는 거죠. 사람들은 비싼 항목을 구매하기 위해 저축을 활용해야 해요. 또한 그림을 그리려고 창의력을 활용할 수도 있죠. 무언가를 tap into 한다면, 우리는 그것을 우리에게 도움이 되도록 사용하는 거예요.

3. 짧은 문장으로 시작하기 ☐ **Short sentences**

Once you **tap into** your full potential, you'll be able to do anything.
잠재력을 최대한 활용하면 무엇이든 할 수 있을 것이다.

The YouTuber **tapped into** his wealthy fans to support his channel.
그 유튜버는 자기 채널을 지원하려고 부유한 팬들을 이용했다.

DIALOGUE

4. 대화로 반복하기 ☐

A   Are you busy? I need to **tap into** your expertise.
B   Sure. What can I help you with?
A   How are you able to bring in so many new clients every month?
B   I think having a friendly and confident personality is important.

A   바빠? 네 전문 지식이 필요해.
B   얼마든지. 뭘 도와줄까?
A   어떻게 매달 그렇게 많은 신규 고객을 데려올 수 있는 거야?
B   친절하고 자신감 있는 태도가 중요한 것 같아.

5. 토막글에서 반복 익히기 ☐ **Passage**

I've finally decided to buy my own house. I had to **tap into**
my savings to put down a deposit. I'll be moving in next
month, and I'm so excited.

드디어 내 집을 장만하기로 결심했다. 보증금을 내는 데 저축한 돈을 이용해야 했다.
다음 달에 이사할 예정인데 너무 설렌다.

6. 문답 퀴즈로 익히기 ☐ **Q & A**

Q   Imagine you're a researcher. You recently got hired at a university.
You're so excited to use all the data it has collected. What can
you say about this situation?

A   I get to _____ the university's data to perform my
experiments.

Q   연구원이라고 상상해 보세요. 최근 대학에 취직했어요. 대학에서 수집한 모든 자료를
활용할 수 있게 돼서 신이 납니다. 이 상황에 대해 어떻게 말할 수 있을까요?

A   실험 진행을 위해 대학의 자료를 활용할 수 있게 되었다.

Ans tap into

141

1. 기본 설명 들어보기

get의 기본 의미는 '이동하다'이고 across는 '건너서, 가로질러'란 뜻이에요. get across는 개울이나 길을 건널 때 사용되지만, 의견이나 메시지를 전달하는 상황에서도 사용돼요. 예를 들어, 미팅에서 슬라이드를 띄워놓고 발표하는 상황을 가정해 볼게요. 슬라이드가 문자로만 빽빽하게 채워져 있으면 아이디어가 효과적으로 전달되지 않겠죠? 이때 "You could show images or videos in a presentation to help get your ideas across."라고 말할 수 있어요. 이미지나 영상이 아이디어를 전달하는 데 도움이 될 거라는 뜻이에요. 참고로 get across와 잘 어울리는 단어에는 ideas, points, opinions, messages 등이 있어요.

2. 원어민의 시각 보기

When we "get something across," we manage to get someone to understand or believe what we're saying. It's often very important to get our point across. This means that other people should be able to understand what we're saying. We might also need to get the truth across if people don't believe our story. If people don't understand what we're saying, then we didn't get our point across effectively.

get across한다는 것은 우리가 말하는 것을 다른 사람이 이해하거나 믿도록 하는 거예요. 종종 요점을 전달하는 것은 매우 중요해요. 이는 다른 사람들이 우리가 말하는 것을 이해할 수 있어야 한다는 뜻이에요. 사람들이 우리의 이야기를 믿지 않는다면, 진실을 전달할 필요가 있을 수도 있어요. 사람들이 우리가 한 말을 이해하지 못한다면, 우리는 요점을 효과적으로 전달하지 못한 거예요.

3. 짧은 문장으로 시작하기 ☐ **Short sentences**

The speaker's meaning didn't **get across** to the audience.
말하는 사람의 의도가 청중에게 잘 전달되지 않았다.

This is the message we want to **get across** to our customers.
이것이 우리가 고객에게 전하고 싶은 메시지이다.

DIALOGUE

4. 대화로 반복하기 ☐

A　How do you think the meeting went?
B　I think it went well. We **got** our point **across** clearly.
A　Do you think so? I thought they looked confused.
B　I think they understood what we said.

A　회의는 어땠던 것 같아?
B　잘 진행된 것 같아. 우리 의견을 명확하게 전달했어.
A　진짜 그렇게 생각해? 상대는 혼란스러워 보이던데.
B　내가 볼 땐 우리가 했던 말을 이해했어.

5. 토막글에서 반복 익히기 ☐ **Passage**

As a parent, it was really important for me to **get across** to my kids how dangerous drugs and alcohol can be. I did a lot of research on how best to talk to them about this topic. At the end of the day, I think they got what I meant.

부모로서 내 아이들에게 마약과 술이 얼마나 위험한지 전달하는 것이 정말 중요했다.
이 주제에 대해 어떻게 이야기하는 것이 가장 좋은지에 대해 많은 연구를 했다.
결국, 아이들이 내 말을 이해한 것 같다.

6. 문답 퀴즈로 익히기 ☐ **Q & A**

Q　Imagine you want to tell your boss about an idea you have. You explain it in detail. However, it doesn't seem like your boss understands what you said. What happened?

A　I wasn't able to ＿＿＿＿＿ my idea ＿＿＿＿＿ to my boss.

Q　상사에게 어떤 아이디어를 이야기하고 싶어 한다고 상상해 보세요. 이에 관해 자세히 설명했지만, 상사는 무슨 말인지 이해하지 못한 것 같아요. 무슨 일이 일어났나요?

A　내 아이디어를 상사에게 제대로 전달할 수 없었다.

Ans　get, across

1. 기본 설명 들어보기 ☐

come up with는 '생각해 내다'라는 뜻이에요. 이 표현은 갑자기 떠오르는 생각보다는 고민 끝에 답을 찾아낸다는 의미에 가까워요. 예를 들어, 이직 면접을 준비하는 상황에서는 질문 리스트를 미리 생각해 놓아야 해요. 영어로는 "To prepare for the interview, I need to come up with a list of questions."라고 표현해요. 또한, 기발한 제품을 출시하는 회사에 대해서는 "They always come up with something new and creative."라고 말할 수 있어요. 더 있어요! 핑계나 변명을 생각해 낼 때는 come up with an excuse를, 필요한 돈을 마련할 때는 come up with money라고 말할 수 있어요.

come
up with

2. 원어민의 시각 보기 ☐

When we "come up with" something, we think of an idea or plan. We usually use this when we need to create a new idea. We spend time brainstorming, and then we "come up with" something. We can come up with solutions to problems or answers to questions. If we don't come up with a solution, we won't be able to resolve the problem.

어떤 걸 come up with할 때 우리는 아이디어나 계획을 생각해 내요. 보통 새로운 아이디어를 만들어야 할 때 이 표현을 써요. 우리는 시간을 들여 브레인 스토밍을 하고, 그러고 나서 come up with 하게 돼요. 문제에 대한 해결책이나 질문에 대한 답을 생각해 낼 수 있어요. 만약 우리가 해결책을 come up with하지 못하면, 우리는 그 문제를 해결할 수 없는 것이죠.

3. 짧은 문장으로 시작하기 [ ] **Short sentences**

I'm sure you can **come up with** something better.
분명 더 나은 방법을 생각해 낼 수 있을 거예요.

If the company doesn't **come up with** a solution soon, its stock price will plummet.
회사가 하루빨리 해결책을 내놓지 못하면 주가가 폭락할 것이다.

DIALOGUE

4. 대화로 반복하기 [ ]

A   What do you think we can do about the war?
B   I think it's important to elect competent officials.
A   You're right. I'm sure the president will **come up with** a solution soon.
B   Yes. He also wants the war to end.

A   전쟁과 관련해서 우리가 뭘 할 수 있다고 생각해?
B   유능한 공직자를 선출하는 게 중요할 것 같아.
A   맞아. 대통령이 곧 해결책을 내놓을 거야.
B   그래. 대통령도 전쟁을 끝내고 싶어 하니까.

5. 토막글에서 반복 익히기 [ ] **Passage**

I was working on my homework with some classmates.
We couldn't figure out the answer to the last question. Finally,
one of my classmates **came up with** a great answer.

나는 몇몇 반 친구들과 함께 숙제를 하고 있었다. 우리는 마지막 질문의 답을 알아내지
못했다. 그러다가 마침내 한 친구가 훌륭한 답을 생각해 냈다.

6. 문답 퀴즈로 익히기 [ ] **Q & A**

Q   Imagine you want to make more money. You already have a regular job. You decide to make a YouTube channel. What did you do?

A   I _____ a great idea to make more money.

Q   돈을 더 많이 벌고 싶다고 상상해 보세요. 이미 정규직으로 일하고 있지만, 유튜브 채널을 만들어 보기로 했어요. 당신은 무엇을 했나요?

A   돈을 더 많이 벌 수 있는 좋은 아이디어가 떠올랐다.

Ans   came up with

145

tap into

get across

come up with

아래의 빈 밑줄에
지문 내용에 알맞은
구동사의 결합을
써넣으세요.

Rise of Webcomics
떠오르는 웹툰의 인기

나는 웹툰을 정말 좋아해요. 점점 더 많은 친구들이 나에게 추천해 주고 있는 걸 보니, 웹툰이 드디어 더 큰 시장에 진출할 수 있었던 것 같아요. 작가들이 아주 적은 단어로도 요점을 전달할 수 있는 것이 정말 놀라워요. 또한, 그들이 어떻게 그렇게 독창적인 이야기 아이디어를 계속 생각해 낼 수 있는지도 모르겠어요. 아직 웹툰을 읽어 보지 않았다면, 한번 시도해 보세요.

7. 동사를 채워 완성하기 ☐ **Fill in Verbs**

I really enjoy webcomics. I think they were finally able to

_____ into a bigger market because more and more of my

friends have been recommending them to me. I think it's amazing

how the authors can _____ their point across with very few

words. I also don't know how they can keep _____ up with

such unique story ideas. If you haven't read any webcomics yet,

you should give them a shot.

8. 부사/전치사를 채워 완성하기 ☐ **Fill in Adverbs & Prepositions**

I really enjoy webcomics. I think they were finally able to tap

_____ a bigger market because more and more of my friends

have been recommending them to me. I think it's amazing how the

authors can get their point _____ with very few words. I also

don't know how they can keep coming _____ such unique

story ideas. If you haven't read any webcomics yet, you should give

them a shot.

Ans 7. tap, get, coming / 8. into, across, up with

pass out
_____

pick up
_____

pay off
_____

When I went to my first dance lesson, I thought
I was going to [ ]. I didn't realize how
out of shape I was. It took me a few weeks,
but I finally started to [ ] some of the
moves. It's been a lot of hard work, but I think
it's finally starting to [ ]. I really enjoy
dancing now, and I think I'm getting pretty
good at it. I will record a video soon, and I hope
I go viral.

Learn fast
with
YouTube
↙

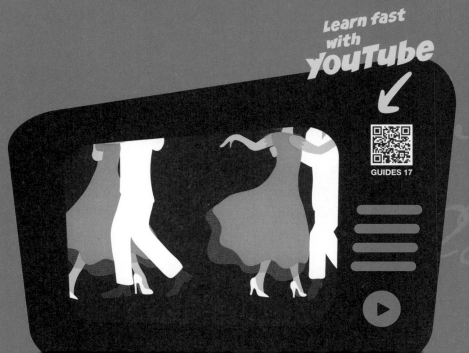

GUIDES 17

pass에는 '지나가다'라는 뜻이 있고, out에는 '꺼지다, 끝나다'라는 뜻이 있어요. 이 두 의미를 합쳐 pass out이라고 하면 '(사람이) 의식을 잃다'라는 뜻이 돼요. 이는 단순히 잠이 드는 fall asleep과는 다르답니다. 주로 의학적인 이유로 기절하는 상황에서 사용하지만, 일상생활에서 너무 피곤한 나머지 그대로 쓰러지는 상황에도 사용해요. 예를 들어, 정신없는 하루를 보내고 새벽 2시에 집에 돌아와 곧장 기절해 버린 상황을 영어로는 "I got home at 2:00 a.m., and I immediately passed out."이라고 표현해요. pass away라는 구동사도 있는데요, 이것은 '사망하다, 돌아가시다'라는 뜻으로 die와 같으니 pass out과 혼동하지 않도록 주의하세요.

When we "pass out," we become unconscious for a short period of time. This usually happens because we are tired, stressed, or sick. Some people pass out when they're shocked. We can use this expression to explain how exhausted we feel. When we say that we're so tired we might pass out, we mean that we're very exhausted.

우리가 pass out할 때, 우리는 잠깐 동안 의식을 잃어요. 이는 보통 우리가 피곤하거나 스트레스를 받았거나 아플 때 발생해요. 어떤 사람들은 충격을 받았을 때 pass out하기도 해요. 우리는 이 표현을 우리가 얼마나 지쳤는지를 설명하기 위해 사용할 수 있어요. 우리가 너무 피곤해서 기절할 것 같다고 말할 때, 우리는 매우 지쳤다는 것을 의미해요.

3. 짧은 문장으로 시작하기 □ **Short sentences**

During soccer practice, some players **passed out** from heatstroke.
축구 연습 중에 선수 몇 명이 열사병으로 쓰러졌다.

I was so nervous during my presentation that I thought I was going to **pass out**.
프레젠테이션하는 중에 너무 긴장해서 기절할 것 같았다.

DIALOGUE
4. 대화로 반복하기 □

A   Honey, I'm home!
B   Oh, already? I wasn't expecting you so soon.
A   Why haven't you done the dishes yet?
B   Sorry. I **passed out** on the couch while watching TV.

A   여보, 나 왔어!
B   벌써 왔어? 이렇게 빨리 올 줄은 몰랐네.
A   설거지는 왜 아직도 안 했어?
B   미안. 소파에서 TV 보다가 그냥 기절해 버렸어.

5. 토막글에서 반복 익히기 □ **Passage**

One day, I was walking with my friend when she suddenly **passed out**. I immediately called for an ambulance.
It turned out that her blood pressure was really low.

어느 날 친구와 함께 걷고 있었는데 갑자기 친구가 기절했다. 나는 즉시 구급차를 불렀다. 알고 보니 친구의 혈압이 너무 낮았었다.

6. 문답 퀴즈로 익히기 □ **Q & A**

Q   Imagine that you run a marathon. You've been running for hours. You start to feel light headed and suddenly lose consciousness. What happened to you?

A   I _____ during the race.

Q   마라톤을 뛰고 있다고 상상해 보세요. 몇 시간 동안 달리고 있었어요. 어지러움을 느끼기 시작하다가 갑자기 의식을 잃었어요. 당신에게 무슨 일이 일어난 걸까요?

A   레이스 도중 기절했다.

149

1. 기본 설명 들어보기 ☐

pick up의 기본 의미는 '집어 올리다'예요. 일상에서는 이 기본 의미가 수십 가지 이상의 뜻으로 확장돼요. 여러 의미 중에서 '배우다, 익히다'라는 뜻에 집중해 보겠습니다.

예를 들어, 아이가 언어를 습득하는 상황을 영어로 표현하면 "Children pick up languages really easily."라고 해요. 이렇게 남이 하는 것을 보거나 들으며 어깨너머로 배우는 것이 pick up의 뉘앙스예요.

이때 pick up 대신에 study를 쓰면 어색하게 들려요. 살다 보니 어떤 걸 알게 됐다는 말은 어떻게 할까요? "It's just something I picked up along the way."라고 해요.

2. 원어민의 시각 보기 ☐

When we "pick something up," we learn a new skill by practicing it, not by taking a class. We tend to pick things up by just being around them. For example, you might pick up a language by visiting a country. We could pick up other skills by watching people do them. We don't pick things up if we study them in a classroom.

pick something up 한다는 것은 수업을 듣는 것이 아니라 실제로 연습함으로써 새로운 기술을 배우는 거에요. 우리는 그저 주변에 있음으로 해서 어떤 것들을 배우기도 해요. 예를 들어, 어떤 나라를 방문함으로써 그 나라의 언어를 배울 수 있을지 몰라요. 사람들이 기술을 발휘하는 것을 보면서 그것들을 배울 수 있기도 하죠. 교실에서 공부한다고 해서 pick up하는 것은 아니에요.

Short sentences

I **picked up** Spanish really quickly when I lived in Mexico.
멕시코에 살 때 스페인어를 정말 빨리 배웠다.

It only took her a few hours to **pick up** the basics of skiing.
그녀는 스키의 기본기를 익히는 데 몇 시간밖에 안 걸렸다.

DIALOGUE

A   Oh, my goodness! This whale is so cute.
B   Thanks. I made it myself.
A   Wow! How did you learn to crochet?
B   I just **picked** it **up** while watching YouTube one afternoon.

A   세상에! 이 고래 너무 귀여워.
B   고마워. 내가 직접 만들었어.
A   우왜! 코바늘 뜨개질은 어떻게 배웠어?
B   그냥 어느 오후에 유튜브 보면서 배웠어.

Passage

I'm a really big fan of yoga. I **picked** it **up** by watching
YouTube videos. I love it so much that I'm going to
a yoga retreat this summer.

나는 요가를 정말 좋아한다. 유튜브 영상을 보면서 요가를 배웠다. 요가를
너무 좋아해서 이번 여름에 요가 수련회에도 갈 생각이다.

Q & A

Q   Imagine you spend a lot of time online. You like to practice
making websites. Your friends are really impressed at how quickly
you learned to code. What can we say about this situation?

A   I _____ coding really quickly.

Q   당신이 온라인에서 많은 시간을 보낸다고 상상해보세요. 당신은 웹사이트 만드는
연습을 좋아해요. 친구들은 당신이 코딩을 얼마나 빨리 배웠는지에 대해 정말 감탄해요.
이 상황에 대해 뭐라고 말할 수 있을까요?

A   나는 코딩을 정말 빨리 습득했다.

Ans picked up

151

1. 기본 설명 들어보기 ☐

pay off의 핵심 의미는 '성공적인 결과를 내다'예요. 보통 돈, 시간, 노력을 투자한 뒤에
긍정적인 결과를 얻는 상황에서 쓰죠. 한 단어로 정의하면 successful이에요. 제가 한 달간
러시아 배낭여행을 다녀온 경험을 예로 들어 볼게요. 러시아에서는 영어로 소통하기가 쉽지
않아서 떠나기 전에 기본적인 러시아어를 배워야 했어요. 생존에 필요한 30문장을 달달
외워서 식당, 박물관, 게스트하우스 등에서 제대로 써먹었죠. 이런 상황을 영어로 바꾸면
"My efforts paid off."예요. 러시아어 공부에 투자한 노력이 성공적인 결과를 낸 셈이죠.
이처럼 노력이 결실을 맺고 좋은 결과를 얻을 때 pay off를 떠올려 보세요.

2. 원어민의 시각 보기 ☐

If something you do "pays off," then it is successful. You were able to get the results that you wanted. For example, if you study really hard and pass a test, you could say that all your studying paid off. You invested a lot of time in studying, and it was worth it. This expression is usually used positively.

당신이 한 일이 pays off하면, 그것은 성공적이라는 뜻이에요. 당신이 원하는 결과를 얻을 수 있었다는 거죠. 예를 들어, 열심히 공부해서 시험에 합격했다면, 내 모든 공부가 보람 있었다고 말할 수 있어요. 공부에 많은 시간을 투자했는데, 그만한 가치가 있었던 거예요. 이 표현은 주로 긍정적인 상황에서 사용돼요.

3. 짧은 문장으로 시작하기 ☐ **Short sentences**

Investing in education early in life can **pay off** later in one's career.
인생 초기에 교육에 투자하는 것은 추후 직업 생활에서 성과를 거두는 데 도움이 될 수 있다.

All of his hard work **paid off** when he got his dream job.
그는 꿈에 그리던 직업을 갖게 되면서 그간의 모든 노력이 열매를 맺었다.

DIALOGUE

4. 대화로 반복하기 ☐

A How did things go with your court case?
B We won! It was a lot of work, but it's over now.
A I guess hiring an expensive attorney definitely **paid off**.
B For sure! I'm so glad I hired her.

A 법정 소송은 어떻게 됐어?
B 우리가 이겼어! 너무 힘들었는데 이제 다 끝났어.
A 비싼 변호사를 고용한 게 확실히 효과가 있었던 것 같네.
B 맞아! 그녀를 고용하길 정말 잘한 것 같아.

5. 토막글에서 반복 익히기 ☐ **Passage**

A few years ago, I invested a lot of money in the stock market. I told myself that I wouldn't withdraw it right away. My patience **paid off** as the stock increased significantly.

몇 년 전, 나는 주식 시장에 많은 돈을 투자했다. 넣은 돈을 곧바로 인출하지 않겠다고 스스로 다짐했었다. 주식이 크게 오르면서 내 인내심이 보상받았다.

6. 문답 퀴즈로 익히기 ☐ **Q & A**

Q Imagine you have spent a lot of time building a large network. You know people from all over the world. One day, your friend offers you a chance to be a digital nomad. What happened to you?

A All my networking _____ when I got a great job offer.

Q 당신이 오랜 시간 동안 넓은 인맥을 쌓아 왔다고 상상해 보세요. 전 세계에 아는 사람들이 있어요. 어느 날, 친구가 당신에게 디지털 노마드가 될 기회를 제안했어요. 당신에게 무슨 일이 일어난 걸까요?

A 훌륭한 일자리를 제안 받았을 때 그 동안 쌓아온 인맥이 빛을 발했다.

Ans paid off

153

pass out
pick up
pay off

아래의 빈 밑줄에
지문 내용에 알맞은
구동사의 결합을
써넣으세요.

Dance Lessons
댄스 수업

처음 댄스 수업에 갔을 때, 저는 기절할 것 같았어요. 제가 얼마나 몸이 안 좋은지
몰랐어요. 몇 주가 걸렸지만, 마침내 몇 가지 동작을 익히기 시작했어요. 많은 노력
을 들였지만, 이제서야 결실을 보기 시작하는 것 같아요. 이제 춤추는 것을 정말 즐
기고, 꽤 잘하고 있다고 생각해요. 곧 영상을 찍을 건데, 그 영상이 입소문이 나기
를 바라고 있어요.

7. 동사를 채워 완성하기 ☐ **Fill in Verbs**

When I went to my first dance lesson, I thought I was going to

_____ out. I didn't realize how out of shape I was. It took me

a few weeks, but I finally started to _____ up some of the

moves. It's been a lot of hard work, but I think it's finally starting to

_____ off. I really enjoy dancing now, and I think I'm getting

pretty good at it. I will record a video soon, and I hope I go viral.

8. 부사/전치사를 채워 완성하기 ☐ **Fill in Adverbs & Prepositions**

When I went to my first dance lesson, I thought I was going to pass

_____ . I didn't realize how out of shape I was. It took me a few

weeks, but I finally started to pick _____ some of the moves.

It's been a lot of hard work, but I think it's finally starting to pay

_____ . I really enjoy dancing now, and I think I'm getting pretty

good at it. I will record a video soon, and I hope I go viral.

Ans 7. pass, pick, pay / 8. out, up, off

talk into

---

walk away

---

throw up

Last week, a few of my friends ⬚ me ⬚ going drinking. I really didn't want to, but they were very persuasive. I should've just ⬚ because we ended up drinking way too much. One of my friends got so sick that he started ⬚. I decided I was not going to go drinking with these friends anymore. They always take it too far.

Learn fast with **YouTube**

GUIDES 18

1. 기본 설명 들어보기 ☐

talk (someone) into를 직역하면 '말로 누군가를 설득해서 어떤 행동을 하게 만드는 것'이에요. 예를 들어 캠핑을 좋아하지 않는 부부가 있다고 가정해 보세요. 친구가 부부 동반으로 캠핑을 가자고 설득했다면, "We didn't want to go camping, but they talked us into it." 이라고 할 수 있어요. 그렇다고 해서 무작정 꼬시는 뉘앙스만 있는 것은 아니에요. 그럴 만한 이유를 들어 설득하는 뉘앙스가 깔려 있어요. 긍정적인 상황에서는 설득하는 의미가 되고, 부정적인 상황에서는 꼬시거나 구슬리는 의미가 돼요.

talk
into

2. 원어민의 시각 보기 ☐

When you "talk someone into" something, you convince that person to do something. You persuade the person to do what you're saying. Usually, the person doesn't want to do it, but you get the person to change his or her mind. We can talk people into doing both good and bad things. If we get in trouble, we tend to blame the people who talked us into doing something.

talk someone into는 누군가를 설득해서 어떤 일을 하게 만드는 것이에요. 당신이 말하는 것을 상대방이 하도록 설득하는 거죠. 보통 그 사람은 원하지 않지만, 당신이 마음을 바꾸게 만드는 거예요. 우리는 사람들을 좋은 일이나 나쁜 일을 하도록 설득할 수 있어요. 만약 문제가 생기면, 우리는 보통 우리를 설득해서 그 일을 하게 만든 사람들을 탓하게 돼요.

My friends **talked** me **into** staying up all night.
친구들이 밤을 새우자고 꼬드겼다.

His parents had to **talk** him **into** going to school.
부모님은 아들이 학교에 가도록 설득해야 했다.

DIALOGUE

A How was your trip?
B It was actually really fun.
A Are you glad your friends **talked** you **into** going?
B I am! It was much better than I had expected.

A 여행은 어땠어?
B 진짜 재미있었어.
A 친구들이 같이 가자고 해서 좋았어?
B 그럼! 기대했던 것보다 훨씬 좋았어.

I recently started taking a cooking class. My husband **talked** me **into** going. I was nervous to learn something new, but I'm enjoying it so far.

나는 최근에 요리 수업을 듣기 시작했다. 남편이 나를 설득해서 가게 됐다.
새로운 걸 배우는 게 긴장되기도 했지만, 지금까지는 즐기고 있다.

Q Imagine you want to buy a house. You were choosing between a bigger, more expensive house and a smaller, more reasonably priced house. The real estate agent convinced you to buy the bigger house. What could you say about this situation?

A The real estate agent _____ me _____ buying the more expensive house.

Q 당신이 집을 사고 싶다고 상상해 보세요. 더 크고 비싼 집과 더 작고 합리적인 가격의 집 사이에서 선택하고 있었어요. 부동산 중개인이 당신을 설득해서 더 큰 집을 사게 만들었어요. 이 상황에 대해 당신은 뭐라고 말할 수 있을까요?

A 부동산 중개인이 더 비싼 집을 사라고 부추겼다.

Ans talked, into

157

TEACHER'S
EXPLANATION

1. 기본 설명 들어보기 ☐

밤늦게 집에 들어가는 길에는 낯선 사람과 눈을 마주치지 않는 게 좋겠죠. 그러다가 문득 뒤에서 인기척이 느껴지면 피해야 하고요. 여기에 쫓아오는 발걸음 소리까지 들린다면 뛰어서 달아나야 해요. 깜짝 놀라셨나요? walk away를 설명하려고 이야기를 만들어 봤어요. 요약하면, 멀어지는 의미는 away에 있고, 어떻게 멀어지느냐는 walk이 결정해요. 물론 대상으로부터 물리적으로 멀어지지 않아도 괜찮아요. 힘든 상황에서 벗어날 때도 walk away를 쓰고, 원하지 않는 관계에서 발을 뺄 때도 walk away를 쓸 수 있어요.

2. 원어민의 시각 보기 ☐

If you "walk away" from a situation, you leave that situation and don't face any consequences for being involved in it. You remove yourself from the situation because it is difficult or not beneficial to you. We can walk away from fights if we don't want to be involved. We can also walk away from relationships if they're too stressful. It can be used both positively and negatively.

만약 당신이 어떤 상황에서 walk away 한다면, 당신은 그 상황을 떠나고 그 일에 연루된 것에 대한 어떤 결과도 직면하지 않는다는 뜻이에요. 그 상황이 어렵거나 당신에게 이롭지 않기 때문에 그 상황에서 스스로를 벗어나게 하는 거예요. 우리는 싸움에 휘말리고 싶지 않을 때 싸움에서 walk away할 수 있어요. 또한, 너무 스트레스가 심하다면 그런 관계에서도 walk away할 수 있어요. 이 표현은 긍정적이거나 부정적인 상황 모두에서 사용될 수 있어요.

On stressful days, I wanted to **walk away** from my business.
스트레스가 많은 날이면 일에서 벗어나고 싶었다.

Her boyfriend **walked away** from the relationship at the first sign of trouble.
그녀의 남자 친구는 문제가 생길 조짐이 보이자마자 관계에서 발을 뺐다.

DIALOGUE

4. 대화로 반복하기 ☐

A   I can't believe the other party just **walked away** from the deal!
B   I know! It's going to cost us thousands of dollars.
A   This is totally unfair. I worked hard to close that deal.
B   Well, situations like this happen sometimes.

A   파트너 쪽에서 거래를 중단했다니 믿기지 않아!
B   그러니까! 수천 달러가 날아갈 판이야.
A   어이없어. 그 거래를 따내려고 얼마나 노력했는데.
B   근데 이런 상황은 때때로 발생하니까.

5. 토막글에서 반복 익히기 ☐ **Passage**

I was having a heated disagreement with my girlfriend.
I told her I needed to **walk away** for a few minutes. When
I came back, I was able to talk to her calmly.

여자 친구와 격한 말다툼 중이었다. 나는 그녀에게 몇 분 동안 떨어져 있어야겠다고
말했다. 돌아왔을 때는 차분하게 대화할 수 있었다.

6. 문답 퀴즈로 익히기 ☐ **Q & A**

Q   Imagine you're planning on buying a car. However, when you do
some more research on it, you realize it isn't a good deal. Even
though you really want to buy this car, you can't. What do you
decide to do?

A   I _____ from the deal to buy a car.

Q   당신이 차를 사려고 계획하고 있다고 상상해 보세요. 그러나 더 조사를 해 보니,
그것이 좋은 거래가 아니라는 것을 깨달았어요. 이 차를 정말 사고 싶지만, 살 수 없어요.
당신은 무엇을 하기로 결정하나요?

A   자동차를 사기로 한 걸 취소한다.

Ans walk away

159

1. 기본 설명 들어보기 ☐

throw up은 '게우다, 토하다'라는 뜻이에요. throw up이 자주 등장하는 세 가지 상황을 살펴볼게요. 첫째, 몸이 아플 때 써요. 밤새도록 구토하는 상황이라면 "He has been throwing up all night."가 되겠죠. 둘째, 특정 음식 때문에 속이 메스꺼울 때 써요. 평소에는 팝콘을 좋아하다가도 임신한 이후로 냄새가 역한 상황이라면 "She usually loves popcorn, but even the smell of it makes her want to throw up now." 라고 표현해요. 마지막으로 아기가 할아버지에게 토하는 상황이라면 "The baby threw up all over his grandfather."가 적절해요. 이렇게 구동사와 상황을 묶어서 기억하면 실전에서 throw up을 자유자재로 쓸 수 있을 거예요.

throw up

2. 원어민의 시각 보기 ☐

When we "throw up," we vomit. This is a more polite word than "vomit" or "puke." We can throw up because we're sick or because we've had too much to drink. Sometimes people throw up when they're nervous. We might use this expression when we need to call in sick to work.

throw up은 구토를 한다는 뜻이에요. vomit이나 puke보다 더 정중한 표현이에요. 우리는 아프거나 과음해서 구토를 할 수 있어요. 때로는 긴장해서 구토를 하기도 해요. 직장에 병가를 내야 할 때 이 표현을 사용할 수도 있어요.

3. 짧은 문장으로 시작하기 □ Short sentences

My son **threw up** after going on the ride.
아들이 놀이기구를 타고 나서 토했다.

The bride **threw up** in the middle of her wedding.
결혼식 도중에 신부가 구토를 했다.

DIALOGUE

4. 대화로 반복하기 □

A   I need to talk to Steven. This is Lucy.

B   Hi, Lucy. What seems to be the problem?

A   Hi, Steven. I've been **throwing up** all night, so I don't think I can go to work today.

B   Okay. It sounds like you need to rest.

A   Steven 좀 바꿔 주시겠어요. 전 Lucy라고 해요.

B   안녕하세요, Lucy. 무슨 일 있나요?

A   안녕하세요, Steven. 밤새 구토를 해서 오늘 출근을 못 할 것 같아요.

B   그래요. 쉬는 게 좋겠네요.

5. 토막글에서 반복 익히기 □ Passage

I haven't thrown up in a long time. I don't get nauseous very easily. I pretty much only **throw up** when I'm very sick.

구토를 한 게 언제인지 모르겠다. 메스꺼움을 쉽게 느끼는 편이 아니다. 심하게 아플 때만 토한다.

6. 문답 퀴즈로 익히기 □ Q&A

Q   Imagine you have been riding in a car for a long time. You're starting to get carsick. You ask the driver to pull over. What did you do?

A   I asked the driver to pull over so I could _____.

Q   오랫동안 차에 타고 있다고 상상해 보세요. 차멀미가 나기 시작했어요. 운전자에게 차를 세워 달라고 요청해요. 당신은 무엇을 했나요?

A   토할 수 있게 운전자에게 차를 세워 달라고 요청했다.

Ans throw up

161

talk into
_____

walk away
_____

throw up
_____

아래의 빈 밑줄에
지문 내용에 알맞은
구동사의 결합을
써넣으세요.

Alcohol with Friends
친구들과 술 마시기

지난주에 친구 몇 명이 저를 설득해서 술을 마시러 갔어요. 저는 정말 가고 싶지 않았지만, 그들이 너무 설득력 있었어요. 그냥 물러났어야 했는데, 우리는 결국 너무 많이 마시게 됐어요. 친구 한 명이 속이 너무 안 좋아서 토하기 시작했어요. 저는 앞으로 이 친구들과는 술을 마시러 가지 않기로 결심했어요. 그들은 항상 도를 지나치거든요.

7. 동사를 채워 완성하기 ☐ **Fill in Verbs**

Last week, a few of my friends _____ me into going

drinking. I really didn't want to, but they were very persuasive.

I should've just _____ away because we ended up

drinking way too much. One of my friends got so sick that he

started _____ up. I decided I was not going to go drinking

with these friends anymore. They always take it too far.

8. 부사/전치사를 채워 완성하기 ☐ **Fill in Adverbs & Prepositions**

Last week, a few of my friends talked me _____ going

drinking. I really didn't want to, but they were very persuasive.

I should've just walked _____ because we ended up

drinking way too much. One of my friends got so sick that he

started throwing _____ . I decided I was not going to go

drinking with these friends anymore. They always take it too far.

Ans 7. talked, walked, throwing / 8. into, away, up

look up
―――――――――――――――――――――――
go ahead
―――――――――――――――――――――――
go for
―――――――――――――――――――――――

Last week, my boyfriend [   ] some
places for us to go on the weekend. He found
a really cute café by the beach. Unfortunately,
it started raining on Saturday morning. We
decided to [   ] with our plans. I'm
so glad we did because it stopped raining
by the time we got to the beach. As soon as
we arrived, I told my boyfriend that I could
really [   ] some coffee. The café was
wonderful, and the view was awesome.

Learn fast with youTube

GUIDES 19

BEACH

1. 기본 설명 들어보기

look up의 기본 의미는 '위를 보다'이지만, 맥락에 따라 '찾아보다'라는 뜻으로도 자주 쓰여요. 특히 사전, 인터넷 등과 같이 정보가 축적된 데이터베이스에서 원하는 것을 찾을 때 look up 이 적절하죠. 예를 들어 인터넷에서 조리법을 찾았다면 "I looked up the recipe online." 이라고 해요. 또 다른 예로 여행 중에 미술관 가는 길을 찾아야 한다면 "If you're not sure how to get to the gallery, look it up on the map on your phone." 이 자연스럽죠. 끝으로 영화 시간을 알아봐 달라고 물어볼 때도 "Can you look up the time of the movie?"라고 쓸 수 있어요. '위를 보다'란 뜻이 '찾아보다'가 되는 다양한 맥락에 주목해 주세요!

2. 원어민의 시각 보기

When we "look something up," we try to find more information about it. These days, we usually look things up on the Internet. We can search for information about people, places, events, etc. We might also look up information at the library. People who do research often have to look up many things.

look something up하는 건 관련 정보를 더 많이 찾으려고 노력하는 거예요. 요즘은 보통 인터넷에서 정보를 찾아봐요. 우리는 사람, 장소, 사건 등에 대한 정보를 검색할 수 있어요. 도서관에서 정보를 찾아볼 수도 있어요. 연구를 하는 사람들은 흔히 많은 것들을 찾아봐야 해요.

3. 짧은 문장으로 시작하기 ☐ **Short sentences**

Will you **look up** the number to our favorite pizza place?
우리가 제일 좋아하는 피자집 전화번호 좀 찾아 줄래?

Sometimes I have to **look up** the pronunciations of words in the dictionary.
가끔 사전에서 단어의 발음을 찾아봐야 할 때가 있다.

DIALOGUE

4. 대화로 반복하기 ☐

A   What time does the bus leave this morning?
B   Oh, let me **look** that **up** really quickly.
A   Thank you. I want to make sure we leave on time.
B   It looks like the bus leaves at 10:00 a.m.

A   오늘 아침에는 버스가 몇 시에 출발해?
B   음. 지금 빨리 찾아볼게.
A   고마워. 제시간에 출발하고 싶어서.
B   오전 10시에 출발하는 것 같아.

5. 토막글에서 반복 익히기 ☐ **Passage**

I heard that my favorite comedian was coming to town.
I **looked up** the dates of his tour. Luckily, he was playing some shows on the weekend, so I booked tickets.

내가 제일 좋아하는 코미디언이 우리 동네에 온다는 소식을 들었다. 그의 투어 날짜를 찾아 봤다. 다행히 주말 공연이 있어서 티켓을 예매했다.

6. 문답 퀴즈로 익히기 ☐ **Q & A**

Q   Imagine you and your partner want to go on a weekend trip. You don't know any nearby places though. You ask your partner to find somewhere to go. What will your partner do?

A   My partner will _____ some places to visit on the weekend.

Q   당신과 파트너가 주말 여행을 가고 싶다고 상상해 보세요. 그런데 근처에 어떤 곳이 있는지 잘 몰라요. 당신은 파트너에게 갈 곳을 알아봐 달라고 요청해요. 파트너는 무엇을 할까요?

A   파트너는 주말에 가 볼 만한 곳을 찾아볼 것이다.

Ans look up

165

1. 기본 설명 들어보기 ☐

go는 '가다'라는 뜻이고 ahead는 '앞에, 미리'라는 뜻이에요. 두 단어를 합치면 '앞으로 가다'가 되는데요, 보통 세 가지 형태로 사용돼요. 첫째, go ahead 형태로 약속한 일을 예정대로 진행할 때 사용해요. 예를 들어 회의가 계획대로 진행된다면 "The meeting will go ahead as planned."라고 해요. 둘째, 'go ahead and + 동사' 형태로 상대에게 격려나 조언을 할 때 써요. 예를 들어 "If you haven't changed your Google password yet, go ahead and do it now."는 구글 계정의 비밀번호를 당장 바꾸라는 뜻이에요. 셋째, 'go ahead with + 명사' 형태로 의심과 반대가 있더라도 일을 추진하거나 밀고 나가는 뉘앙스로 쓰여요. "We finally went ahead with the wedding."에서 결혼을 밀고 나간 뉘앙스가 느껴지나요?

2. 원어민의 시각 보기 ☐

When we "go ahead" with something, we do it, especially after asking for permission to do it or after having planned to do it in advance. If we ask our parents if we can borrow the car, they might answer, "Go ahead." This means that they have given us permission to use the car. We also go ahead with events and meetings if they've been planned in advance. It means that the events are happening according to plan.

우리가 어떤 일을 go ahead 할때, 그것은 특히 그 일을 하기 위해 허락을 받거나 미리 계획한 후에 실행하는 것을 의미해요. 부모님께 차를 빌려도 되는지 물어보면, 부모님이 "Go ahead."라고 답할 수 있어요. 이는 차를 사용해도 좋다는 허락을 받은 것을 의미해요. 또한, 미리 계획된 행사나 회의를 진행할 때도 go ahead라고 해요. 이는 그 행사가 계획대로 진행되고 있음을 의미해요.

3. 짧은 문장으로 시작하기 □ Short sentences

Go ahead and tell your parents the truth.
부모님께 사실대로 말씀드려.

Although the couple fought in the morning, they decided to **go ahead** with the wedding.
그 커플은 아침에 다퉜지만, 결혼식은 예정대로 하기로 했다.

DIALOGUE

4. 대화로 반복하기 □

A Are we still having a meeting today?
B It's unclear if the meeting will **go ahead** as scheduled.
A I haven't seen our boss all morning.
B Yeah, I don't think she came to work today.

A 오늘도 회의가 있어?
B 회의가 예정대로 열릴지 모르겠어.
A 오전 내내 사장님을 못 봤어.
B 나도, 오늘 출근을 안 하신 것 같아.

5. 토막글에서 반복 익히기 □ Passage

I was planning to run an experiment on radioactivity for my thesis, but I didn't secure enough funding from the government. My advisor told me to **go ahead** with the experiment anyway. He thinks we will earn more money as we go.

논문을 위해 방사능에 관한 실험을 계획하고 있었지만, 정부로부터 충분한 자금을 확보하지 못했다. 지도 교수님은 그럼에도 불구하고 실험을 진행하라고 했다. 그는 우리가 진행하면서 더 많은 자금을 확보할 수 있을 거라고 생각한다.

6. 문답 퀴즈로 익히기 □ Q & A

Q Imagine you need to have knee surgery. Your original surgeon caught a cold and couldn't perform the surgery. Luckily, another surgeon is able to do it. What will happen with your surgery?

A My surgery will _____ as scheduled.

Q 무릎 수술을 받아야 한다고 상상해 보세요. 원래 담당했던 의사가 감기에 걸려 수술을 할 수 없게 되었어요. 다행히도 다른 의사가 수술을 할 수 있어요. 당신의 수술은 어떻게 될까요?

A 수술은 예정대로 진행될 것이다.

1. 기본 설명 들어보기 ☐

go for를 우리말로 직역하면 '~을 위해 가다'라는 뜻이지만,
구동사로 쓰면 '~을 선택하다'라는 의미가 돼요. 친구와 점심 메뉴를 고르는 상황을
가정해 보죠. 친구가 건강을 생각해서 햄버거 대신 샐러드를 먹겠다고 한다면,
영어로는 "I think I'll go for the salad instead of the burger."라고 해요.
또 다른 예로, 아내가 남편에게 어떤 색깔의 옷이 잘 어울리는지 물어보는 상황을
생각해 보세요. "Should I wear white or black tonight?"라는 질문에 남편이
"I'd go for black."이라고 답할 수 있죠.

2. 원어민의 시각 보기 ☐

If you "go for" something, then you choose it. We usually use this phrase when we have a craving for something. We might say that we could go for some pizza. This means that we want to eat pizza. At the coffee shop, we could go for an americano, which means that we chose to drink an americano.

만약 당신이 go for something한다면, 그것을 선택한다는 뜻이에요. 우리는 보통 이 표현을 무엇인가를 강하게 원할 때 사용해요. 예를 들어 "I could go for some pizza."라고 하면, 이는 피자를 먹고 싶다는 의미죠. 커피숍에서 "I could go for an americano."라고 하면, 아메리카노를 마시기로 선택했다는 뜻이에요.

3. 짧은 문장으로 시작하기 ☐ Short sentences

I guess we should've **gone for** Plan B.
플랜 B로 갈 걸 그랬나 봐.

My friend always **goes for** looks and gets disappointed.
친구는 항상 외모만 보고 선택했다가 실망하곤 해.

DIALOGUE
4. 대화로 반복하기 ☐

A I think I'm going to buy a new bike.
B Oh! What kind are you going to **go for**?
A Actually, I'm not sure. Maybe a mountain bike.
B Sounds like you need to do some research first.

A 새 자전거를 사야겠어.
B 오! 어떤 종류로 고를 건데?
A 사실 잘 모르겠어. 산악자전거가 좋을 것 같기도 하고.
B 조사 먼저 해 보는 게 좋겠다.

5. 토막글에서 반복 익히기 ☐ Passage

My friend was handing out little gifts at her party.
You could choose a pink or blue bag, and I **went for** the
pink one. It was filled with makeup samples.

친구가 그녀의 파티에서 작은 선물을 나눠주고 있었다. 분홍색이나 파란색 가방을
선택할 수 있었는데 나는 분홍색 가방을 골랐다. 그 가방에는 메이크업 샘플이
가득 들어 있었다.

6. 문답 퀴즈로 익히기 ☐ Q & A

Q Imagine you are going to play paintball with your friends. There
are a big gun and a small gun. You choose the big gun, but it
turns out that it's too heavy. What should you have done instead?

A I should've _____ the smaller gun.

Q 당신이 친구들과 페인트볼을 하러 간다고 상상해 보세요. 큰 총과 작은 총이 있어요.
당신은 큰 총을 선택했지만, 그것이 너무 무겁다는 것을 알게 되었어요. 대신에 무엇을
했어야 했을까요?

A 나는 작은 총을 골랐어야 했다.

look up
_____

go ahead
_____

go for
_____

아래의 빈 밑줄에
지문 내용에 알맞은
구동사의 결합을
써넣으세요.

Weekend Plans
주말 계획

지난주에 제 남자 친구가 우리가 주말에 갈 만한 장소들을 찾아봤어요. 그는 해변 가에 있는 정말 귀여운 카페를 발견했어요. 불행히도 토요일 아침에 비가 오기 시작했어요. 우리는 계획대로 진행하기로 했어요. 정말 다행인 것은 우리가 해변에 도착했을 때쯤 비가 그쳤다는 거예요. 도착하자마자 저는 남자친구에게 커피가 정말 마시고 싶다고 말했어요. 그 카페는 멋졌고, 전망도 훌륭했어요.

7. 동사를 채워 완성하기 ☐ **Fill in Verbs**

Last week, my boyfriend _____ up some places for us to go

on the weekend. He found a really cute café by the beach.

Unfortunately, it started raining on Saturday morning. We decided to

_____ ahead with our plans. I'm so glad we did because it

stopped raining by the time we got to the beach. As soon as we

arrived, I told my boyfriend that I could really _____ for

some coffee. The café was wonderful, and the view was awesome.

8. 부사/전치사를 채워 완성하기 ☐ **Fill in Adverbs & Prepositions**

Last week, my boyfriend looked _____ some places for us

to go on the weekend. He found a really cute cafe by the beach.

Unfortunately, it started raining on Saturday morning. We decided to

go _____ with our plans. I'm so glad we did because it

stopped raining by the time we got to the beach. As soon as we arrived,

I told my boyfriend that I could really go _____ some coffee.

The café was wonderful, and the view was awesome.

Ans 7. looked, go, go / 8. up, ahead, for

pop up

---

set up

---

stop by

My friend told me that a new Picasso exhibit had [＿＿＿＿＿] in our neighborhood. I love Picasso, so I really wanted to go. We talked it over and tried to [＿＿＿＿＿] a date that worked for both of us. We decided that we could go on Friday. On the way to the exhibit, we [＿＿＿＿＿] a little café to get some coffee. Then, we made our way to the exhibit. It was absolutely awesome!

Learn fast with *YouTube*

GUIDES 20

1. 기본 설명 들어보기 ☐

토스터기를 떠올리면 구동사 pop up을 이해할 수 있어요. 식빵이 토스터기에서 갑자기 '팡'
하고 튀어나오죠? 이 뉘앙스를 맥락에 적용하면 돼요. 예를 들어, 스크린 구석에 광고창이
갑자기 뜨는 상황을 영어로는 "An ad popped up in the corner of the screen."이라고 해요.
사람이 예상치 못한 상황에서 나타났다면 "I wasn't expecting to see Lindsay, but last night,
she popped up."이라고 쓸 수 있어요. 또한, 인파가 몰리는 곳에서 신제품을 소개하기
위해 임시로 운영하는 매장을 pop-up store라고 해요. pop up을 이해하는 세 가지 키워드는
suddenly, unexpectedly, temporarily예요.

2. 원어민의 시각 보기 ☐

When something "pops up," it suddenly
happens or appears, usually unexpectedly.
These days, it's very popular to have
"pop-up stores." These are stores that
appear suddenly for a short amount of
time. We might also have a problem
pop up, which means that it happens
unexpectedly. Both good and bad things
can pop up in our lives.

pops up은 무언가 갑자기 일어나거나
나타나는 것을 의미해요. 보통 예상치
못하게 일어나죠. 요즘은 pop-up store가
매우 인기 있어요. 이 가게들은 갑자기
나타나서 짧은 시간 동안 운영되는 가게예요.
또한, 문제가 pop up할 수도 있는데,
이는 예상치 못하게 발생하는 것을 의미해요.
우리의 삶에서 좋은 일과 나쁜 일이 모두
pop up할 수 있어요.

3. 짧은 문장으로 시작하기 ☐ **Short sentences**

Memories of my childhood **pop up** at the most random times.
예상치 못한 순간에 어린 시절의 기억이 불현듯 떠오른다.

Rumors about their relationship have started to **pop up** at work.
직장에서 두 사람의 관계에 대한 소문이 나돌기 시작했다.

DIALOGUE

4. 대화로 반복하기 ☐

A   Have you tried bungeo bbang yet?
B   Not yet. But cafés selling it have been **popping up** all over the place.
A   I know! It's very trendy right now.
B   I'll have to try some this weekend.

A   붕어빵 먹어 봤어?
B   아니 아직. 근데 붕어빵 파는 카페가 여기저기 생기고 있더라고.
A   맞아! 요즘 엄청나게 유행이잖아.
B   이번 주말에 먹어 봐야겠어.

5. 토막글에서 반복 익히기 ☐ **Passage**

It started raining as I was coming home from work the other day. Suddenly, umbrellas started **popping up** all over the street. I quickly opened my own.

며칠 전, 퇴근하고 집에 오는데 비가 내리기 시작했다. 갑자기 거리 곳곳에서 우산이 펴지기 시작했다. 나도 급히 내 우산을 폈다.

6. 문답 퀴즈로 익히기 ☐ **Q & A**

Q   Imagine you're on a date with your new girlfriend. You run into your ex by chance. You never expected to meet her there. What happened with your ex?

A   My ex _____ in the most unexpected place.

    Q   당신이 새 여자 친구와 데이트 중이라고 상상해 보세요. 우연히 당신의 전 여자 친구를 만나게 돼요. 그녀를 그곳에서 만날 거라고는 전혀 예상하지 못했어요. 당신의 전 여자 친구와 무슨 일이 있었나요?

    A   전 애인이 예상치 못한 곳에서 나타났다.

Ans popped up

173

1. 기본 설명 들어보기 ☐

온라인 방송 촬영을 위해 카메라를 세팅해 본 적이 있나요?
영어로는 set up a camera라고 해요. 카메라, 삼각대, 마이크 등을 세팅하는 장면이
떠오르죠? 이 set up이라는 표현은 다른 상황에서도 적용할 수 있어요.
처음 사업을 시작하려면 많은 것을 준비해야 하는데, "You need to set up many things
when starting a business for the first time."이라고 표현할 수 있어요.
또한, 후보자와 인터뷰 일정을 잡을 때 "I have set up an interview with the candidate."라고
해요. 특정 날짜에 무언가를 하기로 정할 때 set up이라는 표현이 잘 어울리죠.

2. 원어민의 시각 보기 ☐

When we "set something up," we arrange for something to happen. We need to pick a date for when something will happen. We also need to choose when and where the event will occur. We often set up meetings and fun events. This phrase is used when we plan something.

set something up은 어떤 일이 일어나도록 준비하는 거예요. 우리는 어떤 일이 일어날 날짜를 정해야 해요. 또한, 이벤트가 언제 어디서 일어날지 선택해야 해요. 우리는 흔히 회의나 재미있는 이벤트를 set up해요. 이 표현은 무언가를 계획할 때 사용돼요.

3. 짧은 문장으로 시작하기 □ **Short sentences**

I heard the company is **setting up** a seminar in Hawaii.
회사가 하와이에서 세미나를 연다고 들었다.

We need to **set up** a meeting with the accounting staff as soon as possible.
가능한 한 빨리 회계 담당자와 미팅을 잡아야 한다.

DIALOGUE
4. 대화로 반복하기 □

A I can't believe the mayor is in trouble again.
B He seems to be involved in a new scandal every week.
A I heard he has **set up** a press conference for this Friday.
B I'll definitely be watching it.

A 시장한테 또 문제가 생겼다는 게 믿어지지 않아.
B 매주 새로운 스캔들에 휘말리는 것 같아.
A 이번 주 금요일에 기자회견을 한다더라.
B 꼭 봐야겠다.

5. 토막글에서 반복 익히기 □ **Passage**

My friend is really interested in judo. He wants to **set up** a club so that he can practice more often. I hope a lot of people sign up.

내 친구는 유도에 정말 관심이 많다. 그는 더 자주 연습할 수 있도록 동아리를 만들고 싶어 한다. 많은 사람들이 가입했으면 좋겠다.

6. 문답 퀴즈로 익히기 □ **Q & A**

Q Imagine you went to an interview on Monday. The interview seemed to go well, so the company wants to see you again. You're going to return on Thursday. What can we say in this situation?

A The company _____ an interview with me for Thursday.

Q 당신이 월요일에 면접을 봤다고 상상해 보세요. 면접이 잘 된 것 같아서 회사가 다시 만나고 싶어해요. 당신은 목요일에 다시 갈 거예요. 이 상황에서 우리는 뭐라고 말할 수 있을까요?

A 회사가 목요일로 면접 일정을 잡았다.

1. 기본 설명 들어보기 ☐

stop은 '멈추다'라는 뜻이고 by는 '옆에'라는 뜻이에요. '옆에 멈추다'라는 뜻이
확장되어 '어떤 장소에 들르다'가 되었어요.

가령 출근길에 커피를 사는 상황에는 stop by가 안성맞춤이에요.

영어로는 "I'm going to stop by the café on my way to work."가 되죠.

또 다른 예로, 파티 가는 길에 꽃집에 들러 꽃을 산다면 "Let's stop by the flower shop
on the way to the party."가 자연스럽죠.

2. 원어민의 시각 보기 ☐

When we "stop by," we visit a person or place for a short period of time. It is not a long visit. Usually, we stop by when we just need to pick something up or drop something off. We might stop by an exhibit if we want to look at it briefly. If we say that we'll stop by a party, it means we'll only be there for a short time before we leave.

stop by는 사람이나 장소를 잠시 동안 방문할 때 사용해요. 이는 긴 방문이 아니에요. 보통 무언가를 가지러 가거나 전달할 필요가 있을 때 stop by를 사용해요. 전시회를 잠깐 보고 싶을 때도 stop by를 사용할 수 있어요. 만약 우리가 파티에 stop by할 거라고 말하면, 그곳에 잠시 머물다가 곧 떠날 거라는 의미예요.

Can we **stop by** the convenience store on our way home?
집에 가는 길에 편의점 좀 들를까?

I think you should **stop by** the hospital and visit your grandma.
할머니를 뵈러 병원에 잠깐 들르는 게 좋을 것 같아.

DIALOGUE

4. 대화로 반복하기 ☐

A I have that book you wanted to borrow.
B Oh, great! When can I **stop by** to pick it up?
A I have some free time on Friday afternoon.
B That sounds great. See you then!

A 전에 빌리고 싶다던 책이 왔어.
B 잘됐다! 언제 가지러 가면 될까?
A 금요일 오후에 시간이 될 것 같아.
B 좋아. 그때 보자!

5. 토막글에서 반복 익히기 ☐ **Passage**

I had some forms I had to give to my boss, so I **stopped by** her office. I dropped off the forms, and we had a quick chat. I'm glad I have a good relationship with her.

나는 상사에게 전달해야 할 서류가 있어 사무실에 들렀다. 서류를 전달하고 잠깐 대화를 나눴다. 상사와 좋은 관계를 유지하고 있어서 기쁘다.

6. 문답 퀴즈로 익히기 ☐ **Q & A**

Q Imagine you borrow some books from the library. You need to return them before their due date. You decide to go to the library before you go to work. What do you do?

A I _____ the library on my way to work.

Q 당신이 도서관에서 책을 빌렸다고 상상해 보세요. 기한이 되기 전에 책을 반납해야 해요. 당신은 출근하기 전에 도서관에 가기로 결심해요. 당신은 무엇을 하나요?

A 나는 출근길에 도서관에 들른다.

Ans stop by

177

pop up

set up

stop by

Going to an Exhibit
전시회 관람

제 친구가 우리 동네에 새로운 피카소 전시회가 열렸다고 말해 줬어요. 저는 피카소를 정말 좋아해서 꼭 가고 싶었어요. 우리는 상의해서 둘 다 가능한 날짜를 정하려고 했어요. 금요일에 가기로 결정했어요. 전시회 가는 길에 작은 카페에 들러 커피를 샀어요. 그 후, 전시회로 갔어요. 정말 멋졌어요!

아래의 빈 밑줄에 지문 내용에 알맞은 구동사의 결합을 써넣으세요.

7. 동사를 채워 완성하기 ☐ **Fill in Verbs**

My friend told me that a new Picasso exhibit had _____ up in our neighborhood. I love Picasso, so I really wanted to go.

We talked it over and tried to _____ up a date that worked for both of us. We decided that we could go on Friday.

On the way to the exhibit, we _____ by a little café to get some coffee. Then, we made our way to the exhibit. It was absolutely awesome!

8. 부사/전치사를 채워 완성하기 ☐ **Fill in Adverbs & Prepositions**

My friend told me that a new Picasso exhibit had popped _____ in our neighborhood. I love Picasso, so I really wanted to go. We talked it over and tried to set _____ a date that worked for both of us. We decided that we could go on Friday. On the way to the exhibit, we stopped _____ a little café to get some coffee. Then, we made our way to the exhibit. It was absolutely awesome!

Ans 7. popped, set, stopped / 8. up, up, by

PART 3

사회적인 삶에 대해
말할 때 쓰는 영어 구동사

MP3
다운로드&듣기

come down with
---
go around
---
mess up

Sometimes being a parent can be really challenging. A few weeks ago, my youngest son [   ] something. Apparently, there was a cold [   ] his school. While I was taking care of him, I caught it, too. It's really hard to be a parent when you're sick. I think an important thing to remember is that you're going to [   ] as a parent, and that's okay. All we can do is our best.

Learn fast with *YouTube*

Parent

GUIDES 21

1. 기본 설명 들어 보기 ☐

come down with는 병에 걸릴 때 사용되는 표현이에요. down이 포함되면
일반적으로 부정적인 뉘앙스가 있어요. 예를 들어, 기운이 없어 보이는 동료에게
건강 상태를 묻는 경우가 있을 거예요. 그 동료는 "I'm not feeling so great. I think I'm
coming down with something."이라고 답할 수 있어요.
여기서 something은 일반적으로 심각하지 않은 감기를 의미해요. 또한 정확히
무슨 병에 걸렸는지 여부를 아직 모른다는 뉘앙스도 포함되어 있죠.

2. 원어민의 시각 보기 ☐

When you "come down with" something,
it means you've caught an illness. Y
ou begin to show signs of that sickness.
For example, if you catch a cold,
you start to have a runny nose and
a sore throat. We usually come down
with contagious diseases. Usually, the
diseases aren't too serious.

come down with이라는 표현은
병에 걸렸다는 의미예요. 즉, 어떤 병의
증상을 보이기 시작하는 것을 말해요.
예를 들어, 감기에 걸리면 콧물이 나고
목이 아프기 시작하죠. 우리는 보통
전염성 질병에 걸렸을 때
come down with를 사용해요.
보통 그 질병들은 너무 심각한 것들은 아니에요.

3. 짧은 문장으로 시작하기 Short sentences

I think I'm **coming down with** something.
아무래도 나 어디가 아픈 것 같아.

She always thinks she's **coming down with** one illness or another.
그녀는 늘 자기가 어떤 병에 걸린 것 같다고 생각한다.

DIALOGUE

4. 대화로 반복하기

A I think I had better stay home from school today.
B Are you **coming down with** something?
A Yes, I don't feel very well.
B Let me check if you have a fever.

A 오늘은 학교 안 가고 집에 있는 게 나을 것 같아요.
B 어디 좀 안 좋은 데가 있니?
A 네, 몸 상태가 안 좋아요.
B 열이 있나 보자.

5. 토막글에서 반복 익히기 Passage

Last weekend, I **came down with** the flu. I felt so sick
and was throwing up all day. Luckily, I'm starting to feel
a bit better now.

지난 주말에 독감에 걸렸다. 너무 아파서 하루 종일 토했다. 다행히 지금은 좀
나아지고 있다.

6. 문답 퀴즈로 익히기 Q & A

Q Imagine you are starting to feel sick. You have a runny nose and
a sore throat. You think you had better rest. What might have
happened to you?

A I think I'm _____ a cold.

Q 아프기 시작하는 것 같다고 상상해 보세요. 콧물이 나고 목이 아파요. 쉬는 것이 좋겠다고
생각해요. 당신에게 무슨 일이 일어났을까요?

A 감기에 걸린 것 같다.

1. 기본 설명 들어보기

"Something is going around."는 최근에 유행하는 병이나 알레르기 등을
가리키는 표현이에요. something은 '전염성이 있는 병'이나 '유행하는 요소'를 의미하고,
go around는 '한 사람에서 다른 사람으로 전파'되는 상황을 묘사해요.
소문이 퍼지는 경우에도 go around를 사용할 수 있어요. 예를 들어 두 사람 사이에
불륜 관계가 있다는 소문이 돌고 있다면 "There's a rumor going around that
they're having an affair."라고 표현할 수 있어요.

2. 원어민의 시각 보기

Native's
explanation

If something is "going around," then
it's circulating or moving about. It is
moving from one person to the next.
We usually use this phrase when we talk
about contagious diseases. For example,
we might say a cold is "going around" at
work. We can also use this expression to
talk about rumors or gossip.

무언가가 going around한다는 건 그것이
돌아다니거나 퍼지고 있다는 의미예요. 한
사람에게서 다음 사람에게로 이동하는
것을 말하죠. 우리는 보통 이 표현을 전염성
질병에 대해 이야기할 때 사용해요. 예를
들어, 직장에서 감기가 돌고 있다고 말할 때
쓸 수 있어요. 또한 이 표현을 소문이나
험담에 대해서도 사용할 수 있어요.

3. 짧은 문장으로 시작하기 ☐ **Short sentences**

There's an interesting rumor about you **going around**.
너에 대해서 재미있는 소문이 돌고 있어.

My boss told me to work from home since there's a virus **going around** the office.
상사는 사무실에 바이러스가 유행하니 재택근무를 하라고 했다.

DIALOGUE
4. 대화로 반복하기 ☐

A My daughter got sent home with lice today.
B How terrible! I heard this problem has been **going around**.
A I just hope it doesn't spread to my other kids.
B Yeah, kids can pass things around so easily.

A 오늘 딸 머리에 이가 있다고 집에 가라고 했대.
B 끔찍해! 요즘 유행한다고 하더라.
A 다른 애들한테 옮기지만 않았으면 좋겠어.
B 그러게, 애들은 정말 쉽게 퍼트릴 수 있지.

5. 토막글에서 반복 익히기 ☐ **Passage**

I ended up quitting my last job because there was a lot of gossip **going around** about me. None of it was true, but I didn't know how to stop it. I figured it was better to quit and start over in a new place.

마지막 직장을 그만두게 된 이유는 나에 대한 소문이 너무 많았기 때문이다. 그 소문들은 전부 사실이 아니었지만, 멈출 방법을 몰랐다. 그만두고 새로운 곳에서 다시 시작하는 것이 낫다고 생각했다.

6. 문답 퀴즈로 익히기 ☐ **Q&A**

Q Imagine you are a teacher. You often have students missing because so many of them get sick. These days, colds are spreading from student to student. What's happening in your classroom?

A There's a cold _____ at school.

Q 당신이 선생님이라고 상상해 보세요. 많은 학생들이 아파서 자주 결석해요. 요즘 감기가 학생들 사이에서 퍼지고 있어요. 당신의 교실에서는 무슨 일이 일어나고 있나요?

A 학교에 감기가 돌고 있다.

1. 기본 설명 들어보기

mess에는 '엉망인 상황이나 상태'라는 뜻이 있어요. mess up은 '엉망으로 만들다, 실수하다'
라는 뜻이죠. "Oh, no! I messed up."으로 자주 사용돼요. 예를 들어 운전하다가
길을 잘못 들었을 때는 "I took a wrong turn. I totally messed up."이라고 해요.
제육볶음에 도전했다가 레시피를 잘못 읽었을 때는 "I messed up the recipe."라고 하죠.
이 외에도 시험을 망치거나, 발표를 망쳤을 때에도 mess up을 사용할 수 있어요.
실수를 아예 피할 순 없지만, 되도록 실수하지 않기를 바랍니다! "I hope you don't mess up!"

2. 원어민의 시각 보기

If you "mess up" or "mess something up,"
then you ruin something or cause it to be
spoiled. We often use this when we make
a mistake. Usually, when we mess up, we
don't do it on purpose. We also use this
phrase for things that aren't too serious.
We typically apologize after we mess up.

mess up 또는 mess something up이라는
표현은 무언가를 망치거나 망가뜨리는 것을
의미해요. 우리는 실수를 할 때 이 표현을
흔히 사용해요. 보통 mess up할 때는 일부러
그러는 것이 아니에요. 이 표현은 너무
심각하지 않은 상황에 사용해요. 보통
mess up한 후에는 사과를 해요.

3. 짧은 문장으로 시작하기 ☐ **Short sentences**

The wind has **messed up** my hair.
바람에 머리가 엉망이 됐다.

My boss is giving me another chance, and I don't want to **mess** it **up**.
상사는 내게 또 다른 기회를 주었고, 나는 그것을 망치고 싶지 않다.

DIALOGUE

4. 대화로 반복하기 ☐

A   Please play in your bedroom tonight.
B   Seriously, Mom? Why can't we play in the living room?
A   Because we have company coming over, and I don't want you and your sister to **mess** it **up**.
B   Okay. I'll go to my room.

A   오늘 저녁엔 네 침실에서 놀도록 해.
B   정말로요. 엄마? 왜 거실에서 놀면 안 되는데요?
A   손님이 오시는데 너랑 언니가 있으면 정신이 없을까 봐서 그래.
B   알았어요. 제 방으로 갈게요.

5. 토막글에서 반복 익히기 ☐ **Passage**

I decided to cook dinner for my boyfriend last night. It was the first time I had ever cooked for another person. Unfortunately, I totally **messed up**, so everything tasted terrible!

어젯밤 남자 친구를 위해 저녁을 요리하기로 했다. 다른 사람을 위해 요리하는 것은 처음이었다. 불행히도 완전히 망쳐서 모든 음식이 맛이 없었다!

6. 문답 퀴즈로 익히기 ☐ **Q & A**

Q   Imagine you're traveling in Europe. The train you were supposed to take in the morning arrived late. It ruined your schedule for the day. What happened to your schedule?

A   My plans were all _____.

Q   유럽을 여행하고 있다고 상상해 보세요. 아침에 타기로 했던 기차가 늦게 도착했어요. 그로 인해 하루 일정이 망가졌어요. 당신의 일정에 무슨 일이 일어났나요?

A   내 계획이 전부 틀어졌다.

187

come down with
_____

go around
_____

mess up
_____

아래의 빈 밑줄에
지문 내용에 알맞은
구동사의 결합을
써넣으세요.

Parenting Struggles
양육의 고충

부모가 되는 것은 때때로 정말 어려울 수 있어요. 몇 주 전에, 제 막내 아들이 아팠어요. 알고 보니 그의 학교에서 감기가 유행하고 있었어요. 아들을 돌보는 동안 저도 감기에 걸렸어요. 아플 때 부모 역할을 하는 것은 정말 힘들어요. 기억해야 할 중요한 점은 부모로서 실수를 하게 되는데, 그래도 괜찮다는 거예요. 우리가 할 수 있는 것은 최선을 다하는 것뿐이에요.

7. 동사를 채워 완성하기 ☐ **Fill in Verbs**

Sometimes being a parent can be really challenging. A few weeks

ago, my youngest son _____ down with something. Apparently,

there was a cold _____ around his school. While I was taking

care of him, I caught it, too. It's really hard to be a parent when you're

sick. I think an important thing to remember is that you're going to

_____ up as a parent, and that's okay. All we can do is

our best.

8. 부사/전치사를 채워 완성하기 ☐ **Fill in Adverbs & Prepositions**

Sometimes being a parent can be really challenging. A few weeks ago,

my youngest son came _____ something. Apparently,

there was a cold going _____ his school. While I was taking

care of him, I caught it, too. It's really hard to be a parent when you're

sick. I think an important thing to remember is that you're going to

mess _____ as a parent, and that's okay. All we can do is

our best.

Ans 7. came, going, mess / 8. down with, around, up

bring up

---

rush into

---

rely on

My boyfriend proposed to me last month. I was so excited to get married until I talked to my dad. He [_____] the fact that we had only been dating for six months. He was worried that I was [_____] the marriage. I told him that I knew it was quick but that I had finally found my best friend. I can [_____] my boyfriend for anything. My dad was happy to hear that and gave us his blessing.

Learn fast with **YouTube**

GUIDES 22

just married

1. 기본 설명 들어보기 ☐

bring up은 '특정 화제를 꺼내다'라는 뜻이에요. 대화에서 어떤 주제를 이야기하기 시작하는 것을 의미하죠. 보통 부정적인 화제를 꺼낼 때 많이 써요. 예를 들어, 가족 모임에서 정치 이야기를 꺼내지 않는다는 말을 영어로는 "I never bring up politics around my family." 라고 해요. 또한, 종교에 대한 이야기는 피하는 것이 바람직해요. 영어로는 "It's best not to bring up religion."이라고 해요. 그렇다고 항상 부정적인 주제에만 쓰이는 것은 아니니, 다양한 상황에서 bring up을 사용해 보세요!

2. 원어민의 시각 보기 ☐

When we "bring up" a subject, we start discussing it. Usually, we have to bring up difficult or serious topics of conversation. If someone needs to bring something up with us, we immediately start to feel a bit nervous. While we can bring up positive or negative news, it's usually used to talk about negative topics. We can bring up topics, facts, pieces of information, etc.

어떤 주제를 bring up하는 건 그것을 꺼내어 논의하기 시작하는 거예요. 보통 어려운 또는 심각한 대화 주제를 꺼낼 때 사용해요. 누군가 우리와 어떤 주제를 bring up해야 한다면, 우리는 즉시 조금 긴장하기 시작해요. 긍정적인 또는 부정적인 소식 모두 bring up 할 수 있지만, 보통은 부정적인 주제를 이야기할 때 사용해요. 우리는 주제, 사실, 정보 등을 bring up할 수 있어요.

3. 짧은 문장으로 시작하기 ☐ **Short sentences**

Why did you **bring up** money at dinner?
저녁 먹는데 돈 얘기는 왜 꺼냈어?

You weren't supposed to **bring up** the subject of politics.
정치 얘기는 꺼내지 말았어야지.

DIALOGUE

4. 대화로 반복하기 ☐

A I'm really worried that my husband is spending too much time playing games.
B Have you talked to him about it yet?
A No, I don't want to fight with him.
B It sounds like you need to **bring** this matter **up** with him.

A 남편이 게임을 너무 많이 하는 것 같아서 정말 걱정이야.
B 남편이랑 얘기는 해 봤고?
A 아니. 싸우기 싫어서.
B 네 남편이랑 이 문제는 꺼내 놓고 얘기해야 할 것 같아.

5. 토막글에서 반복 익히기 ☐ **Passage**

I **brought up** the question of my promotion yesterday with my boss. She said we could discuss it later. I'm tired of waiting for more information about this promotion.

어제 상사에게 내 승진 문제를 꺼냈다. 그녀는 나중에 논의할 수 있다고 말했다.
이 승진에 대한 추가 정보를 기다리는 것이 지겹다.

6. 문답 퀴즈로 익히기 ☐ **Q & A**

Q Imagine you are having a meeting. You ask your manager what the budget for your project is. Everyone eagerly awaits an answer. What did you do?

A I _____ the budget issue in the meeting.

  Q 회의를 하고 있다고 상상해 보세요. 당신은 매니저에게 프로젝트 예산이 얼마인지 물어요. 모두가 답변을 간절히 기다리고 있어요. 당신은 무엇을 했나요?

  A 나는 회의에서 예산 문제를 꺼냈다.

1. 기본 설명 들어보기 ☐

rush는 '서두르다'란 뜻이고, into는 '안으로'란 뜻이에요. 서둘러 안으로 들어가는 장면이 그려지나요? rush into는 중요한 결정을 앞두고 '서둘러 행동에 돌입하다'라는 뜻이에요. 예를 들어, 사귄 지 3개월 만에 결혼하려는 친구가 있으면, "You shouldn't rush into marriage." 라고 조언할 수 있어요. 잘 알아보지도 않고 적금을 깨서 투자하려는 동생에게는 "If you're investing your savings, don't rush into anything."이라고 말할 수 있죠. 서둘러 결정하는 상황이라면 rush into를 떠올려 보세요.

2. 원어민의 시각 보기 ☐

When we "rush into" something, we decide to do something without really taking time to consider it. We think teenagers often rush into things because they lack the experience to make better choices. People usually caution us not to rush into big decisions like getting married and quitting a job. People who rush into things haven't done their research or really considered what they're doing. We usually think it's a foolish thing to do.

rush into하는 것은 충분히 고려하지 않고 무언가를 하기로 결정하는 거예요. 십 대들은 더 나은 선택을 할 경험이 부족하기 때문에 종종 성급하게 일을 저지른다고 생각해요. 사람들은 보통 결혼이나 퇴사 같은 큰 결정을 할 때 rush into하지 말라고 경고해요. 성급하게 일을 저지르는 사람들은 조사를 하지 않았거나 자신이 하는 일을 충분히 고려하지 않은 거예요. 우리는 보통 그것을 어리석은 일이라고 생각해요.

3. 짧은 문장으로 시작하기 | **Short sentences**

My sister never **rushes into** any decisions.
언니는 결정을 서두르는 법이 없다.

I think they kind of **rushed into** having kids.
걔네는 너무 성급하게 아이를 낳은 것 같아.

DIALOGUE

4. 대화로 반복하기

A I love your shoes!
B Thank you. I wasn't sure about them, but I was **rushed into** buying them.
A Oh, I hate when salespeople are so pushy.
B I know! I prefer to take a little more time to make a decision.

A 신발 너무 예쁘다!
B 고마워. 긴가민가했는데 서둘러 사게 됐어.
A 아, 나는 점원이 너무 밀어붙이는 건 싫더라.
B 맞아! 나도 결정 내릴 때 좀 더 시간을 갖는 걸 선호한다고.

5. 토막글에서 반복 익히기 | **Passage**

I've decided to get a dog. My friends think I **rushed into**
this decision, but I've been thinking about it for months.
I think I'm ready to be a dog owner.

개를 키우기로 결정했다. 친구들은 내가 이 결정을 서두른 것 같다고 생각하지만,
나는 몇 달 동안 이 생각을 해 왔다. 이제 개 주인이 될 준비가 되었다고 생각한다.

6. 문답 퀴즈로 익히기 | **Q & A**

Q Imagine your friends all have their own cars. They are pressuring
you to buy one, too. You want to take your time and consider
your options. What do you want to do?

A I don't want to _____ buying a car.

Q 친구들이 모두 자기 차를 가지고 있다고 상상해 보세요. 그들은 당신에게도 차를
사라고 압박하고 있어요. 당신은 시간을 가지고 신중하게 선택하고 싶어요.
당신은 무엇을 하고 싶나요?

A 급하게 차를 사고 싶지 않다.

1. 기본 설명 들어보기 ☐

rely on의 기본 의미는 '기대다, 의존하다'예요. 기댄다는 것은 그 사람이 없으면 무언가를 제대로 할 수 없다는 것을 의미해요. 예를 들어, 어릴 때는 전적으로 부모님에게 의지했죠? 그래서 "As a child, I relied on my parents for everything."이라고 말할 수 있어요. 사람뿐만 아니라 물건에도 의지할 수 있는데요, 예를 들어 여행 온 외국인은 대부분 교통수단으로 버스와 지하철에 의존할 거예요. 영어로는 "They rely on subways and buses to get around."라고 하죠.

2. 원어민의 시각 보기 ☐

When we "rely on" someone, we need that person for support. The people that we rely on are dependable people who are always there for us. We can usually rely on our friends and family. If we can "rely on" something, then it is dependable and trustworthy. We might need to rely on our car to get to work, which means it needs to be dependable.

누군가에게 rely on하는 건 그 사람의 지원이 필요하다는 거예요. 우리가 rely on하는 사람들은 항상 우리를 지원해 주는, 신뢰할 수 있는 사람들이에요. 우리는 보통 친구와 가족에게 rely on할 수 있어요. 우리가 무언가를 의지할 수 있다면, 그것은 믿을 수 있고 신뢰할 수 있다는 뜻이에요. 예를 들어, 우리가 출근하기 위해 차에 의지해야 한다면, 그 차는 믿을 수 있어야 한다는 의미예요.

3. 짧은 문장으로 시작하기 □ **Short sentences**

She had to **rely on** a kickboard when she first started swimming.
그녀가 처음 수영을 시작했을 땐 킥판에 의지해야 했다.

I **rely on** the calculator on my smartphone when I need to split the bill.
돈을 나눠서 내야 할 때는 스마트폰 계산기에 의존한다.

DIALOGUE 4. 대화로 반복하기 □

A   I need some help moving this weekend. Are you free?
B   Sure! I can bring my truck.
A   Awesome. I knew I could **rely on** you!
B   I'm always here to help.

A   이번 주말에 이사하는 데 도움이 필요해. 혹시 시간 돼?
B   그럼! 내 트럭도 가져갈 수 있어.
A   너무 좋다. 너만 믿고 있었다니까!
B   언제든지 도와줄게.

5. 토막글에서 반복 익히기 □ **Passage**

Sometimes I think I **rely on** Google too much. I don't really remember any facts or statistics anymore. I just look them up on Google whenever I need to know them.

때때로 나는 구글에 너무 의존한다고 생각한다. 이제는 사실이나 통계를 잘 기억하지 않는다. 필요할 때마다 그냥 구글에서 검색한다.

6. 문답 퀴즈로 익히기 □ **Q & A**

Q   Imagine you live in a big city. You don't have a car. You need to use public transportation to get around. What can we say about public transportation?

A   I can _____ public transportation in the city.

Q   대도시에 살고 있다고 상상해 보세요. 당신은 차가 없어요. 이동하기 위해 대중교통을 이용해야 해요. 대중교통에 대해 우리는 뭐라고 말할 수 있을까요?

A   도시에서는 대중교통에 의존할 수 있다.

bring up

rush into

rely on

Marriage Plans
결혼 계획

아래의 빈 밑줄에
지문 내용에 알맞은
구동사의 결합을
써넣으세요.

제 남자 친구가 지난달에 저에게 프로포즈했어요. 저는 결혼하게 되어 정말 기뻤어요. 아빠와 이야기를 나누기 전까지는요. 아빠는 우리가 사귄 지 고작 6개월밖에 되지 않았다는 사실을 언급했어요. 제가 결혼을 서두르는 것 같다고 걱정하셨어요. 저는 아빠에게 빠른 건 알지만 드디어 내 가장 친한 친구를 찾았다고 말했어요. 제 남자 친구에게 무엇이든지 의지할 수 있어요. 아빠는 그 말을 듣고 기뻐하시며 우리의 결혼을 축복해 주셨어요.

7. 동사를 채워 완성하기 ☐ **Fill in Verbs**

My boyfriend proposed to me last month. I was so excited to get

married until I talked to my dad. He _____ up the fact that

we had only been dating for six months. He was worried that I was

_____ into the marriage. I told him that I knew it was quick

but that I had finally found my best friend. I can _____ on my

boyfriend for anything. My dad was happy to hear that and gave us

his blessing.

8. 부사/전치사를 채워 완성하기 ☐ **Fill in Adverbs & Prepositions**

My boyfriend proposed to me last month. I was so excited to get

married until I talked to my dad. He brought _____ the fact

that we had only been dating for six months. He was worried that

I was rushing _____ the marriage. I told him that I knew

it was quick but that I had finally found my best friend. I can rely

_____ my boyfriend for anything. My dad was happy to hear

that and gave us his blessing.

Ans 7. brought, rushing, rely / 8. up, into, on

care for

---

make out

---

run into

One way I ⬚⬚⬚⬚⬚⬚ my dog is to take him on a walk every day. We like to go to a park near our home. Sometimes my dog chases birds or spends a long time sniffing a pole. I wish I could ⬚⬚⬚⬚⬚⬚ what he was thinking. When we ⬚⬚⬚⬚⬚⬚ other dogs, he gets very excited. Unfortunately, other dogs don't seem to like him that much.

Learn fast with *YouTube*

GUIDES 23

1. 기본 설명 들어보기

care for는 '돌보다, 보살피다'라는 뜻이에요. 일상에서의 '케어하다'와 비슷한 의미를 가지고 있죠. 주로 나이가 많은 부모님, 어린 아이, 환자 등 도움이 필요한 사람을 care for해요. 예를 들어, 엄마를 돌보기 위해 일을 그만두어야 했다면 "I had to give up my job to care for my mother."라고 할 수 있어요. 또 다른 예로, 수술 후에 누가 당신을 돌볼 계획인지 물어본다면 "Who will care for you after the operation?"이 돼요. 참고로, 누군가를 보살피는 맥락에서는 take care of와 바꿔 써도 의미가 크게 달라지지 않아요.

2. 원어민의 시각 보기

When you "care for" someone or something, you provide for the person's or thing's needs and make sure everything is comfortable. You protect a person and make sure that individual is happy. We often care for humans and animals. These days, caring for pets has become very popular. We also care for those who are elderly, very young, and sick.

누군가 혹은 무언가를 care for하는 건 그들이 필요한 것을 제공하고 모든 것이 편안하도록 돌보는 거예요. 사람을 보호하고 그 사람이 행복하도록 보살피는 거죠. 우리는 주로 사람과 동물을 돌봐요. 요즘에는 애완동물을 돌보는 것이 매우 인기가 있어요. 우리는 또한 노인, 어린 아이, 그리고 아픈 사람들을 돌봐요.

3. 짧은 문장으로 시작하기 ☐ **Short sentences**

She has been **caring for** her grandmother for five years.
그녀는 5년 동안 할머니를 병간호하고 있다.

If you want to be a nurse, you need to be able to **care for** people.
간호사가 되고 싶다면 사람들을 돌볼 수 있어야 한다.

DIALOGUE 4. 대화로 반복하기 ☐

A   Who did you live with when you were a child?
B   I actually stayed with my grandparents.
A   Me, too! My grandparents **cared for** me while my parents worked.
B   That's exactly how I was raised.

A   어릴 때 누구랑 같이 살았어?
B   실은 조부모님과 함께 지냈어.
A   나도! 부모님이 일하시는 동안 할머니, 할아버지가 날 돌봐주셨어.
B   나도 정확히 그렇게 컸어.

5. 토막글에서 반복 익히기 ☐ **Passage**

Last summer, I volunteered at a nursing home. I learned how to **care for** the elderly. I had a really great time with the patients.

지난 여름에 양로원에서 자원봉사를 했다. 노인들을 돌보는 방법을 배웠다.
환자들과 정말 즐거운 시간을 보냈다.

6. 문답 퀴즈로 익히기 ☐ **Q&A**

Q   Imagine your cat has surgery. He needs to rest and recover at home. It's your job to help him. What will you do for your cat?

A   I will _____ my cat while he recovers.

Q   고양이가 수술을 받았다고 상상해 보세요. 고양이는 집에서 쉬면서 회복해야 합니다.
고양이를 돌보는 건 당신 몫입니다. 고양이를 위해 무엇을 할 건가요?

A   고양이가 회복하는 동안 보살필 것이다.

Ans care for

199

1. 기본 설명 들어보기 ☐

make out의 기본 의미는 '이해하다'예요. 눈으로 보거나 귀로 들어서 알아차리는 것을
의미해요. 그래서 understand와는 달리 눈에는 보이지만 정확히 무엇인지 모를 때나, 귀로는
들리지만 정확한 내용을 알기 어려울 때 make out을 사용해요. 예를 들어, 힙합 노래의 가사가
너무 빨리 지나가서 제대로 이해하지 못할 때는 "It's hard to make out the lyrics."라고 말할 수
있어요. 헤드라이트 때문에 운전하는 사람의 얼굴을 알아볼 수 없었다면 "I couldn't make out
who was inside because I was blinded by the headlights."라고 할 수 있죠.

NATIVE'S
EXPLANATION

2. 원어민의 시각 보기 ☐

If you "make out" something, then you manage
to see, hear, or understand it with difficulty.
If you imagine a foggy day, it is hard to make
out signs in the distance. If someone mumbles
when he or she speaks, we can say that it's
hard to make out what that person says. Or
if someone uses big or confusing words, we
might say we can't make out what that person
is trying to say. We can use this whenever we
have a hard time seeing or hearing something.

make out하는 건 겨우 무언가를 보거나,
듣거나, 이해하는 거예요. 안개 낀 날을
상상해보면, 멀리 있는 표지판을 알아보기가
어렵죠. 누군가 말을 웅얼거릴 때, 우리는
그 사람이 하는 말을 알아듣기 어렵다고 말할
수 있어요. 또는 누군가 거창한 단어나
혼란스러운 말을 사용할 때, 우리는 그 사람이
무엇을 말하려고 하는지 알아듣기 어렵다고
말할 수 있어요. 우리는 무언가를 보거나 듣는
것이 어려울 때 이 표현을 사용할 수 있어요.

3. 짧은 문장으로 시작하기 ☐ **Short sentences**

Could you **make out** what he was saying?
그가 했던 말을 알아들을 수 있었어?

I can't **make out** what the doctor wrote here.
의사가 여기에 뭐라고 쓴 건지 알아볼 수가 없다.

DIALOGUE

A What is that song?

B Hmm… I can't quite **make** it **out**. It sounds like a Christmas song though.

A You're right! I think it's "Jingle Bells."

B Wow, you have really good hearing.

A 저거 무슨 노래지?

B 글쎄, 잘 모르겠어. 크리스마스 노래 같긴 한데.

A 맞아! 〈징글벨〉인 것 같아.

B 와, 너 정말 잘 알아듣네.

5. 토막글에서 반복 익히기 ☐ **Passage**

I went camping with my friends last weekend. I woke up in the middle of the night and saw a dark figure in the distance. I couldn't **make out** what it was until I turned on my flashlight and realized it was my friend!

지난 주말에 친구들과 캠핑을 갔다. 한밤중에 깨어나 멀리 어두운 형체를 보았다. 손전등을 켜기 전까지 그것이 무엇인지 알아볼 수 없었는데, 알고 보니 내 친구였다!

6. 문답 퀴즈로 익히기 ☐ **Q&A**

Q Imagine you are going home after a trip abroad. You look out the airplane window and see something twinkling in the distance. You realize it's Incheon! What can you see from a distance?

A I can just _____ Incheon from my airplane window.

Q 해외여행을 마치고 집으로 돌아가는 중이라고 상상해 보세요. 비행기 창문 밖을 내다보니 멀리서 반짝이는 무언가가 보여요. 그것이 인천이라는 것을 깨달아요! 멀리서 무엇이 보이나요?

A 비행기 창문 너머로 지금 인천을 알아볼 수 있다.

Ans make out

1. 기본 설명 들어보기 □

run은 '뛰다'란 뜻이고, into는 '안으로'란 뜻이에요. 안으로 뛰어들어서 무언가에 부딪치는 의미를 나타내지만, 사람이 나오면 '우연히 만나다'라는 뜻이 되죠. 예를 들어, 서점에서 우연히 전 직장 동료를 만난 상황을 영어로는 "I ran into a former coworker at a bookstore."라고 표현할 수 있어요. 또한, 아내가 남편에게 누구를 우연히 만났는지 맞혀 보라고 할 때는 "Guess who I ran into?"라고 할 수 있죠. 참고로, run into 다음에 issues, problems, difficulties 등이 나오면 문제가 발생했음을 의미하기도 해요.

2. 원어민의 시각 보기 □

If we "run into" someone, we meet that person unexpectedly. We didn't plan to meet that person; we just happened to see him. Sometimes we run into friends, and other times we run into people whom we don't want to meet. The point is that we weren't planning on meeting that person. We usually just run into people, not places.

누군가를 run into하는 건 그 사람을 예상치 못하게 만나는 거예요. 그 사람을 만나기로 계획하지 않았고, 그냥 우연히 마주친 거죠. 가끔 우리는 친구를 우연히 만나기도 하고, 어떨 때는 만나고 싶지 않은 사람을 만나기도 해요. 중요한 점은 우리가 그 사람을 만날 계획이 없었다는 거예요. 우리는 보통 사람을 run into하지, 장소를 run into하지는 않아요.

3. 짧은 문장으로 시작하기　☐　**Short sentences**

If you **run into** the boss, tell him I'm going home early today.
혹시 사장님을 보게 되면 오늘 일찍 퇴근한다고 전해 주세요.

I can't believe I **ran into** my parents when I was on a blind date last night.
어젯밤 소개팅 자리에서 부모님과 마주쳤다는 게 너무 어이없다.

DIALOGUE

4. 대화로 반복하기　☐

A　Rachel? Is that you?
B　Wow! Mike! How are you?
A　I'm good. I never expected to **run into** you here!
B　Me, too. I didn't know you liked paintings.

A　Rachel? 너 맞아?
B　와! Mike! 어떻게 지내?
A　잘 지내지. 여기서 널 만나게 될 줄은 몰랐네!
B　나도. 네가 그림을 좋아하는지 몰랐어.

5. 토막글에서 반복 익히기　☐　**Passage**

I was on my way to work when I **ran into** an old teacher of mine. She inspired me to pursue my dreams. I told her that she was one of the main reasons I was so successful.

출근하는 길에 예전에 나를 가르쳤던 선생님을 우연히 만났다. 그녀는 내가 꿈을 추구하도록 영감을 준 분이다. 그녀에게 내가 성공할 수 있었던 주요한 이유 중 하나가 바로 그녀라고 말했다.

6. 문답 퀴즈로 익히기　☐　**Q & A**

Q　Imagine you are hanging out with your friends. Suddenly, you see your ex on the other side of the bar. You awkwardly wave at her and go over to chat with her. What happened with your ex?

A　I ＿＿＿＿＿＿＿＿＿ my ex when I was out with my friends.

Q　친구들과 놀고 있다고 상상해 보세요. 갑자기 바 반대편에 전 애인이 보입니다. 어색하게 손을 흔들며 대화를 나누러 갑니다. 전 애인과 무슨 일이 있었나요?

A　친구들과 놀다가 전 애인과 마주쳤다.

Ans　ran into

care for
_____

make out
_____

run into
_____

아래의 빈 밑줄에
지문 내용에 알맞은
구동사의 결합을
써넣으세요.

Walking Dogs
반려견 산책 시키기

제가 강아지를 돌보는 방법 중 하나는 매일 산책을 시키는 거예요. 우리는 집 근처 공원에 가는 것을 좋아해요. 가끔 제 강아지는 새를 쫓아가거나 오랫동안 기둥 냄새를 맡기도 해요. 저는 강아지가 무슨 생각을 하고 있는지 알 수 있으면 좋겠어요. 다른 강아지들을 만나면 제 강아지는 매우 신나해요. 안타깝게도, 다른 강아지들은 제 강아지를 그다지 좋아하지 않는 것 같아요.

7. 동사를 채워 완성하기 ☐ **Fill in Verbs**

One way I _____ for my dog is to take him on a walk every

day. We like to go to a park near our home. Sometimes my dog

chases birds or spends a long time sniffing a pole. I wish I could

_____ out what he was thinking. When we _____ into

other dogs, he gets very excited. Unfortunately, other dogs don't

seem to like him that much.

8. 부사/전치사를 채워 완성하기 ☐ **Fill in Adverbs & Prepositions**

One way I care _____ my dog is to take him on a walk every

day. We like to go to a park near our home. Sometimes my dog

chases birds or spends a long time sniffing a pole. I wish I could make

_____ what he was thinking. When we run _____

other dogs, he gets very excited. Unfortunately, other dogs don't

seem to like him that much.

look after

---

miss out on

---

turn around

During the COVID-19 pandemic, I got to work from home. I really enjoyed it because I was able to [   ] my baby. It was a wonderful opportunity to watch him learn and grow. I didn't [   ] anything. Unfortunately, my company really struggled during the pandemic. Things have finally started to [   ], but it looks like I'm going to have to go back to the office.

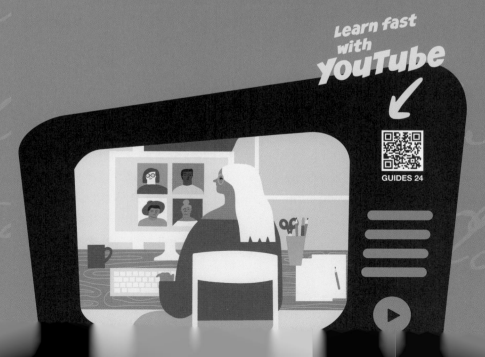

Learn fast with **YouTube**

GUIDES 24

1. 기본 설명 들어보기 ☐

look은 '보다'란 뜻이고, after는 '뒤에, 후에'라는 뜻이에요.
누군가를 뒤에서 돌보고 챙기는 것을 의미하죠. 보통 어린 아이나 동물을
돌보는 상황에서 자주 쓰여요. 예를 들어, 저녁에는 일하고 낮에는 아이를 돌보는 경우
"I look after my son during the day."라고 할 수 있어요.
출장 중 반려견을 돌봐 줄 사람을 찾을 때는 "Will you look after my dog while I'm traveling
for work?"라고 부탁할 수 있죠.

NATIVE'S
EXPLANATION

2. 원어민의 시각 보기 ☐

When you "look after" someone, you do what you can to keep that person happy, safe, and healthy. We take care of that person. We can look after people, animals, and even things. If I ask my friend to look after my car when I'm gone, then I want her to keep it safe. We most commonly look after people though.

누군가를 look after하는 건 그 사람이 행복하고, 안전하며, 건강하도록 할 수 있는 일을 한다는 거예요. 그 사람을 돌보는 거죠. 우리는 사람, 동물, 심지어 물건도 look after 할 수 있어요. 만약 친구에게 내가 없는 동안 차를 돌봐 달라고 요청하면, 그 친구가 내 차를 안전하게 지켜 주기를 바라는 거예요. 하지만 가장 일반적으로는 사람을 돌보는 데 이 표현을 사용해요.

3. 짧은 문장으로 시작하기 ☐ **Short sentences**

I asked my mom to **look after** my children today.
오늘 엄마한테 애들을 봐 달라고 부탁했다.

Would you mind **looking after** my cat while I'm on vacation?
나 휴가 가는 동안 우리 고양이 좀 돌봐 줄 수 있어?

DIALOGUE
4. 대화로 반복하기 ☐

A   Did you hear that Robert got a job at a kindergarten?
B   No! There's no way he knows how to **look after** young children.
A   I know! I really wonder what the interview process was like.
B   Well, I hope he does a good job.

A   Robert가 유치원에서 일한다는 얘기 들었어?
B   말도 안 돼! 어린 애들을 어떻게 돌보는지 모를 텐데.
A   내 말이! 면접을 어떻게 봤는지 진짜 궁금하네.
B   그런데, 기왕이면 잘했으면 좋겠다.

5. 토막글에서 반복 익히기 ☐ **Passage**

I've been **looking after** my grandpa since last December.
He had a stroke and can't really take care of himself
anymore. It's really hard to see him like this.

지난해 12월부터 할아버지를 돌보고 있다. 할아버지는 뇌졸중을 겪으셔서 더 이상
스스로를 돌볼 수 없으시다. 이렇게 할아버지를 보는 것이 정말 힘들다.

6. 문답 퀴즈로 익히기 ☐ **Q & A**

Q   Imagine it's your turn to close the store. The manager has asked
you to protect the money until the next day. You're very stressed
about keeping it safe. What did your boss ask you to do?

A   My boss wants me to _____ the money.

> Q   가게를 마감할 차례가 되었다고 상상해 보세요. 매니저가 다음 날까지 돈을
> 보관해 달라고 부탁했습니다. 안전하게 보관하는 문제로 매우 스트레스를 받고 있습니다.
> 상사가 어떤 일을 부탁했나요?
>
> A   상사가 돈을 안전하게 맡아 달라고 한다.

Ans look after

207

1. 기본 설명 들어보기 ☐

miss out on은 '놓치다'란 뜻이에요. 특히 좋은 기회나 이익을 놓치는
상황에서 자주 사용돼요. 예를 들어, 존 메이어의 내한 공연 티켓을 예매하지 못해
콘서트에 가지 못했다면 "I missed out on my chance to see John Mayer."라고 할 수 있어요.
다른 예로 광고에서는 할인 이벤트 같은 특별한 기회를 놓치지 말라는 의미로
"Don't miss out on something special."이라고 말하죠.
내게 도움이 될 만한 것을 놓치거나 경험하지 못할 때 miss out on을 사용하면 돼요.

2. 원어민의 시각 보기 ☐

If you "miss out on" something, then
you fail to experience it. You are left out
of an opportunity or experience. We
really don't like missing out on things.
That can make us feel jealous and upset.
Many people try to live active social lives
so that they don't miss out on what their
friends and family are doing.

무언가를 miss out on하는 건 그것을
경험하지 못하는 거예요. 어떤 기회나
경험에서 제외되는 거예요. 우리는 무언가를
놓치는 것을 정말 싫어해요. 그것은 우리를
질투하거나 속상하게 만들 수 있어요.
많은 사람들이 친구와 가족들의 근황을
놓치지 않기 위해 적극적으로 사회 생활을
하려고 노력해요.

3. 짧은 문장으로 시작하기 ☐ **Short sentences**

I can't believe I **missed out on** the Black Friday sales this year.
올해 블랙프라이데이 세일을 놓쳤다니 말도 안 된다.

If you're not subscribed to our newsletter, you're going to **miss out on** all the fun.
우리 뉴스레터를 구독하지 않으면 재미있는 걸 다 놓치게 될 겁니다.

DIALOGUE
4. 대화로 반복하기 ☐

A   Where did you get this cute mug?
B   I got it at the coffee expo last week.
A   I can't believe I **missed out on** that. I love coffee!
B   You'll just have to go next year.

A   이 귀여운 머그잔은 어디서 샀어?
B   지난주에 커피 박람회에 가서 샀어.
A   그걸 놓치다니 믿을 수가 없군. 나 커피 좋아하는데!
B   내년에 가면 되지.

5. 토막글에서 반복 익히기 ☐ **Passage**

I wanted to see Ed Sheeran in concert, but he wasn't coming to Korea. To avoid **missing out on** his concert, I booked tickets in Japan. They were expensive, but attending the concert was worth it.

에드 시런의 콘서트를 보고 싶었지만, 그는 한국에 오지 않았다. 그의 콘서트를 놓치지 않기 위해 일본에서 티켓을 예약했다. 티켓 가격이 비쌌지만, 콘서트에 참석한 것은 그만한 가치가 있었다.

6. 문답 퀴즈로 익히기 ☐ **Q&A**

Q   Imagine your office hosted a free finance seminar. Unfortunately, you got sick and couldn't go. You were disappointed about this situation. What happened to you?

A   I _____ the finance seminar because I was sick.

Q   사무실에서 무료 금융 세미나를 개최했어요. 불행히도 당신은 아파서 갈 수 없었어요. 그래서 이 상황에 대해 실망했어요. 무슨 일이 일어난 건가요?

A   나는 몸이 좋지 않아 재테크 세미나를 놓쳤다.

1. 기본 설명 들어보기 ☐

turn around는 말 그대로 몸을 돌리거나 고개를 돌릴 때 사용돼요.
방향을 180도로 바꾸는 것을 의미하죠. 이 표현은 특히 안 좋은 상황에서
좋은 상황으로 전환될 때 다양하게 사용돼요. 예를 들어, 경제가 다시
나아지기 어려울 때는 "Turning the economy around won't be easy."라고 말할 수 있어요.
또, 마음챙김 덕분에 삶이 긍정적으로 변화했다면
"Mindfulness has turned my life around."라고 표현할 수 있죠.

turn around

2. 원어민의 시각 보기 ☐

When something starts to "turn around," it becomes successful after a period of failure. We usually use this term to talk about companies or the economy. For example, if we've been in a depression and the economy starts to get better, we could say that it's turning around. We can also say that a talented CEO turned a company around. It means that the CEO was able to improve the company.

무언가가 turn around하기 시작한다는 건 일정 기간 실패를 겪다가 성공하게 된다는 의미예요. 우리는 보통 이 표현을 회사나 경제에 대해 이야기할 때 사용해요. 예를 들어, 불황에 빠져 있다가 경제가 좋아지기 시작하면, 그것이 turn around하고 있다고 말할 수 있어요. 또한 재능 있는 CEO가 회사를 turn around했다고 말할 수 있죠. 이는 그 CEO가 회사를 개선시킬 수 있었다는 의미예요.

3. 짧은 문장으로 시작하기 ☐ **Short sentences**

I'm sure the economy will **turn around** soon.
경제가 곧 회복될 거라 확신한다.

If the stock market doesn't **turn around** soon, I'm going to lose my savings.
주식 시장이 하루빨리 회복세로 돌아서지 않으면 모은 돈을 잃게 될 것이다.

DIALOGUE

A   Your sales have been steadily decreasing.
B   I know. Things haven't been going well this month.
A   You'll need to **turn** it **around**, or we'll have to let you go.
B   I'll work very hard this month!

A   매출이 꾸준히 감소하고 있네요.
B   알고 있어요. 이번 달에 상황이 좋지 않네요.
A   이 상황을 반전시키지 않으면 해고할 수밖에 없어요.
B   이번 달에 정말 열심히 할게요!

5. 토막글에서 반복 익히기 ☐ **Passage**

I run a coffee shop by myself. The winter months were very slow, and I barely turned a profit. Luckily, things are starting to **turn around** now.

나는 혼자서 커피숍을 운영하고 있다. 겨울철에는 장사가 매우 부진해서 거의 수익을 내지 못했다. 다행히 지금은 상황이 나아지기 시작하고 있다.

6. 문답 퀴즈로 익히기 ☐ **Q & A**

Q   Imagine you were hired to help a failing company. It hasn't been doing well for months. After the company hired you, its profits started to increase. What did you do?

A   I helped _____ the company _____.

> Q   망해 가는 회사를 도와달라는 요청을 받았다고 상상해 보세요. 그 회사는 몇 달 동안 잘 되지 않았어요. 회사가 당신을 고용한 후, 이익이 증가하기 시작했어요. 당신은 무엇을 했나요?
>
> A   나는 회사의 회생을 도왔다.

Ans turn, around

211

look after
_____

miss out on
_____

turn around
_____

아래의 빈 밑줄에
지문 내용에 알맞은
구동사의 결합을
써넣으세요.

Working from Home
재택근무

코로나 팬데믹 동안, 저는 재택근무를 하게 되었어요. 아기를 돌볼 수 있어서 정말 좋았어요. 아기가 배우고 성장하는 모습을 지켜볼 수 있는 멋진 기회였어요. 아무 것도 놓치지 않았죠. 불행히도, 제 회사는 팬데믹 동안 정말 힘들었어요. 상황이 드디어 좋아지기 시작했지만, 저는 사무실로 돌아가야 할 것 같아요.

7. 동사를 채워 완성하기 ☐ **Fill in Verbs**

During the COVID-19 pandemic, I got to work from home. I really

enenjoyed it because I was able to _____ after my baby.

It was a wonderful opportunity to watch him learn and grow.

I didn't _____ out on anything. Unfortunately, my company

really struggled during the pandemic. Things have finally started to

_____ around, but it looks like I'm going to have to go back

to the office.

8. 부사/전치사를 채워 완성하기 ☐ **Fill in Adverbs & Prepositions**

During the COVID-19 pandemic, I got to work from home. I really

enjoyed it because I was able to look _____ my baby.

It was a wonderful opportunity to watch him learn and grow.

I didn't miss _____ anything. Unfortunately, my company really

struggled during the pandemic. Things have finally started to

turn _____, but it looks like I'm going to have to go back

to the office.

Ans 7. look, miss, turn / 8. after, out on, around

get by

walk through

work out

Last year, I was barely [_____]. I ended up having to sell my car and downsize to a smaller apartment. I needed to take public transportation, but I didn't know how. Fortunately, I had a friend who [_____] me [_____] how to take the bus. It was much easier than I had expected. Based on that experience, I [_____] how to take the subway as well. Now, I'm an expert at taking public transportation.

Learn fast with **YouTube**

GUIDES 25

1. 기본 설명 들어보기 ☐

get by의 뉘앙스는 '그럭저럭'이에요. 돈이나 능력, 물건 등이 충분하지 않지만 어느 정도는 버틸 수 있다는 뜻이죠. 예를 들어, 월급날까지 돈이 부족하지만 그럭저럭 먹고 살 수 있는 상황에서는 "I don't have much money until my next payday, but I will get by."라고 할 수 있어요. 영어 실력이 뛰어나지 않아도 외국인과 대화할 수 있다면 "I can get by in English."로 표현해요. 돈이 넘치지 않아도, 능력이 뛰어나지 않아도, '그럭저럭, 어느 정도는 괜찮다'는 뉘앙스를 담고 있어요.

2. 원어민의 시각 보기 ☐

When we "get by," we struggle to get through a situation or challenge. Usually, we have just enough money or supplies to survive. When we say we're "barely getting by," it means we have almost no money. It's a struggle for us to get through the day. We might also survive a tough time by taking another job or accepting charity.

get by라는 표현은 어떤 상황이나 도전을 간신히 헤쳐 나간다는 의미예요. 보통은 딱 생존하는 데 필요한 만큼만 돈이나 물품을 가지고 있을 때 사용해요. barely get by라고 말하면, 거의 돈이 없다는 의미예요. 하루하루 버티는 것이 힘든 상황이죠. 우리는 다른 일을 하거나 자선 지원을 받아 어려운 시기를 견뎌낼 수도 있어요.

3. 짧은 문장으로 시작하기 ☐ **Short sentences**

How did you manage to **get by** with so little?
어떻게 그렇게 적은 돈으로 버틸 수 있었어?

I don't know how my parents **got by** on such a small income.
부모님이 그렇게 적은 소득으로 어떻게 사셨는지 모르겠다.

DIALOGUE
4. 대화로 반복하기 ☐

A   Would you like to borrow my jacket? You look cold.
B   That's okay. I can **get by** with this one.
A   Okay, but you should think about getting a bigger jacket.
B   This one is warmer than it looks.

A   내 재킷을 빌려줄까? 추워 보여.
B   아냐. 이걸로도 괜찮아.
A   그래. 근데 더 큰 재킷을 입는 게 좋을 것 같아.
B   이게 보기보다 따뜻해.

5. 토막글에서 반복 익히기 ☐ **Passage**

When I first started my company, I had to **get by** with a five-year-old laptop. As I made more money, I was able to invest in myself. Now, I have three desktop computers.

회사를 처음 시작했을 때는 5년 된 노트북으로 버텨야 했다. 돈을 더 벌게 되면서 나 자신에게 투자할 수 있게 되었다. 지금은 데스크탑 컴퓨터 세 대를 가지고 있다.

6. 문답 퀴즈로 익히기 ☐ **Q & A**

Q   Imagine you are an artist. You're not making enough money to pay the bills. You have to take a part-time job as a waiter. What did you do?

A   I wasn't _____ as an artist, so I had to get a part-time job.

Q   당신이 예술가라고 상상해 보세요. 당신은 생활비를 충당할 만큼의 돈을 벌지 못하고 있어요. 그래서 당신은 웨이터로서 아르바이트를 해야 해요. 당신은 무엇을 했나요?

A   예술가로는 생계 유지가 어려워 아르바이트를 해야 했다.

1. 기본 설명 들어보기

walk는 '걷다'라는 뜻이고, through는 '~을 통해, 끝까지'라는 뜻이에요. 그래서 walk through the park라고 하면 공원을 통과해서 걷는 거죠. 이번에는 '도슨트'를 생각해 봅시다. 복잡한 작품을 한 점씩 설명하면서 관람객에게 천천히 해설하는 장면이 그려지나요? 이렇듯 함께 걸으며 복잡한 개념이나 과정을 차근차근 설명한다는 뜻으로도 쓰여요. "He patiently walked me through the museum."으로 표현할 수 있어요. 면접에서도 "Let me walk you through my résumé."라고 말할 수 있어요. 나의 장단점이나 과거 경력을 하나씩 설명해 줄 생각입니다.

2. 원어민의 시각 보기

When someone "walks us through" something, that person shows us how to do it. Usually, the person breaks down the instructions step by step so that they are easy to follow. When we start a new job, a coworker might need to "walk us through" our responsibilities. That means he will show us very clearly and in detail what we should do at work. We usually need to be walked through very difficult or complicated procedures.

walk us through하는 건 누군가가 우리에게 일의 방법을 보여 주는 거예요. 보통 그 사람은 지시사항을 단계별로 나누어 쉽게 따라할 수 있도록 설명해 줘요. 새로운 일을 시작할 때, 동료가 우리의 업무를 walk us through해 줄 필요가 있을 수 있어요. 이는 그 사람이 우리가 직장에서 무엇을 해야 하는지를 아주 명확하고 상세하게 보여 줄 것이라는 의미예요. 우리는 보통 매우 어렵거나 복잡한 절차를 이해할 때 be walked through할 필요가 있어요.

3. 짧은 문장으로 시작하기 ☐ **Short sentences**

Let me **walk** you **through** the contract.
계약 사항을 천천히 안내해 드릴게요.

The teacher **walked** the parents **through** the pick-up and drop-off process. 선생님이 학부모들에게 등하원 과정을 자세히 알려 줬다.

DIALOGUE

A Hi. Have you been to our clinic before?
B No, this is my first time.
A Okay. Then I'll **walk** you **through** the sign-in procedure.
B Thank you very much.

A 안녕하세요. 전에 저희 클리닉에 오신 적 있나요?
B 아뇨, 이번이 처음이에요.
A 네, 그러면 등록 절차를 안내해 드릴게요.
B 감사합니다.

5. 토막글에서 반복 익히기 ☐ **Passage**

My company switched from Microsoft computers to Apple computers. I had never used an Apple computer before, so I needed help. Luckily, my coworker **walked** me **through** the tutorial.

우리 회사는 마이크로소프트 컴퓨터에서 애플 컴퓨터로 교체했다. 나는 이전에 애플 컴퓨터를 사용해 본 적이 없어서 도움이 필요했다. 다행히 동료가 튜토리얼을 차근차근 알려 줬다.

6. 문답 퀴즈로 익히기 ☐ **Q & A**

Q Imagine you join an improv class. You've never been there, so you're not sure how the teacher runs the class. One of the other students explains how the class works. What did your classmate do?

A My classmate _____ me _____ the class procedures.

Q 즉흥 연기 수업에 참여한다고 상상해 보세요. 당신은 그곳에 가 본 적이 없어서, 선생님이 수업을 어떻게 진행하는지 잘 몰라요. 다른 학생 중 한 명이 수업이 어떻게 진행되는지 설명해 줍니다. 그 학생은 무엇을 했나요?

A 반 친구가 수업 과정을 차근차근 알려 줬다.

Ans walked, through

1. 기본 설명 들어보기

work out에는 '운동하다'라는 뜻 말고도 '해결하다'라는 뜻이 있어요. work에는
열심히 한다는 뉘앙스가 있고, out에는 끝까지 완료한다는 뉘앙스가 있습니다. 그래서
'해결하다'의 뜻을 나타낼 수 있죠. 예를 들어, 프로젝트 진행 중에 의견이 갈릴 때
의견 차이를 좁히려 한다면 "We're going to work out our differences."라고 할 수 있어요.
부부가 갈등을 해소하지 못하고 끝내 갈라섰다면 "We were not able to work things out,
so we eventually divorced."라고 할 수 있죠. 문제 해결은
work things out이라는 덩어리 표현을 활용한다는 것 기억하세요.

2. 원어민의 시각 보기

If you "work something out," then you plan how to do it in detail. You very clearly outline what you're going to do. We use this when we need to figure out our next steps. We can also solve problems or issues by "working them out." This means that we find solutions to problems.

work something out이라는 표현은
무언가를 세부적으로 계획한다는 의미예요.
무엇을 할 것인지 아주 명확하게 정리하는
거죠. 우리는 다음 단계를 정해야 할 때
이 표현을 사용해요. 또한 문제나
이슈를 work out해서 해결할 수도 있어요.
이는 문제에 대한 해결책을 찾는다는
의미예요.

3. 짧은 문장으로 시작하기 □ Short sentences

We're trying to **work out** a way to save money.
비용을 절약할 수 있는 방법을 찾고 있다.

We need to **work out** how to finish the project on time.
프로젝트를 제시간에 끝낼 방법을 찾아야 한다.

DIALOGUE

4. 대화로 반복하기 □

A   Do you think the war will ever end?
B   I heard the two sides are now **working out** a peace agreement.
A   Really? That would be wonderful.
B   I'm sure they will find a solution soon.

A   전쟁이 끝날 거라고 생각해?
B   양측이 평화협정을 체결하기 위해 노력하고 있다고 들었어.
A   정말? 그랬으면 좋겠다.
B   분명 곧 해결책을 찾을 수 있을 거야.

5. 토막글에서 반복 익히기 □ Passage

I have been fighting with my wife a lot. We are having a hard time **working out** a solution. I think we might need to go to counseling.

아내와 많이 싸우고 있다. 해결책을 찾는 데 어려움을 겪고 있다. 상담을 받아야 할 것 같다.

6. 문답 퀴즈로 익히기 □ Q & A

Q   Imagine you are a general in the army. You need to figure out how to win the battle. So far, you have been unsuccessful. What do you need to do?

A   I need to _____ a way to win a battle.

Q   당신이 군대의 장군이라고 상상해 보세요. 전투에서 승리할 방법을 찾아야 합니다. 지금까지는 성공하지 못했습니다. 무엇을 해야 하나요?

A   전쟁에서 이길 방법을 생각해 내야 한다.

Ans. work out

get by

walk through

work out

아래의 빈 밑줄에
지문 내용에 알맞은
구동사의 결합을
써넣으세요.

Using Public Transportation
대중교통 이용하기

작년에 저는 겨우 살아가고 있었어요. 결국 차를 팔고 더 작은 아파트로 이사해야 했어요. 대중교통을 이용해야 했지만, 방법을 몰랐어요. 다행히도, 친구 한 명이 버스를 타는 방법을 하나하나 알려 줬어요. 제가 예상했던 것보다 훨씬 쉬웠어요. 그 경험을 바탕으로 지하철 타는 법도 익혔어요. 이제 저는 대중교통 이용에 전문가가 되었어요.

7. 동사를 채워 완성하기 ☐ Fill in Verbs

Last year, I was barely _____ by. I ended up having to sell

my car and downsize to a smaller apartment. I needed to take public

transportation, but I didn't know how. Fortunately, I had a friend who

_____ me through how to take the bus. It was much easier than

I had expected. Based on that experience, I _____ out

how to take the subway as well. Now, I'm an expert at taking public

transportation.

8. 부사/전치사를 채워 완성하기 ☐ Fill in Adverbs & Prepositions

Last year, I was barely getting _____. I ended up having to sell

my car and downsize to a smaller apartment. I needed to take public

transportation, but I didn't know how. Fortunately, I had a friend who

walked me _____ how to take the bus. It was much easier than

I had expected. Based on that experience, I worked _____

how to take the subway as well. Now, I'm an expert at taking

public transportation.

Ans 7. getting, walked, worked / 8. by, through, out

look up to

wear out

turn out

When I first moved to this city, I was surprised by how many foreigners drove their own cars. I really [   ] people who drive in other countries. I decided to give it a try. I bought an old car and practiced driving until the tires [   ]. It [   ] that driving in this country isn't as difficult as I expected. I think I'm ready to buy a new car now.

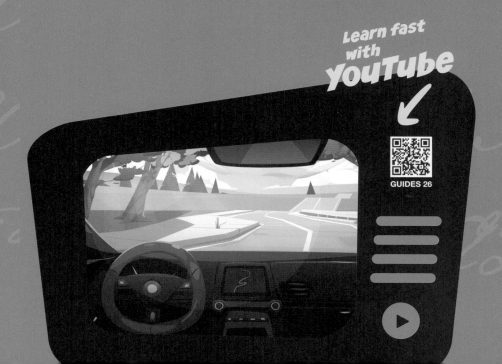

1. 기본 설명 들어보기 ☐

look up to를 직역하면 '위를 향해 보다'라는 뜻이에요. 그러나 to 다음에
'사람'이 나오면, 그 사람을 동경하거나 존경한다는 의미로 확장됩니다.
롤모델을 표현할 때 적절하게 사용할 수 있죠. 예를 들어, 농구 선수가 꿈이라면
"I look up to Michael Jordan."이라고 할 수 있고,
가수가 꿈이라면 "She looks up to Taylor Swift."라고 할 수 있어요. 동경하거나 존경하는
사람이 있나요? "Who do you look up to?"

2. 원어민의 시각 보기 ☐

When we "look up to" someone, we admire or respect that person. We think the person is impressive, and we may even aspire to be like him or her. We usually look up to people who have done great things. We wouldn't look up to criminals or other bad characters. If someone looks up to us, we would feel very proud.

look up to라는 표현은 누군가를 동경하거나 존경한다는 의미예요. 우리는 그 사람이 훌륭하다고 생각하고, 심지어 그 사람처럼 되고 싶어할 수도 있어요. 우리는 보통 위대한 일을 한 사람들을 존경해요. 범죄자나 다른 나쁜 인물들을 존경하지는 않을 거예요. 누군가가 우리를 존경한다면, 우리는 매우 자랑스러워할 거예요.

Short sentences

The students **looked up to** their teacher.
학생들은 선생님을 존경했다.

My grandpa served in the war, and I've always **looked up to** him.
할아버지는 전쟁에 참여하셨고, 난 그런 할아버지를 늘 존경해 왔다.

DIALOGUE

4. 대화로 반복하기

A Well, I'm moving to Dubai tomorrow.
B That's so impressive! What are you going to do there?
A I'm not sure yet, but I'm sure I'll figure it out.
B I've always **looked up to** you and your sense of adventure.

A 나 내일 두바이로 떠나.
B 정말 대단해! 거기서 뭘 할 거야?
A 아직 잘 모르겠지만, 곧 찾을 수 있을 거야.
B 난 항상 네 그런 모험심이 존경스러웠어.

5. 토막글에서 반복 익히기 **Passage**

I have always **looked up to** entrepreneurs. Their success stories fascinate me. However, I'm not sure if I have the courage to start my own business.

나는 항상 기업가들을 존경해 왔다. 그들의 성공 이야기는 나를 매료시킨다. 하지만, 내가 내 사업을 시작할 용기가 있는지는 잘 모르겠다.

6. 문답 퀴즈로 익히기 **Q & A**

Q Imagine your son plays on a basketball team. The coach will retire soon. All the children cry because they will miss him. What might we say about the players?

A The players all _____ their coach.

Q 당신의 아들이 농구팀에서 경기한다고 상상해 보세요. 코치가 곧 은퇴할 예정입니다. 모든 아이들이 코치를 그리워할 것이기 때문에 울고 있습니다. 우리는 선수들에 대해 뭐라고 말할 수 있을까요?

A 선수들 모두 코치를 존경한다.

Ans look up to

1. 기본 설명 들어보기 ☐

너무 오래 신어서 밑창이 닳고 천이 뜯어진 운동화를 상상해 보세요.
이럴 때 wear out이 잘 어울려요. 예를 들어, 바닥에 끼는 러그는 아무리 관리를 잘해도
오래 쓰면 닳아서 쓸 수 없게 되죠? 영어로는 "Rugs wear out over time."이라고 표현해요.
사람에게도 사용할 수 있어요. 키즈 카페에서 조카들과 3시간 넘게 시간을 보내는
삼촌이라면 "My nephews are so full of energy that they're wearing me out."이라고
할 수 있죠. 이는 운동화처럼 사람의 체력이 닳아 버린 상태를 의미해요.

2. 원어민의 시각 보기 ☐

If we "wear something out," then we use it until it's no longer in good condition. If we wear out clothes, then they might get holes in them. When we wear out electronics, then they might not work properly anymore. We usually need to replace things that are worn out. If we don't have a lot of money, we might be stuck using things that are worn out.

wear something out이라는 표현은 어떤 것을 더 이상 좋은 상태가 아닐 때까지 사용한다는 의미예요. 옷을 닳게 하면, 그 옷에 구멍이 생길 수 있어요. 전자제품을 닳게 하면, 그 제품이 더 이상 제대로 작동하지 않을 수 있죠. 우리는 보통 닳은 것들을 교체해야 해요. 돈이 많지 않다면, 닳아 버린 것들을 계속 사용해야 할 수도 있어요.

3. 짧은 문장으로 시작하기 ☐ **Short sentences**

I used my bike until it **wore out**.
자전거가 다 망가질 때까지 탔다.

My favorite shirt is starting to **wear out**.
내가 제일 좋아하는 셔츠가 닳기 시작했다.

DIALOGUE

4. 대화로 반복하기 ☐

A What happened to your car?
B Oh, it's in the shop right now.
A Did you get into an accident?
B No. The engine is starting to **wear out**, so I had to get it replaced.

A 차는 어떻게 됐어?
B 지금 정비소에 있어.
A 사고 난 거야?
B 아니. 엔진이 낡아서 교체해야 했어.

5. 토막글에서 반복 익히기 ☐ **Passage**

It seems like shoes **wear out** very quickly these days. I just bought my shoes six months ago, and they already have holes in them. I might have to start buying higher-quality shoes.

요즘에는 신발이 매우 빨리 닳는 것 같다. 신발을 산 지 6개월밖에 안 됐는데 벌써 구멍이 났다. 이제 더 높은 품질의 신발을 사야 할 것 같다.

6. 문답 퀴즈로 익히기 ☐ **Q & A**

Q Imagine you have a favorite book. You've read it hundreds of times. Some of the pages are starting to fall out, and the spine is cracked. What can we say about this book?

A I've read this book so many times that it's starting to

_____.

Q 당신이 가장 좋아하는 책이 있다고 상상해 보세요. 그 책을 수백 번 읽었습니다. 몇몇 페이지가 떨어지기 시작했고, 책등이 갈라졌습니다. 이 책에 대해 뭐라고 말할 수 있을까요?

A 너무 많이 읽어서 책이 너덜거리기 시작했다.

1. 기본 설명 들어보기 ☐

동사 turn에는 '돌리다'라는 뜻 외에도 '변하다'라는 의미가 있어요.
그래서 turn out은 '어떤 일이 결과적으로 ~이 되다'라는 의미가 돼요. 예를 들어,
일이 쉬울 거라 생각했는데 막상 해보니 생각보다 어려웠던 경험이 있죠? 영어로는
"This job turned out to be harder than I expected."라고 해요. 새로운 요리에 도전했는데
예상외로 맛이 괜찮았다면 "I experimented with cooking, and it turned out okay."라고
할 수 있죠. 공통점이 느껴지나요? turn out에는 '반전'의 의미가 담겨 있어요.

2. 원어민의 시각 보기 ☐

When we say that things "turned out" a certain way, we mean that things happened in that way or that there was a particular result. Usually, this situation was unexpected or unplanned. We don't use this when we already know what is going to happen ahead of time. We use this when we're surprised by the results. It's often used at the end of a story.

일이 어떤 식으로 turned out 했다는 건 일이 그렇게 일어났거나 특정한 결과가 있었다는 의미예요. 보통 이런 상황은 예상치 못했거나 계획하지 않은 것이에요. 미리 결과를 알고 있는 상황에서는 이 표현을 사용하지 않아요. 우리는 결과에 놀랐을 때 이 표현을 사용해요. 이 표현은 종종 이야기의 끝부분에서 사용돼요.

3. 짧은 문장으로 시작하기 ☐ **Short sentences**

Don't jump to conclusions. Let's just see how everything **turns out**.
섣불리 결론 내리지 마. 일이 어떻게 나타날지 일단 지켜봐.

She thought she had found her soulmate, but he **turned out** to be a scammer.
그녀는 소울메이트를 찾았다고 생각했는데, 알고 보니 사기꾼이었다.

DIALOGUE
4. 대화로 반복하기 ☐

A　How did your birthday party go? I know you were worried.
B　It **turned out** great. Thanks for asking.
A　Did your ex show up?
B　Luckily, he did not.

A　생일 파티는 어땠어? 걱정했었잖아.
B　막상 해 보니 재밌었어. 물어봐 줘서 고마워.
A　전 애인은 안 나타났어?
B　다행히 안 왔더라고.

5. 토막글에서 반복 익히기 ☐ **Passage**

My friend gave me some advice about the stock market.
He told me when to buy and when to sell. Unfortunately,
all of his advice **turned out** to be wrong.

친구가 주식 시장에 대해 조언을 해 줬다. 언제 사야 하고 언제 팔아야 하는지를
알려 줬다. 불행히도 그의 모든 조언이 틀린 것으로 판명되었다.

6. 문답 퀴즈로 익히기 ☐ **Q & A**

Q　Imagine that you were running for president. You didn't think you
　could win. The results finally came out. What were the results?

A　It _____ that I won the election.

　Q　대통령 선거에 출마했다고 상상해 보세요. 이길 수 있다고 생각하지는 않았어요.
　　드디어 결과가 나왔습니다. 결과는 어땠나요?

　A　내가 당선됐다는 것이 밝혀졌다.

look up to

wear out

turn out

아래의 빈 밑줄에
지문 내용에 알맞은
구동사의 결합을
써넣으세요.

Driving in Another Country
다른 나라에서 운전하기

처음 이 도시에 이사 왔을 때, 많은 외국인들이 자기 차를 운전하는 것을 보고 놀랐어요. 저는 다른 나라에서 운전하는 사람들을 정말 존경해요. 저도 한번 시도해보기로 결심했어요. 오래된 차를 하나 사서 타이어가 닳을 때까지 운전 연습을 했어요. 알고 보니 이 나라에서 운전하는 것이 제가 생각했던 것만큼 어렵지 않았어요. 이제 새 차를 살 준비가 된 것 같아요.

7. 동사를 채워 완성하기 ☐ **Fill in Verbs**

When I first moved to this city, I was surprised by how many

foreigners drove their own cars. I really _____ up to people

who drive in other countries. I decided to give it a try. I bought

an old car and practiced driving until the tires _____ out.

It _____ out that driving in this country isn't as difficult as

I expected. I think I'm ready to buy a new car now.

8. 부사/전치사를 채워 완성하기 ☐ **Fill in Adverbs & Prepositions**

When I first moved to this city, I was surprised by how many

foreigners drove their own cars. I really look _____ people

who drive in other countries. I decided to give it a try. I bought

an old car and practiced driving until the tires wore _____ .

It turns _____ that driving in this country isn't as difficult as

I expected. I think I'm ready to buy a new car now.

Ans 7. look, wore, turns / 8. up to, out, out

pull off
---
take on
---
talk out of

I have been working at my current workplace for ten years now. I tried to [   ] a big deal a few months ago. Unfortunately, I wasn't able to close it. My boss got really mad at me and told me I had [   ] too much responsibility. Since then, I've thought about switching jobs. My friends have tried to [   ] me [   ] it, but my mind is made up. I don't care how difficult it will be, I want to find a new job.

Learn fast with **YouTube**

GUIDES 27

1. 기본 설명 들어보기

pull off의 기본 의미는 '옷을 벗다'예요. pull에는 '끌다, 당기다'라는 뜻이 있어서,
잘 벗겨지지 않는 옷을 힘겹게 벗는다는 뉘앙스가 강해요. 예를 들어, 청바지가 너무 꽉
끼어서 벗는 걸 도와달라고 할 때 "Can you help me pull these jeans off? They're stuck."
이라고 해요. 이런 의미에서 출발해 pull off는 '어려운 일을 해내다'라는 뜻으로 확장돼요.
불가능할 것 같았던 계약을 성사시켰다면 pull off a deal이라고 하고, 긴장되는 영어 발표를
무사히 마쳤다면 pull off a presentation이라고 해요.

2. 원어민의 시각 보기

If we "pull something off," then we
successfully do something that is difficult
or unexpected. We use this when we
attempt to do something really challenging.
Sometimes the thing we're trying to do is
dangerous. If we do pull something off,
then we feel proud of ourselves for doing
something so difficult. However, it's also
possible to fail to pull something off.

어떤 일을 pull off하는건 어렵거나
예상치 못한 그 일을 성공적으로 해낸다
는 거예요. 정말로 어려운 일을 시도할 때
이 표현을 사용해요. 때로는 시도하는
일이 위험할 수도 있어요. 무언가를
성공적으로 해내면, 우리는 그렇게
어려운 일을 해낸 것에 대해
자랑스러워해요. 하지만, 무언가를
해내는 데 실패할 수도 있어요.

3. 짧은 문장으로 시작하기 **Short sentences**

The team is trying to **pull off** its third win in a row.
팀은 3연승에 도전하고 있다.

I don't know how the magician **pulled off** so many big tricks.
마술사가 어떻게 그렇게 많은 엄청난 트릭들을 성공시키는 건지 궁금하다.

DIALOGUE

A   Do you think you can **pull off** the lead role in the TV show?
B   Absolutely! I'm very confident in myself.
A   I hope you get the part. It would be so cool to see you on TV.
B   Well, I'll know if I get it soon enough.

A   TV 프로그램에서 주연을 맡을 수 있겠어?
B   당연하지! 난 스스로에 대한 자신감이 넘친다고.
A   꼭 됐으면 좋겠다. 너 TV 나오면 진짜 멋질 거야.
B   그래, 맡게 될 건지 곧 알게 되겠지.

5. 토막글에서 반복 익히기 **Passage**

Somehow, my husband and I were able to **pull off** a wonderful wedding on a very small budget. It was all thanks to our amazing family and friends. Everyone contributed to making it happen.

어떻게든 남편과 나는 매우 적은 예산으로 멋진 결혼식을 치를 수 있었다. 이것은 모두 놀라운 가족과 친구들 덕분이었다. 모두가 결혼식을 성공적으로 치를 수 있도록 기여했다.

6. 문답 퀴즈로 익히기 **Q & A**

Q   Imagine you are a fan of horse racing. You're cheering for your favorite horse. It looks like he is going to win the race! What can we say about this situation?

A   My horse is going to _____ an impressive victory.

Q   당신이 경마 팬이라고 상상해 보세요. 당신은 가장 좋아하는 말을 응원하고 있어요. 그 말이 경주에서 이길 것 같아요! 이 상황에 대해 뭐라고 말할 수 있을까요?

A   내 말이 놀라운 승리를 거둘 거예요.

Ans pull off

231

1. 기본 설명 들어보기 ☐

take on은 '큰일을 맡거나 책임을 지다'라는 뜻이에요. 무언가를 맡는다는 의미의
take에 전치사/부사 on이 붙어서 '떠맡고, 짊어지는' 뉘앙스가 추가된 거죠. 그래서
주로 tasks, challenges, responsibilities 등과 같이 노력이 필요한 단어와 함께 쓰여요.
예를 들어, 추가로 일을 맡을 수 없는 상황이라면 "I can't take on any extra work."라고 해요.
반대로, 프로젝트를 자발적으로 맡겠다는 팀원에게는 "Are you sure you want to take
it on?"이라고 물어볼 수 있죠.

2. 원어민의 시각 보기 ☐

When we "take something on," we accept
a particular responsibility or job. We
usually use this when a task is difficult.
When we want to challenge ourselves,
we might take on more responsibility at
work. If we feel overwhelmed, we might
ask other people to take on some of our
work. It can be stressful to take on too
much stuff.

무언가를 take on 한다는 건 특정 책임이나
일을 맡는다는 거예요. 보통 이 표현은
어려운 일을 할 때 사용해요. 우리는
자신에게 도전하고 싶을 때, 직장에서 더
많은 책임을 맡을 수도 있어요. 만약
감당하기 힘들다면, 다른 사람들에게
우리 일의 일부를 맡아 달라고 요청할 수도
있어요. 너무 많은 일을 맡는 것은
스트레스를 줄 수 있어요.

3. 짧은 문장으로 시작하기 ☐ **Short sentences**

Who is going to **take on** the role of cleaning up this lake?
이 호수 청소는 누가 맡을까?

My dad always told me not to **take on** more than I could handle.
아빠는 항상 감당할 수 있는 것보다 더 많은 일을 떠안지 말라고 하셨다.

DIALOGUE

4. 대화로 반복하기 ☐

A   Are you doing okay? You look stressed.
B   I'm fine. I've just **taken on** a lot of responsibility at work.
A   Maybe you need to do less.
B   Maybe, but I really want to be promoted by the end of the year.

A   괜찮아? 힘들어 보여.
B   괜찮아. 직장에서 책임질 업무가 많아져서 그래.
A   일을 좀 줄이는 게 좋겠어.
B   그러게. 근데 연말까지 꼭 승진하고 싶어서.

5. 토막글에서 반복 익히기 ☐ **Passage**

I work as a freelance editor. I only **take on** work that I
believe in even if I have to turn down lots of money. Due to
this, I really enjoy my job.

나는 프리랜서 편집자로 일한다. 많은 돈을 포기해야 하더라도 내가 믿는 일만 맡는다.
이 때문에 내 일을 정말 즐기고 있다.

6. 문답 퀴즈로 익히기 ☐ **Q & A**

Q   Imagine you've been getting in shape for the last year. You've
lost a lot of weight and feel great. You feel like you're ready to
face anything. What might you do?

A   I'm ready to _____ new challenges.

Q   지난 1년 동안 몸을 가꾸고 있다고 상상해 보세요. 체중을 많이 감량했고 기분도
아주 좋아요. 이제 어떤 일이든지 맞설 준비가 된 것 같아요. 무엇을 할 수 있을까요?

A   나는 새로운 도전에 임할 준비가 됐다.

1. 기본 설명 들어보기

talk (someone) out of를 직역하면 '말을 해서 누군가를 밖으로 나오게 하다'라는 뜻이에요. 이는 설득해서 어떤 행동을 하지 못하게 한다는 의미죠. 예를 들어, 절벽에서 다이빙하려고 했는데 친구들이 말려서 못했다면 "I wanted to jump off the cliff, but my friends talked me out of it."이라고 할 수 있어요. 퇴사하고 세계 일주를 하려 했는데 가족이 말리는 바람에 못했다면 "My family tried to talk me out of traveling around the world."라고 표현할 수 있죠. 이사하고 싶었지만 안 가는 편이 낫다고 결정했다면 "I wanted to move, but then I talked myself out of it."이라고 하면 됩니다.

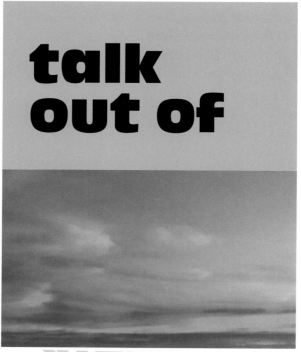

talk out of

2. 원어민의 시각 보기

When we "talk someone out of something," we persuade that person not to do something. We use this when we don't want someone to do something. Usually, we try to talk our friends out of doing something dangerous or unhelpful. This is the opposite of "talking someone into something."

talk someone out of something이라는 표현은 누군가가 무언가를 하지 않도록 설득한다는 의미예요. 우리는 보통 누군가가 무언가를 하지 않기를 원할 때 이 표현을 사용해요. 보통 우리는 친구가 위험하거나 도움이 되지 않는 일을 하지 않도록 설득하려고 해요. 이것은 talk someone into something의 반대말이에요.

3. 짧은 문장으로 시작하기 ☐ **Short sentences**

My sister tried to **talk** me **out of** getting another cat.
언니가 고양이를 한 마리 더 데려오지 못하게 설득했다.

I was going to buy the most expensive bag in the shop, but my friend
talked me **out of** it. 매장에서 가장 비싼 가방을 사려고 했는데 친구가 말렸다.

DIALOGUE

A   Is that a new tattoo?
B   Yeah, my friend tried to **talk** me **out of** it, but I got one anyway.
A   Oh, wow! Do you like it?
B   I love it! I can't wait to get more.

A   이건 새로 한 타투야?
B   응, 친구가 하지 말라고 말렸는데 그냥 했어.
A   우왜! 마음에 들어?
B   맘에 들어! 얼른 더 하고 싶어.

5. 토막글에서 반복 익히기 ☐ **Passage**

When I was a junior in college, I was going to drop out.
I hated all of my classes and didn't want to work in the field
I was studying. Luckily, my dad **talked** me **out of** it, and
I got a degree.

대학 3학년 때 나는 중퇴하려고 했다. 수업이 모두 싫었고 내가 공부하고 있는 분야에서
일하고 싶지 않았다. 다행히 아버지가 나를 설득해서 나는 학위를 땄다.

6. 문답 퀴즈로 익히기 ☐ **Q & A**

Q   Imagine you went on an international trip. You were going to buy
     travel insurance, but your friend said it was a waste of money.
     While traveling, you got into a car accident. What might you say
     to your friend?

A   I can't believe I let you _____ getting travel
     insurance.

Q   해외 여행을 갔다고 상상해 보세요. 여행자 보험을 사려고 했지만, 친구가 돈 낭비라고
     말했어요. 여행 중에 자동차 사고를 당했습니다. 친구에게 뭐라고 말할 수 있을까요?

A   여행자 보험을 들지 말라는 네 말을 들어 줬다니 정말 어이가 없다.

Ans talk me out of

235

pull off _____	# Switching Jobs
take on _____	이직
talk out of _____	

저는 현재 직장에서 일한 지 이제 10년이 되었어요. 몇 달 전에 큰 거래를 성사시키려고 했었어요. 불행히도, 그것을 성사시키지 못했어요. 상사는 매우 화를 내며 제가 너무 많은 책임을 떠맡았다고 말했어요. 그 이후로, 저는 이직을 생각해 왔어요. 친구들은 저를 말리려고 했지만, 제 마음은 이미 정해졌어요. 얼마나 어려울지는 상관없어요, 저는 새 직장을 찾고 싶어요.

아래의 빈 밑줄에 지문 내용에 알맞은 구동사의 결합을 써넣으세요.

7. 동사를 채워 완성하기 ☐ **Fill in Verbs**

I have been working at my current workplace for ten years now.

I tried to _____ off a big deal a few months ago.

Unfortunately, I wasn't able to close it. My boss got really mad at me

and told me I had _____ on too much responsibility.

Since then, I've thought about switching jobs. My friends have tried to

_____ me out of it, but my mind is made up. I don't care how

difficult it will be, I want to find a new job.

8. 부사/전치사를 채워 완성하기 ☐ **Fill in Adverbs & Prepositions**

I have been working at my current workplace for ten years now.

I tried to pull _____ a big deal a few months ago.

Unfortunately, I wasn't able to close it. My boss got really mad at me

and told me I had taken _____ too much responsibility.

Since then, I've thought about switching jobs. My friends have tried to

talk me _____ it, but my mind is made up. I don't care how

difficult it will be, I want to find a new job.

Ans 7. pull, taken, talk / 8. off, on, out of

fall for

turn down

get back to

My niece is really addicted to social media. She spends hours on it every day. She never [   ] a friend request, so she has thousands of followers. She also [   ] people as soon as they message her. Unfortunately, it is negatively affecting her self-esteem. She's [   ] those edited images on social media and always feels like she needs to lose weight.

Learn fast with YouTube

GUIDES 28

1. 기본 설명 들어보기 ☐

fall for는 fall in love와 비슷하게 '반하다'라는 의미로 주로 쓰이지만,
be fooled by와 비슷한 '속다'라는 의미로도 자주 사용돼요. 상대를 지나치게
사랑한 나머지 속아 넘어가는 것이라고 생각하면 이해하기 쉽겠죠?
예를 들어 금융 기관을 사칭하여 돈을 갈취하는 보이스피싱에 속았다면 "I fell for a phishing
scam."이라고 해요. 또, 장난에 속아 넘어간 친구를 놀리는 상황에서는
"I can't believe you fell for that!"이라고 할 수 있죠.

2. 원어민의 시각 보기 ☐

When we "fall for" something, we're tricked into believing a thing that isn't true. We often think that people who fall for things are gullible. We can fall for scams, pranks, and even lies. We try not to fall for things, especially as we get older. We feel embarrassed when we fall for obvious things.

fall for라는 표현은 진실이 아닌 것을 믿도록 속는다는 의미예요. 우리는 종종 잘 속아 넘어가는 사람들이 남을 잘 믿는 사람이라고 생각해요. 우리는 사기, 장난, 심지어 거짓말에도 속을 수 있어요 특히 나이가 들면서 속지 않으려고 노력해요 우리는 명백한 것에 속았을 때 창피함을 느껴요

3. 짧은 문장으로 시작하기 ☐ **Short sentences**

Don't **fall for** his lies.
그의 거짓말에 속지 마.

She's too smart to **fall for** such a stupid trick.
그녀는 너무 똑똑해서 그런 멍청한 속임수엔 안 넘어가.

DIALOGUE

4. 대화로 반복하기 ☐

A How was your trip to France?
B It was okay, but I got scammed.
A What scam did you **fall for**?
B The one where they take your picture and ask for cash.

A 프랑스 여행은 어땠어?
B 괜찮았는데, 사기를 당했어.
A 어떤 사기를 당했어?
B 사진 찍어 준다면서 현금을 요구하더라고.

5. 토막글에서 반복 익히기 ☐ **Passage**

I once had a coworker who was always making up stories.
The frustrating thing was that my boss usually **fell for**
them. I couldn't take it anymore and decided to quit.

한때 항상 이야기를 꾸며 내는 동료가 있었다. 답답한 것은 상사가 그 이야기들을
대부분 믿는다는 것이었다. 더 이상 참을 수 없어서 그만두기로 결정했다.

6. 문답 퀴즈로 익히기 ☐ **Q & A**

Q Imagine you want to buy a watch. You think you found one online
at a reasonable price. When you get it, it turns out that it's fake.
What might you say about this situation?

A I can't believe that I _____ a fake watch.

Q 시계를 사고 싶다고 상상해 보세요. 온라인에서 합리적인 가격에 시계를 찾은 것
같았어요. 그런데 받았을 때, 그것이 가짜라는 것이 밝혀졌습니다. 이 상황에 대해
뭐라고 말할 수 있을까요?

A 내가 가짜 시계에 속았다니 믿을 수가 없다.

Ans fell for

239

1. 기본 설명 들어보기 ☐

turn down의 기본 의미는 온도나 가스 불 세기 등을 '낮추다'예요. '아래로, 낮아짐, 줄어듦'
이라는 down의 뉘앙스가 느껴지죠? 그래서 turn down은 비교적 긍정적인 느낌보다
부정적인 느낌이 더 강해요. 이러한 이유로 '거절하다'라는 뜻으로도 확장돼요. 예를 들어,
보수가 너무 낮아서 그 일을 거절했다면 "I turned down the job because the pay was
too low."라고 해요. 또, 은행에서 대출을 거절당하고 그 이유를 모르겠다면 "I still can't
understand why the bank turned me down for a loan."이라고 표현하죠.

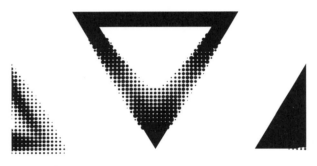

2. 원어민의 시각 보기 ☐

When we "turn something down," we
refuse or reject an offer or request. We
can turn down people who ask us for
something. This expression sounds
more polite than saying that you "reject"
someone. We usually feel sad or upset
when we're turned down. Sometimes we
have to turn down opportunities if we
don't have enough time or resources.

turn something down이라는 표현은
제안이나 요청을 거절하거나 거부한다는
의미예요. 우리는 무언가를 요청하는
사람들을 거절할 수 있어요. 이 표현은
누군가를 reject한다고 말하는 것보다 더
정중하게 들려요. 보통 거절당할 때는
슬프거나 속상한 기분이 들어요. 때때로
우리는 시간이 부족하거나 자원이 충분하지
않아서 기회를 거절해야 할 때가 있어요.

3. 짧은 문장으로 시작하기 ☐ **Short sentences**

I'm sorry, but I have to **turn down** your invitation.
미안하지만, 초대는 거절해야 할 것 같아.

There's no way she would **turn down** a chance to meet Beyonce.
비욘세를 만날 수 있는 기회를 마다할 리가 없지.

4. 대화로 반복하기 ☐

A   Did you end up accepting that job offer?
B   No, I decided to **turn** it **down**.
A   Why? I thought the interview went well.
B   It did, but the company wasn't offering me enough money.

A   결국 그 일자리 제안은 수락했어?
B   아니, 거절하기로 했어.
A   왜? 면접은 괜찮았었잖아.
B   그랬는데, 급료가 충분하지 않았어.

5. 토막글에서 반복 익히기 ☐ **Passage**

My friend offered to babysit my kids for me while my
husband and I went on a date. I had to **turn** her **down**
because I don't trust her to watch my kids. I think she
was confused about why I didn't accept her offer.

내 친구가 남편과 내가 데이트를 하는 동안 아이들을 돌봐 주겠다고 제안했다.
나는 그녀가 아이들을 돌볼 수 있을 거라고 믿지 않아서 거절해야 했다. 그녀는
내가 그녀의 제안을 받아들이지 않은 이유를 이해하지 못한 것 같다.

6. 문답 퀴즈로 익히기 ☐ **Q & A**

Q   Imagine you have a chance to work in Italy for a year. You'd really
     like to go, but your wife just had a baby. You know you need to
     stay at home. What do you decide to do?

A   I decide to _____ the offer to work in Italy.

Q   이탈리아에서 1년 동안 일할 기회가 있다고 상상해 보세요. 정말 가고 싶지만, 아내가
     이제 막 출산했습니다. 집에 있어야 할 것 같아요. 당신은 무엇을 결정하나요?

A   이탈리아에서 일하는 제안을 거절하기로 한다.

Ans turn down

241

1. 기본 설명 들어보기 ☐

get은 '이동하다'라는 뜻이고, back은 '뒤로, 다시'라는 뜻이에요. 그래서 get back은 '돌아가다'라는 의미를 갖죠. 예를 들어, 몇 시에 돌아올 거냐는 질문을 할 때는 "What time do you think you'll get back?"이라고 할 수 있어요. 한편 get back to someone은 '나중에 다시 연락하다, 답변하다'라는 뜻이에요. return의 뉘앙스를 적용하면 쉽게 이해할 수 있죠. 예를 들어, "I can't give you an answer right now, but I will get back to you soon."처럼 당장 확답을 줄 수 없는 상황에서 유용하게 쓸 수 있어요.

get
back to

2. 원어민의 시각 보기 ☐

When we "get back to" someone, we communicate with that person later. Usually, we need to get back to people after we've had time to gather more information. Then, we can reply to them more clearly. This expression is often used in phone conversations and emails in business settings. If you say you'll get back to someone, then you should definitely reply to that person later.

누군가에게 get back to 한다는 표현은 나중에 그 사람과 소통한다는 의미예요. 보통 우리는 더 많은 정보를 수집한 후에 사람들에게 다시 연락해야 해요. 그러면 그들에게 더 명확하게 답변할 수 있어요. 이 표현은 전화 통화나 비즈니스 환경의 이메일에서 자주 사용돼요. 만약 당신이 누군가에게 나중에 연락하겠다고 말한다면, 반드시 나중에 그 사람에게 답장을 해야 해요.

My doctor said she'd **get back to** me with the results.
의사가 결과가 나오면 다시 연락을 주겠다고 했다.

I need to discuss this with my partner, so I'll **get back to** you this afternoon.
파트너와 상의해야 해서 오늘 오후에 다시 연락할게요.

DIALOGUE

A   Do you have last year's budget on hand?
B   No, but I can **get back to** you in about an hour.
A   That would be great. You can just email it.
B   Okay. I'll send it over right away.

A   작년 예산은 준비됐나요?
B   아뇨. 1시간 후에 다시 연락드릴게요.
A   그럼 좋겠어요. 이메일로 보내 주셔도 돼요.
B   네, 바로 보내겠습니다.

I was offered an amazing opportunity to work abroad. I told my boss that I needed to talk to my husband and that I would then **get back to** him. I really hope my husband approves of this opportunity.

해외에서 일할 수 있는 놀라운 기회를 제안받았다. 상사에게 남편과 상의해야 한다고 말하고 나서 다시 연락드리겠다고 했다. 남편이 이 기회를 승인해 주기를 정말로 바란다.

Q   Imagine you go to an interview this afternoon. You think it went well. The interviewer said she would contact you later. What can we say in this situation?

A   The company will _____ me about the interview later.

Q   오늘 오후에 면접을 보러 갔다고 상상해보세요. 면접이 잘 된 것 같다고 생각합니다. 면접관이 나중에 연락하겠다고 말했습니다. 이 상황에 대해 뭐라고 말할 수 있을까요?

A   회사에서 면접 건에 대해 나중에 다시 연락할 것이다.

fall for

turn down

get back to

Social Media Addiction
소셜미디어 중독

제 조카는 정말로 소셜 미디어에 중독되어 있어요. 매일 몇 시간씩 SNS에 시간을 보냅니다. 친구 요청을 절대 거절하지 않아서 수천 명의 팔로워가 있어요. 메시지가 오면 바로 답장을 해요. 불행히도, 이것이 그녀의 자존감에 부정적인 영향을 미치고 있어요. 그녀는 소셜 미디어에 올라오는 편집된 이미지들에 속아 항상 체중을 줄여야 한다고 느껴요.

7. 동사를 채워 완성하기 ☐ **Fill in Verbs**

My niece is really addicted to social media. She spends hours on it every day. She never _____ down a friend request, so she has thousands of followers. She also _____ back to people as soon as they message her. Unfortunately, it is negatively affecting her self-esteem. She's _____ for those edited images on social media and always feels like she needs to lose weight.

8. 부사/전치사를 채워 완성하기 ☐ **Fill in Adverbs & Prepositions**

My niece is really addicted to social media. She spends hours on it every day. She never turns _____ a friend request, so she has thousands of followers. She also gets _____ people as soon as they message her. Unfortunately, it is negatively affecting her self-esteem. She's fallen _____ those edited images on social media and always feels like she needs to lose weight.

Ans 7. turns, gets, fallen / 8. down, back to, for

settle down

take off

wrap up

I spend time after work improving myself
because I want to [ ] soon. Luckily,
the start-up I work at has [ ] recently,
so I don't have to worry about money.
However, I am really busy at work. After I
[ ] everything at work, I go to the
gym. I'm really interested in being a good dad,
so I've been reading a lot of parenting books as
well. I'm also thinking about joining a cooking
class next month.

Learn fast
with
YouTube

GUIDES 29

1. 기본 설명 들어보기 ☐

settle down의 기본 의미는 '감정을 가라앉히고 진정하다'예요. 예를 들어, 격하게 말다툼을 한 뒤에 흥분이 가라앉을 때 settle down을 사용해요. 이 표현은 마음이 가라앉듯이 새로운 환경에 적응하거나 낯선 장소에 정착하는 상황에서도 쓰여요. 여기서 한 발 더 나아가 한곳에 자리를 잡고 정착한다는, 곧 '결혼해서 정착하다'라는 의미까지 확장되지요. 그래서 결혼할 준비가 됐다는 말을 "I think I'm ready to settle down."이라고 해요.

2. 원어민의 시각 보기 ☐

When we "settle down," we get married and live in a certain place for a long time—possibly forever. We compare settling down to someone who is single and moving a lot. Someone who settles down is ready to be a grown-up and to focus on starting his or her own family. The person is mature and tired of the partying lifestyle. If we want to get married, we're looking for someone who is also ready to settle down.

settle down이라는 표현은 결혼하고 오랜 시간, 어쩌면 영원히 한곳에 정착한다는 의미예요. 우리는 settle down 하는 것을 독신으로 자주 이사 다니는 사람과 비교해요. 정착하는 사람은 성인이 되어 자신의 가정을 꾸리는 데 집중할 준비가 되어 있는 사람이에요. 그 사람은 성숙하고 파티 생활에 지쳤어요. 우리가 결혼을 하고 싶다면, 상대방 역시 정착할 준비가 되어 있는 사람을 찾아요.

3. 짧은 문장으로 시작하기 ☐ **Short sentences**

I don't know if I'll ever be ready to **settle down**.
내가 정착할 준비가 될지 모르겠다.

Someday, I want to **settle down** and start a family.
언젠가는 정착해서 가정을 꾸리고 싶다.

DIALOGUE

A   When are you going to marry and **settle down**?
B   I've actually been thinking about proposing to my current girlfriend.
A   That would be wonderful. You're not getting any younger.
B   Yes, I think it's time I put down some roots.

A   언제 결혼해서 정착할 거야?
B   실은 지금 만나는 여자 친구에게 프러포즈할 생각이야.
A   그러면 너무 좋겠다. 나이는 계속 먹어 가니까.
B   그렇지. 이제 뿌리를 내릴 때가 된 것 같아.

5. 토막글에서 반복 익히기 ☐ **Passage**

I had wanted to **settle down** for years but never found the right guy. I had actually kind of given up on the idea of marriage. Then, I found my current husband.

몇 년 동안 정착하고 싶었지만 적당한 남자를 찾지 못했다. 사실 결혼에 대한 생각을 거의 포기했었다. 그러다가 지금의 남편을 만났다.

6. 문답 퀴즈로 익히기 ☐ **Q & A**

Q   Imagine you have a friend who loves to party. You were shocked to hear he recently got engaged to his girlfriend. You didn't think he would ever get married. What might you say about your friend?

A   I can't believe he's finally ready to _____.

Q   파티를 좋아하는 친구가 있다고 상상해 보세요. 그가 최근에 여자 친구와 약혼했다는 소식을 듣고 충격을 받았어요. 당신은 그가 결혼할 거라고는 전혀 생각하지 않았습니다. 이 친구에 대해 뭐라고 말할 수 있을까요?

A   친구가 정착할 준비가 됐다니 믿기지 않는다.

Ans settle down

247

1. 기본 설명 들어보기 ☐

take off의 기본 의미는 '이륙하다'예요. 비행기가 활주로를 달리다가 하늘로 올라가는 장면이 떠오르죠. 여기서 take off의 의미가 확장돼요. 무언가 잠잠했다가 갑자기 관심을 받을 때 take off를 씁니다. 예를 들어, 최근 전동 킥보드의 이용자가 짧은 시간에 폭발적으로 늘었어요. 이럴 때 영어로 "Electric scooters took off."라고 말해요. 또 다른 예로, 출간한 책 덕분에 좋은 제안이 들어왔다면 "Her career really took off after the book."이라고 표현할 수 있어요.

2. 원어민의 시각 보기 ☐

If something "takes off," then it suddenly becomes popular or successful. We often use this expression to describe businesses or new products. However, we can also talk about a celebrity whose career is starting to take off. This means the celebrity is starting to get famous and to appear in more movies or on TV shows. People who want to make money always hope that their products take off.

무언가 take off한다는 건 갑자기 인기를 끌거나 성공하게 된다는 거예요. 우리는 종종 이 표현을 사업이나 신제품을 설명할 때 사용해요. 하지만, 경력이 시작되는 유명인에 대해서도 경력이 take off하기 시작했다고 말할 수 있어요. 이는 그 유명인이 점점 유명해지고 더 많은 영화나 TV 프로그램에 출연하기 시작한다는 뜻이에요. 돈을 벌고자 하는 사람들은 항상 그들의 제품이 성공하기를 바래요.

3. 짧은 문장으로 시작하기 ☐ Short sentences

Yoga really **took off** a few years ago.
요가는 몇 년 전에 큰 인기를 끌었다.

Her acting career had just begun to **take off** when she got in the accident.
사고를 당했던 당시 그녀의 연기 경력은 막 잘되기 시작하려던 참이었다.

DIALOGUE
4. 대화로 반복하기 ☐

A How are things going at your new company?
B Great. Our latest product really **took off** last month.
A That's wonderful! Did you get a raise?
B I didn't get a raise, but I did get a bonus.

A 새 회사에선 어떻게 잘 되고 있어?
B 좋아. 우리 최신 제품이 지난달에 정말 성공했어.
A 잘됐다! 그래서 월급도 올랐어?
B 월급은 그대로지만 보너스는 받았어.

5. 토막글에서 반복 익히기 ☐ Passage

My friend has been uploading videos to YouTube three times a week for a year. Finally, one of her videos went viral. Her channel is starting to **take off** at long last.

내 친구는 1년 동안 일주일에 세 번씩 유튜브에 동영상을 올려 왔다. 마침내 그녀의 동영상 중 하나가 입소문을 탔다. 그녀의 채널이 드디어 인기를 얻기 시작했다.

6. 문답 퀴즈로 익히기 ☐ Q & A

Q Imagine that you start your own company. You're trying to market to a larger audience. You realize you need a larger staff. What could you say about your company?

A I need to hire more people if I want my company to

_____.

Q 회사를 창업했다고 상상해 보세요. 더 많은 고객을 대상으로 마케팅을 하려고 합니다. 직원이 더 필요하다고 느낍니다. 회사에 관해 어떻게 이야기할 수 있을까요?

A 회사가 성장하길 바란다면 사람을 더 뽑을 필요가 있다.

Ans take off

1. 기본 설명 들어보기 ☐

wrap의 기본 의미는 '포장하다'예요. 크리스마스 시즌에 선물을 포장했는지 물어볼 때
"Have you wrapped up your Christmas presents yet?"이라고 묻지요.
포장이 끝나면 선물할 준비가 완료된 거겠죠? 그래서 wrap up은 '끝내다, 마무리 짓다'라는
뜻으로 확장돼요. 예를 들어, 업무를 일찍 끝내고 싶을 때는 "I think I want to wrap up
work early today."라고 하고, 회의를 마무리하는 상황에서는
"It's getting late. Let's wrap it up."이라고 해요. 다양한 문장을 통해 무엇을
wrap up할 수 있는지 알아보면 좋겠죠?

2. 원어민의 시각 보기 ☐

If you "wrap something up," then you complete it successfully. We usually need to wrap up things at the end of the day. This would include replying to emails, organizing papers, and turning off the computer. We can also wrap up things like contracts and other agreements.

wrap something up이라는 표현은 무언가를 성공적으로 완료한다는 의미예요. 우리는 보통 하루가 끝날 때 일을 마무리해야 해요. 여기에는 이메일 답장, 서류 정리, 컴퓨터 끄기 등이 포함돼요. 또한 계약서나 다른 합의 같은 것들도 wrap up할 수 있어요.

3. 짧은 문장으로 시작하기 ☐ **Short sentences**

My boss lets us **wrap** things **up** early on Fridays.
상사가 금요일은 일을 일찍 마치도록 한다.

The two countries are hoping to **wrap up** negotiations soon.
양국은 협상을 빨리 마무리할 수 있길 바라고 있다.

DIALOGUE
4. 대화로 반복하기 ☐

A   Thank you for coming to this meeting.
B   It was my pleasure. I'm glad we were able to come to an agreement.
A   Me, too. If there's nothing else, let's **wrap up** this meeting.
B   Sounds good. We'll be in touch.

A   회의에 참석해 주셔서 감사합니다.
B   당연히 와야죠. 합의점을 찾을 수 있어서 다행이에요.
A   저도요. 다른 사안이 없다면 이만 회의를 마치도록 하죠.
B   좋아요. 다음에 뵙겠습니다.

5. 토막글에서 반복 익히기 ☐ **Passage**

Last year, I really wanted to **wrap up** the year on a high note so I decided to go to Hawaii. I went skydiving, snorkeling, and even paragliding. It was such an amazing end to the year.

작년에 나는 정말 기분 좋게 한 해를 마무리하고 싶어서 하와이에 가기로 결정했다. 스카이다이빙, 스노클링, 패러글라이딩까지 했다. 정말 놀라운 한 해의 끝이었다.

6. 문답 퀴즈로 익히기 ☐ **Q & A**

Q   Imagine you are hosting a party with your friends. It's getting late, and you want people to go home. You decide to sing a song. What do you do?

A   I sing a song with my friends to _____ the party.

    Q   친구들과 함께 파티를 주최하고 있다고 상상해 보세요. 시간이 늦어졌고 사람들을 집에 보내고 싶습니다. 노래를 부르기로 결정합니다. 당신은 무엇을 하나요?

    A   파티를 마무리하기 위해 친구들과 함께 노래를 부른다.

Ans wrap up

251

settle down

take off

wrap up

아래의 빈 밑줄에
지문 내용에 알맞은
구동사의 결합을
써넣으세요.

Improving Myself After Work
퇴근 후 자기 계발하기

저는 빨리 자리 잡고 싶어서 퇴근 후 자기 계발에 시간을 보내요. 다행히 제가 일하는 스타트업이 최근에 성공해서 돈 걱정은 하지 않아도 돼요. 하지만 일 때문에 정말 바빠요. 직장에서 모든 일을 마무리한 후에 헬스장에 가요. 좋은 아빠가 되는 데 관심이 많아서 육아 책도 많이 읽고 있어요. 다음 달에 요리 수업을 들을까 생각 중이에요.

7. 동사를 채워 완성하기 ☐ **Fill in Verbs**

I spend time after work improving myself because I want to

_____ down soon. Luckily, the start-up I work at has

_____ off recently, so I don't have to worry about money.

However, I am really busy at work. After I _____ up everything

at work, I go to the gym. I'm really interested in being a good dad, so

I've been reading a lot of parenting books as well. I'm also thinking

about joining a cooking class next month.

8. 부사/전치사를 채워 완성하기 ☐ **Fill in Adverbs & Prepositions**

I spend time after work improving myself because I want to

settle _____ soon. Luckily, the start-up I work at has

taken _____ recently, so I don't have to worry about money.

However, I am really busy at work. After I wrap _____ everything

at work, I go to the gym. I'm really interested in being a good dad, so

I've been reading a lot of parenting books as well. I'm also thinking

about joining a cooking class next month.

Ans 7. settle, taken, wrap / 8. down, off, up

go through

go away

pass away

A few weeks ago, while I was shopping, my credit card didn't [   ]. I was so embarrassed when it happened that I just wanted to [   ]. However, it really got me thinking. I have to prepare for my retirement. I need to be able to afford an apartment and to pay for the necessities. I want to live a good life before I [   ]. It's time that I get my finances in order.

Learn fast with **YouTube**

GUIDES 30

1. 기본 설명 들어보기 ☐

go는 '가다'라는 뜻이고 through는 '~을 통해'라는 뜻이에요. 해외여행 갈 때 공항 검색대를 통과해야 하죠? 영어로는 "People are going through airport security."라고 해요. 이게 go through의 물리적인 의미예요. 이혼과 같은 힘든 시기를 겪을 때도 "She's going through a divorce."라고 써요. 이건 추상적인 의미로, 어려운 시기를 통과하며 겪고 있다는 뜻이죠. 끝으로 거래 등이 승인되거나 통과될 때도 go through를 사용해요. 예를 들어, 커피를 주문했는데 결제가 안 됐다면 "This card didn't go through."라고 하죠.

NATIVE'S
EXPLANATION

2. 원어민의 시각 보기 ☐

If something "goes through," then it is officially approved or completed. This is usually used when we talk about payments, but it can also be used for contracts or proposals. This means that both sides have accepted a deal. If something "doesn't go through," then it is rejected. It's very important for things to go through in a business setting.

무언가가 go through하는 건 공식적으로 승인되거나 완료되는 거예요. 이것은 보통 결제에 대해 이야기할 때 사용되지만, 계약서나 제안서에도 사용할 수 있어요. 이는 양쪽 모두가 거래를 수락했다는 뜻이에요. something doesn't go through 라고 하면 거절된 거예요. 비즈니스 환경에서는 무언가가 승인되는 것이 매우 중요해요.

3. 짧은 문장으로 시작하기 ☐ **Short sentences**

We need this deal to **go through** if we want to keep working here.
여기서 계속 일하려면 이 거래를 성공시켜야 해요.

The city council members said the proposal for a new department store was likely to **go through**.
시의회 의원들은 새 백화점 제안이 통과될 가능성이 높다고 말했다.

DIALOGUE

4. 대화로 반복하기 ☐

A   Your total is $22.15.
B   Here's my card.
A   I'm sorry, sir, but your card didn't **go through**.
B   Really? Let me see if I have another card with me.

A   다 해서 $22.15입니다.
B   여기 카드요.
A   죄송합니다만, 이 카드는 결제가 안 되네요.
B   정말요? 다른 카드가 있는지 찾아볼게요.

5. 토막글에서 반복 익히기 ☐ **Passage**

I can't believe the proposals for a tax increase **went through**. I feel like I'm already paying so many taxes. I'm seriously considering moving to another country.

세금 인상 제안이 통과된 것이 믿기지 않는다. 이미 많은 세금을 내고 있는 것 같다. 진지하게 다른 나라로 이주하는 것을 고려하고 있다.

6. 문답 퀴즈로 익히기 ☐ **Q & A**

Q   Imagine you're trying to buy something online. The bank freezes your card because it thinks you are a victim of fraud. You have to call your bank to sort the matter out. What happened to your purchase?

A   My online purchase didn't _____.

Q   온라인에서 뭔가를 사려고 한다고 상상해 보세요. 은행이 당신을 사기 피해자로 생각해서 카드를 정지시켰습니다. 문제를 해결하기 위해 은행에 전화를 해야 합니다. 당신의 구매는 어떻게 되었나요?

A   온라인 구매가 진행되지 않았다.

Ans go through

255

1. 기본 설명 들어보기 ☐

go는 '가다'란 뜻이고 away는 '떨어진, 멀어진'이란 뜻이에요. 현재 위치를 떠나
다른 곳으로 이동하는 거죠. 친구와 다투다가 가 버리라고 말하는 상황이라면
"I wish you would stop talking and go away."라고 해요. 인터넷을 사용하는데,
화면에 계속 광고가 뜨는 상황이라면 "This ad keeps popping up on the screen.
How do I make it go away?"라고 말하죠. 마지막으로 창문을 열었더니 냄새가 빠져나간
상황에서는 "The smell went away when I opened the window."라고 표현합니다.
무언가 사라지고 없어지는 go away의 뉘앙스를 기억하세요.

2. 원어민의 시각 보기 ☐

If we "go away," then we leave a place.
We use this when we move from one
place to another. If we tell someone to
"go away," then we want that person to
leave us alone. It can be quite rude to tell
someone to "go away." Sometimes we like
to go away and be by ourselves if we feel
overwhelmed.

go away라는 표현은 우리가 어떤 장소를
떠난다는 의미예요. 우리는 한 장소에서
다른 장소로 이동할 때 이 표현을 사용해요.
누군가에게 go away하라고 말하면, 그
사람이 우리를 혼자 두기를 바라는 거예요.
누군가에게 "Go away!"라고 말하는 것은
꽤 무례할 수 있어요. 때때로 우리는 압도감을
느낄 때 혼자 있고 싶고 떠나고 싶어해요.

3. 짧은 문장으로 시작하기 ☐ **Short sentences**

Don't **go away**. I've got a present for you.
가지 마. 너 주려고 선물을 가져왔어.

The pain in my leg didn't **go away** until I took some medicine.
내 다리의 통증은 약을 먹기 전까지 사라지지 않았다.

DIALOGUE

A I hate you! You're such a jerk!
B Can't we talk about this? You're being irrational.
A **Go away**! I never want to see you again.
B All right. I'll leave for now.

A 진짜 싫어! 넌 정말 나쁜 놈이야!
B 이것에 대해 얘기 좀 할 수 없을까? 너 지금 이성을 잃은 것 같아.
A 그냥 가! 다신 너 안 보고 싶어.
B 알았어. 일단 갈게.

5. 토막글에서 반복 익히기 ☐ **Passage**

My kids and I went to a farmers' market the other day.
I tried to get my children to play with the other kids, but they
wouldn't **go away** from me. I guess they're still pretty shy.

며칠 전에 아이들과 함께 농산물 시장에 갔다. 아이들에게 다른 아이들과 놀라고 했지만,
나에게서 떨어지지 않았다. 아직 많이 부끄러워하는 것 같다.

6. 문답 퀴즈로 익히기 ☐ **Q & A**

Q Imagine you are married. You have a fight with your spouse.
You need some time to think about what to do next. What
might you do?

A I decide to _____ and to spend some time by myself.

Q 결혼했다고 상상해 보세요. 배우자와 싸웠습니다. 다음에 무엇을 할지 생각할 시간이
필요합니다. 무엇을 할 수 있을까요?

A 나는 자리를 떠나 혼자만의 시간을 가지기로 했다.

Ans go away

257

1. 기본 설명 들어보기 ☐

pass의 기본 의미는 '지나가다'이고, away는 '멀리, 떨어진'이란 뜻이에요. 멀리 하늘나라로 떠나가신 상황이니 '돌아가시다', 즉 '죽다'의 의미로 쓰일 수 있죠. 이 표현은 die와 같은 뜻이지만, 덜 직접적이고 공손한 뉘앙스를 가지고 있어요. 그래서 가족 중에서 사망한 상황을 언급할 때는 대개 pass away를 사용해요. 할아버지가 돌아가셨다면 "My grandfather passed away last night."이라고 말할 수 있어요. 2009년에 '팝의 황제' 마이클 잭슨이 사망했을 때도 "In 2009, Michael Jackson passed away."라고 부드럽게 표현했네요.

2. 원어민의 시각 보기 ☐

"Pass away" is a polite expression used instead of the word "die." It can feel quite harsh or rude to say that someone we know has died. Instead, we can say that the person has "passed away." We might also use this for a beloved pet. If you just say that someone's grandma has died, people might find you rude.

pass away는 die라는 단어 대신 사용되는 정중한 표현이에요. 아는 사람이 죽었다고 말하는 것은 꽤 가혹하거나 무례하게 느껴질 수 있어요. 대신에 우리는 그 사람이 pass away했다고 말할 수 있어요. 이 표현은 사랑하는 반려동물에 대해서도 사용할 수 있어요. 만약 누군가의 할머니가 죽었다(= die)고 그냥 말하면, 사람들은 당신을 무례하게 여길 수 있어요.

3. 짧은 문장으로 시작하기 ☐ **Short sentences**

Even when I **pass away**, my stories will live on.
내가 세상을 떠나도 내 이야기는 계속될 것이다.

I was worried that my grandma would **pass away** from her disease.
할머니가 질병으로 돌아가실까 봐 걱정됐다.

DIALOGUE

4. 대화로 반복하기 ☐

A   I was so sorry to hear about your loss.
B   Thank you. It has been a difficult time for me.
A   It's so hard when our loved ones **pass away**.
B   That is very true.

A   고인 소식은 정말 유감입니다.
B   고마워요. 힘든 시간이네요.
A   사랑하는 사람이 떠나는 건 정말 괴로운 일이에요.
B   정말 그렇더라고요.

5. 토막글에서 반복 익히기 ☐ **Passage**

My beloved parrot **passed away** last week. She had been my pet for many years. My house is so much quieter without her.

사랑하는 앵무새가 지난주에 죽었다. 그녀는 오랫동안 나의 반려동물이었다. 그녀가 없으니 집이 훨씬 조용하다.

6. 문답 퀴즈로 익히기 ☐ **Q & A**

Q   Imagine that you come home from work, and the police are at your neighbor's house. You wonder why they would be there. It turns out that your neighbor died. What might you say about this situation?

A   I never expected my neighbor to _____ so suddenly.

Q   직장에서 집에 돌아왔는데 경찰이 이웃집에 와 있는 걸 상상해 보세요. 왜 그들이 거기 있는지 궁금합니다. 알고 보니 이웃이 죽었어요. 이 상황에 대해 뭐라고 말할 수 있을까요?

A   이웃이 이렇게 갑자기 세상을 떠날 줄은 몰랐다.

go through

go away

pass away

아래의 빈 밑줄에
지문 내용에 알맞은
구동사의 결합을
써넣으세요.

Preparing for Retirement
은퇴 준비

몇 주 전에 쇼핑을 하던 중 제 신용카드 결제가 승인되지 않았어요. 그 일이 일어
났을 때 너무 창피해서 그냥 사라지고 싶었어요. 하지만 그 일로 정말 많은 생각을
하게 되었어요. 은퇴를 준비해야 해요. 아파트를 마련하고 생활 필수품을 살 수 있
는 재정적 준비가 필요해요. 죽기 전에 좋은 삶을 살고 싶어요. 이제 재정을 정리할
때가 된 것 같아요.

7. 동사를 채워 완성하기 ☐ **Fill in Verbs**

A few weeks ago, while I was shopping, my credit card didn't

_____ through. I was so embarrassed when it happened that

I just wanted to _____ away. However, it really got me thinking.

I have to prepare for my retirement. I need to be able to afford an

apartment and to pay for the necessities. I want to live a good life

before I _____ away. It's time that I get my finances in order.

8. 부사/전치사를 채워 완성하기 ☐ **Fill in Adverbs & Prepositions**

A few weeks ago, while I was shopping, my credit card didn't

go _____. I was so embarrassed when it happened that

I just wanted to go _____. However, it really got me thinking.

I have to prepare for my retirement. I need to be able to afford an

apartment and to pay for the necessities. I want to live a good life

before I pass _____. It's time that I get my finances in order.

Ans 7. go, go, pass / 8. through, away, away

PART 4

기타 일상에 대해
말할 때 쓰는 영어 구동사

get to
---
carry on
---
get over

Sometimes my coworkers really ⬚⬚⬚⬚⬚⬚⬚ me. One coworker in particular often asks for my help but never listens to my advice. My husband has told me just to ⬚⬚⬚⬚⬚⬚⬚ doing my own work. So I've tried to relax in the office by taking deep breaths. Doing that helps me ⬚⬚⬚⬚⬚⬚⬚ any stress I have. I think I'm getting better at handling stress these days.

Learn fast with **youTube**

GUIDES 31

PANIC
PANIC
PANIC

1. 기본 설명 들어보기

get만큼 다양한 뜻을 가진 동사는 드물 거예요. 'get to + 사람'은 무언가가 그 사람을 '귀찮게 하다, 거슬리게 하다'란 뜻이 돼요. 비슷한 단어로는 bother, annoy 등이 있어요. 예를 들어 비행기 시간이 지연되면 짜증이 날 수 있죠. 영어로는 "All these delays are starting to get to me."라고 해요. 사람 때문에 거슬리는 상황이라면 "My students are really starting to get to me."라고 할 수 있어요. get to에 이런 뜻이 있어서 당황하셨나요? 오히려 아는 단어의 새로운 뜻을 발견하는 순간이야말로 영어가 늘고 있다는 신호랍니다!

2. 원어민의 시각 보기

If someone "gets to" you, then that person annoys you or makes you feel angry or upset. This usually happens after a period of time. For example, a coworker who constantly asks you questions might start to "get to" you after a while. Sometimes we can't control ourselves when someone gets to us, so we might shout at them or argue with that person. We need to find a way to calm down when someone is getting to us.

누군가가 당신을 get to하게 한다는 건 그 사람이 짜증 나게 하거나 화나게 한다는 의미예요. 이것은 보통 일정 시간이 지난 후에 발생해요. 예를 들어, 계속해서 질문을 하는 직장 동료가 시간이 지나면 당신을 짜증 나게 할 수 있어요. 때때로 누군가가 우리를 짜증 나게 할 때, 우리는 자신을 제어하지 못하고 그 사람에게 소리치거나 말다툼을 할 수 있어요. 누군가가 우리를 짜증 나게 할 때 마음을 진정시키는 방법을 찾아야 해요.

3. 짧은 문장으로 시작하기 ☐ **Short sentences**

This rainy weather is really starting to **get to** me.
비 오는 날씨가 정말 짜증이 나기 시작한다.

I know she can be rude, but don't let her **get to** you.
걔가 원래 무례한 건 아는데, 그렇게 널 괴롭히게 두지는 마.

DIALOGUE

4. 대화로 반복하기 ☐

A   Will you look at this message my friend sent me?
B   What's wrong with it?
A   I don't know, but something about it is really **getting to** me.
B   I guess the tone sounds a little sarcastic.

A   친구가 메시지를 보냈는데, 좀 봐 줄래?
B   뭐가 문젠데?
A   모르겠어. 뭔지 모르겠지만 많이 거슬리네.
B   말투가 좀 비꼬는 것 같긴 하다.

5. 토막글에서 반복 익히기 ☐ **Passage**

The other day, I shouted at my husband. I'm pregnant,
and we're moving soon, so I think everything **got to** me
all at once. I've since apologized for my outburst.

며칠 전에 남편에게 소리를 질렀다. 나는 임신 중이고 곧 이사도 가야 해서 모든 것이
한꺼번에 나에게 부담이 된 것 같다. 그 후로 내 폭발에 대해 사과했다.

6. 문답 퀴즈로 익히기 ☐ **Q & A**

Q   Imagine you have a friend who was promoted very quickly.
He's making a lot of money, but he's very stressed. One day,
he shouts at his boss and quits. What happened to your friend?

A   The pressure of his job finally _____ him.

Q   당신의 친구가 매우 빠르게 승진했다고 상상해 보세요. 그는 많은 돈을 벌고 있지만,
매우 스트레스를 받고 있어요. 어느 날, 그는 상사에게 소리를 지르고 그만둡니다.
당신의 친구에게 무슨 일이 일어났나요?

A   업무에 대한 압박감이 결국 친구를 괴롭게 했다.

Ans got to

1. 기본 설명 들어보기 ☐

carry는 '들고 있다, 가지고 다니다'란 뜻이 있고, on은 '접촉, 계속'이란 뜻이에요.
'계속 가지고 다니다'란 물리적인 뜻이 '무언가를 계속하다'란 추상적인 뜻으로 확장돼요.
한 단어로는 continue가 되죠. 예를 들어, 회의 중에 공지 사항을 전달한 후 "Please carry on."
이라고 말할 수 있어요. 또, 노트북만 있으면 어디서든 일을 계속할 수 있는 상황에서는 "As
long as you have a laptop, you can carry on with your work no matter where you are." 라고
할 수 있어요. 참고로 carry on 뒤에 바로 단어가 올 수도 있고, with를 붙여 주기도 해요.

2. 원어민의 시각 보기 ☐

If we "carry on" with something, then we
continue doing that activity. We often
use this when we've been interrupted.
For example, if a phone call interrupts a
conversation, we might say that we need
to carry on with our conversation later.
This means that we can resume talking
to the other person after the phone call.

carry on이라는 표현은 우리가 어떤
활동을 계속한다는 의미예요.
우리는 종종 방해를 받았을 때
이 표현을 사용해요. 예를 들어,
전화 통화가 대화를 방해하면, 우리는
나중에 대화를 이어 가자고 말할 수 있어요.
이는 전화 통화가 끝난 후에 다시 대화를
재개할 수 있다는 의미예요.

3. 짧은 문장으로 시작하기 ☐ **Short sentences**

Just **carry on** with your homework and ignore the other kids.
그냥 숙제를 계속하고 다른 애들 신경 쓰지 마.

My grandma asked me to **carry on** my family's Christmas tradition.
할머니께서는 우리 가족의 크리스마스 전통을 이어 가라고 하셨다.

DIALOGUE

4. 대화로 반복하기 ☐

A Don't you think you should stop drinking so much?
B What? Why should I stop drinking?
A If you **carry on** drinking like that, you're going to end up sick.
B I'll be okay. I have a strong liver.

A 술 좀 그만 마셔야 하지 않겠어?
B 뭐? 왜 술을 끊어야 하는데?
A 계속 그렇게 마시다간, 병에 걸리고 말 거야.
B 괜찮을 거야. 내 간은 튼튼하거든.

5. 토막글에서 반복 익히기 ☐ **Passage**

I was surprised to hear that our government hasn't reached an agreement with China yet. I heard the two nations will **carry on** negotiations next week. I hope they sign a deal soon.

우리 정부가 아직 중국과 합의에 도달하지 못했다는 소식을 듣고 놀랐다. 두 나라가 다음 주에 협상을 계속할 것이라고 들었다. 빨리 합의에 도달하기를 바란다.

6. 문답 퀴즈로 익히기 ☐ **Q & A**

Q Imagine your boss needs to go away on a business trip. He wants everyone to continue working as usual. He says he will check in on everyone while he is away. What does your boss want you to do?

A My boss wants me to _____ with my work as usual.

Q 상사가 출장을 가야 한다고 상상해 보세요. 그는 직원들이 평소처럼 계속 일하길 원합니다. 출장 간 동안 모든 직원을 확인하겠다고 하네요. 상사는 당신이 어떻게 하길 바라나요?

A 상사는 내가 평소처럼 업무를 계속하길 바란다.

1. 기본 설명 들어보기 ☐

get over의 물리적인 의미는 '장애물을 뛰어넘다'란 뜻이고, 비유적인 의미는 '어려움을 극복하다'란 뜻이에요. 어릴 적 개에게 물린 적이 있어서 개를 무서워했던 사람이 성인이 되어 자연스럽게 이를 극복했다면 영어로는 "I got over my fear of big dogs."라고 해요. 쉽게 말해, 개를 무서워하는 마음이 '장애물'인데, 그걸 뛰어넘어 '극복하다'란 의미가 된 셈이죠. 영화 〈500일의 썸머〉에서 남자 주인공이 "I don't want to get over her. I want to get her back."이라고 말하는데요, 여자 주인공과 끝내기 싫고 어떻게든 붙잡고 싶다는 뜻이에요.

2. 원어민의 시각 보기 ☐

"Get over" means to feel better after something bad happens. It can be about getting well after being sick, like getting over a cold. It also means feeling better after something sad, like a breakup. When you "get over" something, you stop feeling bad about it. For example, after losing a game, you need to get over it and think about the next one.

get over라는 표현은 나쁜 일이 일어난 후에 기분이 나아지는 것을 의미해요. 이것은 감기와 같은 병을 앓은 후에 낫는 것에 대해 말할 때 사용할 수 있어요. 또한, 이 표현은 이별과 같은 슬픈 일이 있은 후에 기분이 나아지는 것을 의미하기도 해요. get over는 무언가에 대해 더 이상 기분이 나쁘지 않게 되는 것을 의미해요. 예를 들어 경기에서 진 후에, 그것을 털어 버리고 다음 경기에 대해 생각해야 해요.

3. 짧은 문장으로 시작하기 ☐ **Short sentences**

I can't **get over** how rude our server was!
우리 서버가 너무 무례하게 굴어서 넘어갈 수가 없어요!

Stop dwelling on your mistakes. Just **get over** it already.
실수에 연연하지 마. 얼른 훌훌 털어 버려.

DIALOGUE

A   I'm worried about my son moving at such a young age.
B   Don't worry. He'll **get over** it.
A   Won't he miss his old friends?
B   He'll make new ones. Kids are good at that.

A   아들이 너무 어릴 때 이사하는 게 걱정이야.
B   걱정하지 마. 그 애는 잘 이겨낼 거야.
A   옛 친구들을 그리워하진 않을까?
B   새로운 친구들을 사귀겠지. 애들은 그런 거 잘하잖아.

5. 토막글에서 반복 익히기 ☐ **Passage**

I was talking to my husband about my horrible boss last week. She always yells at us and constantly demands that we hurry up. My husband just said I needed to **get over** it.

지난주에 남편에게 끔찍한 상사에 대해 이야기했다. 그녀는 항상 우리에게 소리를 지르고 빨리 하라고 끊임없이 요구한다. 남편은 그냥 내가 이 상황을 극복해야 한다고 말했다.

6. 문답 퀴즈로 익히기 ☐ **Q & A**

Q   Imagine your partner cheated on you. You tried to forgive her and stay with her, but you couldn't stop thinking about it. You're probably going to break up with her. What happened to you?

A   I couldn't _____ the fact that my partner cheated on me.

Q   파트너가 바람을 피웠다고 상상해 보세요. 용서하고 함께 지내려고 애썼지만, 떠오르는 생각을 멈출 수 없었어요. 관계를 정리해야 할 것 같아요. 무슨 일이 일어났나요?

A   파트너가 바람피웠다는 사실을 그냥 넘길 수 없었다.

Ans **get over**

269

get to
_____

carry on
_____

get over
_____

아래의 빈 밑줄에
지문 내용에 알맞은
구동사의 결합을
써넣으세요.

Managing Stress and Building Resilience
스트레스 관리와 회복력 키우기

때때로 제 직장 동료들이 정말 짜증 나게 해요. 특히 한 동료는 자주 제 도움을 요청하지만 제 조언을 전혀 듣지 않아요. 남편은 그냥 제 일이나 계속 하라고 말했어요. 그래서 저는 사무실에서 심호흡을 하면서 마음을 진정시키려고 했어요. 그렇게 하면 스트레스를 극복하는 데 도움이 돼요. 요즘 스트레스를 다루는 능력이 점점 더 나아지고 있는 것 같아요.

---

7. 동사를 채워 완성하기 ☐ **Fill in Verbs**

Sometimes my coworkers really _____ to me. One coworker

in particular often asks for my help but never listens to my advice.

My husband has told me just to _____ on doing my own

work. So I've tried to relax in the office by taking deep breaths. Doing

that helps me _____ over any stress I have. I think I'm

getting better at handling stress these days.

---

8. 부사/전치사를 채워 완성하기 ☐ **Fill in Adverbs & Prepositions**

Sometimes my coworkers really get _____ me. One coworker

in particular often asks for my help but never listens to my advice.

My husband has told me just to carry _____ doing my own

work. So I've tried to relax in the office by taking deep breaths. Doing

that helps me get _____ any stress I have. I think I'm

getting better at handling stress these days.

go against
---
hold back
---
run out of

I love wearing makeup, and I don't [   ]
when it comes to trying something new. I
enjoy experimenting with different shades
and styles. However, I do my best not to
[   ] trends. I still want to look
fashionable when I wear makeup. Since I use
so many different kinds of makeup, I feel like
I'll never [   ] options. It's so fun to try
a new look every day.

Learn fast
with
YouTube

GUIDES 32

go는 '가다'란 뜻이고, against는 '~에 반대하여, 거스르는'이란 뜻이에요. 즉, 무엇에 '맞서거나 반대하거나 어긋나는 쪽으로 가다'라는 의미가 돼요. 그래서 법에 어긋나는 행동은 "That goes against the law."라고 해요. 또 다른 예로, 양심에 꺼릴 만한 짓은 하지 않겠다는 다짐을 영어로 옮기면 "I won't do anything that goes against my conscience."가 되죠. 끝으로, 나의 생각이 다른 사람의 생각과 달랐다면 "My idea went against what most people thought."라고 할 수 있어요. 이 구동사의 핵심은 '거스르다'란 뜻의 against에 있어요!

When you "go against" something, then you do the opposite of what others expect. You oppose others or disagree with their opinions. People who "go against" your values believe the opposite of what you believe. If you "go against" the norm, then you do something your own way. This expression can be used in both positive and negative situations.

go against라는 표현은 다른 사람들이 기대하는 것의 반대 행동을 한다는 의미예요. 이는 다른 사람들의 의견에 반대하거나 동의하지 않는 것을 말해요. 당신의 가치관에 go against하는 사람들은 당신이 믿는 것의 반대를 믿는 거예요. 만약 당신이 일반적인 규범에 go against한다면, 당신은 자신만의 방식으로 무언가를 하는 거예요. 이 표현은 긍정적이거나 부정적인 상황 모두에서 사용할 수 있어요.

3. 짧은 문장으로 시작하기 ☐ **Short sentences**

She would never **go against** her parents' wishes.
그녀는 부모님 뜻을 거스르지 않을 것이다.

This law **goes against** my principles, so I can't follow it.
이 법은 내 원칙에 어긋나기 때문에 따를 수 없다.

DIALOGUE

A I think I will vote for the opposition party this year.
B But that **goes against** everything you believe in!
A I know, but the party I usually support hasn't been able to accomplish anything.
B Hopefully, the newly elected officials will be more productive.

A 난 올해 야당에 투표할 것 같아.
B 그건 네 신념에 완전히 반하는 거잖아!
A 알지. 하지만 평소 지지하던 정당이 제대로 한 일이 아무것도 없잖아.
B 새로 선출된 공직자들은 더 일을 잘하는 사람이었으면 좋겠다.

5. 토막글에서 반복 익히기 ☐ **Passage**

When I was a child, I was always afraid to **go against** the rules. I hated the idea of being caught or being seen as a bad kid. Even today, I prefer to follow the rules closely.

어릴 때 나는 항상 규칙을 어기는 것이 두려웠다. 걸리거나 나쁜 아이로 보이는 것이 싫었다. 심지어 지금도 규칙을 철저히 따르는 것을 선호한다.

6. 문답 퀴즈로 익히기 ☐ **Q & A**

Q Imagine you're a celebrity. You have to be very careful about what you post online. You don't want to share anything controversial. How do you post online?

A I try not to post anything that _____ public opinion.

Q 당신이 유명인이라고 상상해 보세요. 온라인에 게시하는 것에 대해 매우 조심해야 합니다. 논란이 될 만한 것은 공유하고 싶지 않습니다. 온라인 포스팅을 어떻게 하나요?

A 여론에 어긋나는 글은 올리지 않으려고 노력한다.

1. 기본 설명 들어보기

앞으로 나아가려는 사람을 못 가게 잡아 두는 이미지가 hold back의 핵심 뉘앙스예요.
이런 기본 의미에서 출발해 '주저하다, 망설이다, 방해하다' 등 다양한 의미로 확장되죠.
예를 들어, 정보를 남에게 알려 주지 않고 혼자만 알고 있는 상황이라면 "He's holding back
some information."이라고 해요. 웃긴 상황에서 웃음을 참느라 애를 먹었다면 "She struggled
to hold back her laughter."라고 할 수 있어요. 또한, 다음 학년으로 올라가지 못해
유급된 상황에 대해서도 hold back을 사용해요. "He was held back a grade because
he didn't pass the exams."라고 할 수 있어요.

2. 원어민의 시각 보기

When we "hold back," we hesitate to do something or stop ourselves from doing something. We usually do this because we're unsure that it's the right thing to do. If others hold us back, they try to stop us from doing something or from changing, moving, or developing. It often takes a lot of self-control to hold ourselves back.

hold back이라는 표현은 무언가를 하기를 주저하거나 스스로를 멈추는 것을 의미해요. 보통 우리가 이것이 옳은 일인지 확신하지 못하기 때문에 그렇게 해요. 다른 사람들이 우리를 hold back하면, 그들은 우리가 무언가를 하거나 변화하거나, 이동하거나, 발전하는 것을 막으려고 하는 거예요. 스스로를 hold back하는 것은 종종 많은 자제력을 필요로 해요.

3. 짧은 문장으로 시작하기 ☐ **Short sentences**

She was **held back** from advancing to the next grade.
그녀는 다음 학년으로 올라가지 못하고 유급되었다.

He often **held back** the truth because he was embarrassed.
그는 창피해서 진실을 숨기는 경우가 많았다.

DIALOGUE

A　Did you see John shouting at Mark?
B　Yes, I guess he couldn't **hold back** his anger anymore.
A　I know Mark can be annoying, but that seemed a little overboard.
B　I think John was sick and tired of Mark.

A　John이 Mark한테 소리 지르는 거 봤어?
B　응. 더는 화를 참을 수 없었던 것 같아.
A　Mark가 짜증 나는 건 맞지만, 좀 지나쳤던 것 같아.
B　John이 Mark한테 완전히 학을 뗀 것 같아.

5. 토막글에서 반복 익히기 ☐ **Passage**

I went to do karaoke with my friends last weekend.
I really wanted to sing, but I **held back**. I wasn't sure I
could sing as well as my friends.

지난 주말에 친구들과 함께 노래방에 갔다. 정말 노래를 부르고 싶었지만,
참았다. 친구들만큼 잘 부를 수 있을지 확신이 서지 않았다.

6. 문답 퀴즈로 익히기 ☐ **Q & A**

Q　Imagine you were in a meeting. You wanted to share your
　　thoughts, but you are a little shy. You didn't want your boss to
　　think you're stupid. What did you do?

A　I was going to say something, but I ＿＿＿＿＿＿ my opinions.

　Q　회의에 참석했다고 상상해 보세요. 당신은 자신의 생각을 공유하고 싶었지만,
　　　약간 부끄러웠습니다. 상사가 당신을 바보라고 생각할까 봐 걱정되었습니다.
　　　당신은 무엇을 했나요?

　A　뭔가 말하려고 했지만, 의견 개진을 참았다.

Ans held back

275

run out of는 '다 써서 더는 남아 있지 않다'는 뜻이에요. 여기서 run은 '달리다'가 아닌
'~이 되다'라는 become의 뜻으로 쓰였죠. 남아 있지 않은 대상에 쓰일 수 있는 단어는
무궁무진해요. 가장 흔한 조합은 '시간'이에요. "I ran out of time and couldn't finish the
test."는 시간이 부족해서 시험 문제를 끝까지 풀지 못한 상황을 나타내죠.
떨어진 대상을 주어로 잡아 of를 쓰지 않고 run out으로 마무리할 수도 있어요.
예를 들어, 휴대전화 배터리가 떨어지기 전에 충전해야 한다면
"I need to charge my phone before the battery runs out."이라고 할 수 있어요.

When we "run out of" something, we use it all up. We finish, use, or sell all of it so that there's nothing left. We often run out of supplies at home such as dish soap and toilet paper. A store might run out of a particularly popular item. Some people like to stock up on things to avoid running out of it.

run out of라는 표현은 무언가를 다 써 버린다는 의미예요. 즉, 그것을 모두 사용하거나 판매해서 아무것도 남지 않은 것을 말해요. 종종 집에서 주방 세제나 화장지 같은 물품이 떨어질 때가 있어요. 가게에서는 특히 인기 있는 상품이 품절될 수 있어요. 어떤 사람들은 무언가가 떨어지지 않도록 미리 많이 사 두는 것을 좋아해요.

3. 짧은 문장으로 시작하기 ☐ **Short sentences**

Experts have said that we're going to **run out of** oil for years.
전문가들은 수년 동안 석유가 고갈될 것이라고 말해 왔다.

These days, I feel like I'm **running out of** ideas at work.
요즘 직장에서 아이디어가 점점 바닥나는 것 같아.

DIALOGUE

4. 대화로 반복하기 ☐

A   Honey, we've **run out of** milk.
B   Okay. I'll pick some up on my way home from work today.
A   Could you get some peanut butter as well?
B   Sure. I'll add it to the list.

A   여보, 우유가 다 떨어졌어.
B   알았어. 오늘 퇴근길에 사 올게.
A   땅콩버터도 좀 사다 줄 수 있어?
B   그럼. 장보기 목록에 추가할게.

5. 토막글에서 반복 익히기 ☐ **Passage**

I went on a trip around the world a few years ago. I decided
I was going to keep traveling until I **ran out of** money. I made
it to about 30 countries before I had to go home.

몇 년 전에 세계 일주 여행을 했다. 돈이 다 떨어질 때까지 여행을 계속하기로 결심했다.
집에 돌아가기 전에 약 30개국을 여행했다.

6. 문답 퀴즈로 익히기 ☐ **Q & A**

Q   Imagine a bakery is having a sale on bagels. You try to get
there early, but there's already a line. By the time it's your turn,
no more bagels are left. What happened?

A   The bakery _____ bagels.

Q   빵집에서 베이글 세일을 하고 있다고 상상해 보세요. 일찍 가려고 했지만, 이미 줄이
서 있었습니다. 당신 차례가 되었을 때, 더 이상 남은 베이글이 없었습니다.
무슨 일이 일어났나요?

A   빵집에 베이글이 다 떨어졌다.

Ans ran out of

Wearing Makeup
화장하기

아래의 빈 밑줄에 지문 내용에 알맞은 구동사의 결합을 써넣으세요.

저는 화장하는 것을 좋아하고, 새로운 것을 시도하는 데 있어서 주저하지 않아요. 다양한 색상과 스타일을 실험하는 것을 즐겨요. 하지만 트렌드를 거스르지 않으려고 최선을 다해요. 화장을 할 때 여전히 유행에 맞게 보이고 싶거든요. 여러 종류의 화장품을 사용하기 때문에 선택의 폭이 줄어들지 않을 것 같아요. 매일 새로운 모습을 시도하는 것이 정말 재미있어요.

7. 동사를 채워 완성하기 ☐ **Fill in Verbs**

I love wearing makeup, and I don't _____ back when it comes to trying something new. I enjoy experimenting with different shades and styles. However, I do my best not to _____ against trends. I still want to look fashionable when I wear makeup. Since I use so many different kinds of makeup, I feel like I'll never _____ out of options. It's so fun to try a new look every day.

8. 부사/전치사를 채워 완성하기 ☐ **Fill in Adverbs & Prepositions**

I love wearing makeup, and I don't hold _____ when it comes to trying something new. I enjoy experimenting with different shades and styles. However, I do my best not to go _____ trends. I still want to look fashionable when I wear makeup. Since I use so many different kinds of makeup, I feel like I'll never run _____ options. It's so fun to try a new look every day.

Ans 7. hold, go, run / 8. back, against, out of

pass around

---

stock up on

---

make up for

My coworkers have been [   ] a cold at work. Due to this, I've [   ] cold medicine at home. When I get sick, I like to take cold medicine and drink hot tea. I also try to take vitamin C more often. I even took a day off from work to rest and recover. Unfortunately, I then had to [   ] the time off by staying late at work last night. Luckily, I think I'm finally starting to feel better.

Learn fast with **YouTube**

GUIDES 33

1. 기본 설명 들어보기 ☐

pass는 무언가를 '건네주다'란 뜻이에요. around는 '주변에, 여기저기'란 뜻이죠. 유인물을 건넨 후에 학생들에게 돌려서 나눠 가지라고 해야 되겠죠? 영어로는 "Can you pass these handouts around?"라고 해요. 쿠키 같은 음식도 pass around할 수 있어요. 저녁 식사 후 디저트로 쿠키를 나눠 준다면 "We'll pass around the cookies after dinner."라고 할 수 있죠. 감기나 바이러스 같은 옮길 수 있는 병에도 pass around를 써요. 구동사 뜻만 외워서는 실전에서 쓰기 어려우니 늘 무엇을 pass around할 수 있는지도 주목해 주세요.

2. 원어민의 시각 보기 ☐

If a group of people "pass something around," then they take turns having that thing and giving it to the next person. Everyone gets some time with it before they give it to the next person. It can be something such as an illness or an object. We often have to pass documents around for each group member to sign.

pass something around라는 표현은 한 그룹의 사람들이 그 물건을 차례로 가지고 다음 사람에게 넘겨준다는 의미예요. 모든 사람이 그것을 얼마간 가지고 있다가 다음 사람에게 넘겨주는 거예요. 이것은 질병이나 물건과 같은 것이 될 수 있어요. 우리는 종종 각 그룹 구성원이 서명할 수 있도록 문서를 돌려야 해요.

3. 짧은 문장으로 시작하기 ☐ **Short sentences**

My mom likes to **pass around** family photos at parties.
우리 엄마는 파티에서 가족사진 돌려 보는 걸 좋아한다.

The underage students **passed around** the fake ID to buy alcohol.
그 미성년자 학생들은 술을 사려고 위조 신분증을 돌려 썼다.

DIALOGUE

4. 대화로 반복하기 ☐

A   I'll be **passing around** a sign-up sheet for this weekend.
B   What are we signing up for?
A   It's for our annual picnic. We need help running different activities.
B   That's right. I love that picnic.

A   이번 주말에 참가 신청서를 나눠 드릴게요.
B   뭘 신청하는 거예요?
A   매년 가는 야유회 관련한 거예요. 여러 활동을 진행하려면 도움이 필요해요.
B   그렇군요. 저도 그 야유회 좋아해요.

5. 토막글에서 반복 익히기 ☐ **Passage**

I really hate traveling by plane. It's very easy for
infectious diseases to be **passed around** then. I always
wear a mask when I fly.

나는 비행기로 여행하는 것을 정말 싫어한다. 비행기 안에서는 전염병이 쉽게
전파된다. 나는 비행기를 탈 때 항상 마스크를 착용한다.

6. 문답 퀴즈로 익히기 ☐ **Q & A**

Q   Imagine one of your coworkers has been sick for weeks. The
office manager buys a get-well card for everyone to sign. She
asks everyone to write a short message to your coworker. What
did your office manager do?

A   My office manager _____ a get-well card for
everyone to sign.

Q   동료 중 한 명이 몇 주 동안 아팠다고 상상해 보세요. 사무실 매니저가 직원들이
쾌유를 기원하는 메시지를 적을 수 있는 카드를 샀습니다. 모두에게 동료를 위한
간단한 메시지를 적어 달라고 요청했어요. 사무실 매니저가 무엇을 했나요?

A   사무실 매니저는 모두가 쾌유를 비는 메시지를 쓸 수 있도록 카드를 돌렸다.

Ans passed around

281

1. 기본 설명 들어보기　☐

stock에는 '재고품'이란 뜻이 있어요. 그래서 물건을 쌓아 두고 저장한다는 의미를 stock up on 으로 표현하죠. 당장 쓸모가 없더라도 나중을 위해 비축한다는 뉘앙스가 들어 있어요. 예를 들어, 생수를 여러 통 샀던 기억이 있을 거예요. 영어로는 "I stocked up on water."가 되죠. 할인마트에서 식료품을 대량으로 구매할 때도 있죠? "They stock up on food and drinks at discount stores."라고 해요. 참고로 떨어지기 전에 미리 사 두려는 관점에서 보면 stock up on의 반대말은 run out of로 볼 수 있어요. 연결해서 기억하세요!

2. 원어민의 시각 보기　☐

When we "stock up on" something, we buy a lot of it to have enough in the future. We often stock up on supplies such as batteries, candles, and canned food. People who have storm shelters have to stock up on things. During the recent pandemic, a lot of people stocked up on food and water. We stock up on things so that we won't run out of them later.

stock up on이라는 표현은 미래에 충분히 사용하기 위해 어떤 것을 많이 사 둔다는 의미예요. 우리는 종종 건전지, 양초, 통조림 식품 같은 물품을 비축해요. 폭풍 대피소를 가진 사람들은 물품을 비축해야 해요. 최근 팬데믹 동안 많은 사람들이 식품과 물을 비축했어요. 우리는 나중에 그것들이 떨어지지 않도록 물품을 비축해요.

3. 짧은 문장으로 시작하기 ☐ **Short sentences**

Make sure you **stock up on** sunscreen before your vacation.
휴가 가기 전에 선크림을 충분히 챙겨.

We went to the store to **stock up on** provisions before the storm.
태풍이 오기 전에 식량을 비축해 두려고 마트에 갔다.

DIALOGUE

A   I heard gas prices are going to skyrocket.
B   I had better **stock up** then.
A   I always keep an extra gallon of gas in my garage.
B   I'm going to try to buy as much as possible.

A   기름값이 곧 치솟을 거라던데.
B   그러면 비축해 놔야겠다.
A   난 항상 창고에 여분의 기름을 보관해 놔.
B   나도 최대한 많이 사 놔야겠어.

5. 토막글에서 반복 익히기 ☐ **Passage**

I'm hosting a party next weekend. I went to the store to
stock up on snacks and drinks. Unfortunately, my favorite
chips were sold out, so I had to buy a different brand.

다음 주말에 파티를 주최할 예정이다. 간식과 음료를 사기 위해 가게에 갔다. 불행히도
내가 좋아하는 과자가 매진되어서 다른 브랜드를 사야 했다.

6. 문답 퀴즈로 익히기 ☐ **Q & A**

Q   Imagine you are traveling internationally. You decide to buy a
couple of bottles of alcohol tax-free. You want to buy them at a
discount. What do you do?

A   I decide to _____ alcohol because it is so cheap.

Q   국제 여행을 하고 있다고 상상해 보세요. 세금이 면제된 술을 몇 병 사기로 결정했습니다.
할인가에 사고 싶습니다. 당신은 무엇을 하나요?

A   술이 너무 싸서 많이 사 두기로 했다.

Ans stock up on

283

1. 기본 설명 들어보기

make up for를 이해하는 핵심 키워드는 '균형'이에요. 모자란 한쪽을 다른 쪽에서 메꿔
보완하는 거죠. 예를 들어, 아내의 생일을 깜빡 잊어버린 것을 만회하기 위해
비싼 반지를 준비했다면 영어로 "I hope this ring makes up for forgetting your birthday."
라고 할 수 있어요. 비가 내려서 놀이공원에 못 간 대신 영화를 보러 가서 아쉬움을
달랬을 때도 이 표현을 쓸 수 있죠.
"We made up for it by going to the movies." 라고 해요.

2. 원어민의 시각 보기

When we "make up for" something, we replace a thing that was lost, stolen, or lacking. Usually, we use this phrase when we make a mistake. If we do something wrong, we need to make up for it. We should provide or do something good to replace the thing that was lost. We can use this expression when we need to compensate for something.

make up for라는 표현은 잃어버리거나 도난당하거나 부족한 것을 보충한다는 의미예요. 보통 우리가 실수를 했을 때 이 표현을 사용해요.
잘못을 저질렀다면, 그것을 만회해야 해요. 잃어버린 것을 대신할 좋은 무언가를 제공하거나 해야 해요. 우리는 이 표현을 뭔가를 보상해야 할 때 사용할 수 있어요.

3. 짧은 문장으로 시작하기 [ ] **Short sentences**

His hard work **makes up for** his lack of talent.
그는 부족한 재능을 노력으로 채운다.

We fell behind schedule, so now we have to **make up for** lost time.
일정이 밀려서 이제 허비한 시간을 만회해야 한다.

DIALOGUE

A   I want to apologize for my behavior yesterday.
B   You were pretty rude.
A   Is there anything I can do to **make up for** it?
B   An apology is a good place to start.
     You can wash the dishes, too.

A   어제 내 행동에 대해 사과하고 싶어.
B   좀 무례하긴 했지.
A   어떻게 만회할 수 있을까?
B   제대로 사과부터 하는 게 좋겠어. 설거지도 하고.

5. 토막글에서 반복 익히기 [ ] **Passage**

I watched an incredibly boring movie yesterday. Although some scenes were beautiful, that didn't **make up for** the horrible dialogue. I wish I could get back the time I wasted on that movie.

어제 정말 지루한 영화를 봤다. 몇몇 장면은 아름다웠지만, 끔찍한 대사를 보완해 주지는 못했다. 그 영화를 보는 데 낭비한 시간을 되돌릴 수 있으면 좋겠다.

6. 문답 퀴즈로 익히기 [ ] **Q & A**

Q   Imagine you are a baseball player. Your team lost a game yesterday, but you have another one today. You really want to win today. Why do you want to win today?

A   I want to win today to _____ the loss yesterday.

Q   야구 선수라고 상상해 보세요. 팀이 어제 경기에서 졌지만, 오늘 또 다른 경기가 있습니다. 오늘은 꼭 승리하고 싶습니다. 왜 오늘은 이기고 싶은 건가요?

A   어제의 패배를 만회하기 위해 오늘은 이기고 싶다.

Ans. make up for

285

pass around

stock up on

make up for

아래의 빈 밑줄에
지문 내용에 알맞은
구동사의 결합을
써넣으세요.

How to Get Rid of a Cold
감기 낫는 법

제 직장 동료들이 회사에서 감기를 옮기고 있어요. 그래서 집에 감기약을 많이 비축해 두었어요. 감기에 걸리면 감기약을 먹고 따뜻한 차를 마시는 것을 좋아해요. 또한 비타민 C를 더 자주 섭취하려고 해요. 심지어 휴식을 취하고 회복하기 위해 하루 휴가를 내기도 했어요. 불행히도, 어제 밤늦게까지 일하면서 휴가로 빠진 시간을 보충해야 했어요. 다행히 이제 드디어 나아지기 시작한 것 같아요.

7. 동사를 채워 완성하기 ☐ Fill in Verbs

My coworkers have been _____ around a cold at work.

Due to this, I've _____ up on cold medicine at home.

When I get sick, I like to take cold medicine and drink hot tea. I also

try to take vitamin C more often. I even took a day off from work to

rest and recover. Unfortunately, I then had to _____ up

 for the time off by staying late at work last night. Luckily, I think

I'm finally starting to feel better.

8. 부사/전치사를 채워 완성하기 ☐ Fill in Adverbs & Prepositions

My coworkers have been passing _____ a cold at work.

Due to this, I've stocked _____ cold medicine at home.

When I get sick, I like to take cold medicine and drink hot tea. I also try

to take vitamin C more often. I even took a day off from work to rest

and recover. Unfortunately, I then had to make _____ the

time off by staying at work late last night. Luckily, I think I'm finally

starting to feel better.

Ans 7. passing, stocked, make / 8. around, up on, up for

fall apart

---

get into

---

give up

My husband's desk has always been a mess. I [   ] it with him the other day, and he promised to clean it up. He threw away lots of trash and organized documents that were just lying around. He said he felt like [   ] a few times but was glad he got it done. Now, it doesn't look like his office is [   ]. He has promised to keep it tidy from now on.

Learn fast with *YouTube*

GUIDES 34

1. 기본 설명 들어보기 ☐

수제 버거를 싫어하는 사람도 있어요. 쉽게 부서져서 먹기가 영 불편하기 때문이죠.
이런 이유를 영어로 바꾸면 "A burger can fall apart."가 돼요. 토마토가 삐져나오고 양파가
튀어나오면서 버거의 형태가 무너지는 모습을 fall apart로 표현한 거죠. apart에
'산산이, 조각조각'이란 뜻이 있어서 이런 의미를 쉽게 유추할 수 있어요. 비유적으로도
이 표현을 쓸 수 있어요. 예를 들어, 부부가 성격 차이를 극복하지 못하고 헤어졌다면
"Our marriage fell apart."라고 해서 결혼 생활이 무너진 것을 나타낼 수 있어요.
이 표현은 주로 부정적인 상황에서 사용돼요.

2. 원어민의 시각 보기 ☐

If someone is "falling apart," then that person is experiencing emotional problems. The person cannot think clearly or act rationally. Usually, this occurs after something tragic happens to an individual. If things are "falling apart," then it means that they are not working out well. No matter what we try to do, everything seems to fail.

누군가가 fall apart하고 있다는 표현은
그 사람이 감정적인 문제를 겪고 있다는
의미예요. 그 사람은 명확하게 생각하거나
합리적으로 행동할 수 없어요. 보통 이 상황은
개인에게 비극적인 일이 발생한 후에
일어나요. 만약 상황이 fall apart하고 있다면,
그것은 일이 잘 풀리지 않는다는 의미예요.
무엇을 시도하든지 모든 것이 실패하는
것처럼 보이는 거죠.

3. 짧은 문장으로 시작하기 ☐ **Short sentences**

I can't believe my best friend's marriage is **falling apart**.
내 가장 친한 친구의 결혼 생활이 무너지고 있다는 게 믿기지 않는다.

The current education system is in danger of **falling apart**.
현재 교육 시스템은 붕괴 위험에 처해 있다.

DIALOGUE

4. 대화로 반복하기 ☐

A How are the preparations going for your son's birthday party?
B Terribly! All of my plans are **falling apart**!
A Oh, no! What's going on?
B The bakery canceled the cake, the clown isn't returning my calls, and none of his friends has RSVPed!

A 아들 생일 파티 준비는 어떻게 되고 있어?
B 망했어! 계획했던 게 다 틀어지고 있어.
A 뭐? 무슨 일이야?
B 빵집에서는 케이크를 취소했고, 광대는 전화를 안 받아. 초대한 친구들은 아무도 답장이 없어!

5. 토막글에서 반복 익히기 ☐ **Passage**

Yesterday, my boss and I had a meeting with one of our biggest clients. They were upset about a clause in their contract. It seemed like everything was **falling apart**, but my boss managed to save the day.

어제 상사와 나는 가장 큰 고객 중 한 명과 회의를 가졌다. 그들은 계약서의 한 조항에 대해 불만을 갖고 있었다. 모든 것이 무너지는 것 같았지만, 상사가 상황을 해결했다.

6. 문답 퀴즈로 익히기 ☐ **Q & A**

Q Imagine two countries are meeting for peace talks. It's a very delicate situation. Everyone is doing their best to make sure they reach an agreement. What is happening in this situation?

A Everyone is working together so that the peace talks don't

_____.

Q 두 나라가 평화 회담을 위해 만난다고 상상해 보세요. 매우 미묘한 상황입니다. 모두가 합의에 도달하기 위해 최선을 다하고 있습니다. 이 상황에서 무슨 일이 일어나고 있나요?

A 평화 회담이 무산되지 않도록 모두가 한마음으로 노력하고 있다.

get은 '이동하다'란 뜻이고, into는 '안으로'란 뜻이에요. 그래서 '~에 들어가다'란
의미로 쓰여요. 기차역까지 데려다줄 테니 차에 타라고 하는 상황이라면 "Get into the car.
I'll drive you to the train station."이라고 하면 돼요. 비유적인 상황도 가능해요.
다른 운동과 달리 조깅에 흥미를 느끼지 못한다면 "Jogging is boring. I just can't get into it."
이라고 하면 돼요. 확장돼서 '대화 안으로 들어가다'라는 의미로도 쓰여요.
아무리 친한 친구라도 정치 이야기는 피하는 편이 낫겠죠? 이 상황은
"I don't want to get into politics."로 표현해요.

2. 원어민의 시각 보기

When we "get into" something, we talk about it. This usually means discussing a serious topic. We often get into arguments and discussions. When someone says he doesn't want to get into something, he means that he doesn't want to talk about a subject. We often feel very passionate when we get into something.

무언가에 get into하는 건 그것에 대해 이야기하는 거예요. 보통 이는 진지한 주제를 논의하는 것을 뜻해요. 우리는 종종 논쟁이나 토론에 빠져 들어요. 누군가가 무언가에 대해 get into하고 싶지 않다고 말하면, 그는 그 주제에 대해 이야기하고 싶지 않다는 뜻이에요. 우리는 무언가에 대해 get into할 때 종종 열정을 느껴요.

3. 짧은 문장으로 시작하기 [ ] **Short sentences**

I really don't want to **get into** it right now.
지금은 정말 그 얘기 하고 싶지 않아.

She **got into** it with her boss on Monday morning.
그녀는 월요일 아침에 상사와 논쟁을 벌였다.

DIALOGUE

4. 대화로 반복하기 [ ]

A   Did you see the recent approval poll about the president?
B   No offense, but I don't want to **get into** politics first thing in the morning.
A   Fair enough. I'll talk to you after lunch.
B   I'm not sure I'll be in the mood then either.

A   최근에 대통령 지지율 여론 조사 봤어?
B   기분 나쁘게 듣지는 마. 난 아침부터 정치 얘기는 하고 싶지 않아.
A   알겠어. 점심 먹고 얘기하자.
B   그때도 그 얘기를 할 기분일진 모르겠네.

5. 토막글에서 반복 익히기 [ ] **Passage**

I **got into** an argument with my friend yesterday. I thought
she was being selfish, and she thought I was being lazy.
After we both calmed down, we made up with each other.

어제 친구와 말다툼을 했다. 나는 그녀가 이기적이라고 생각했고, 그녀는 내가
게으르다고 생각했다. 둘 다 진정한 후에 서로 화해했다.

6. 문답 퀴즈로 익히기 [ ] **Q & A**

Q   Imagine that you're hanging out at the park with your friends.
One of your friends throws some trash on the ground. Suddenly,
everyone is talking about whether or not he should recycle. What
happened?

A   My friends and I _____ a discussion about recycling.

Q   친구들과 함께 공원에서 시간을 보내고 있다고 상상해 보세요. 친구 중 한 명이 쓰레기를
바닥에 버렸습니다. 갑자기 모두가 그가 재활용을 해야 하는지에 대해 이야기하기
시작합니다. 무슨 일이 일어났나요?

A   친구들과 나는 재활용에 관해 논쟁하기 시작했다.

Ans got into

291

1. 기본 설명 들어보기 ☐

give up은 '포기하다'로 배우지만, 더 다양한 의미로 쓰이는 표현이에요.
몇 가지 예를 들어 볼게요. 버스에서 자리를 양보했다면
"I gave up my seat on the bus."라고 해요. 이때 give up은 '양보하다'에 가깝습니다.
또, 주말을 반납하고 친구의 인터뷰 준비를 도와줬다면 "I gave up my weekend to help my
friend prepare for his interview."라고 하죠. 이때는 '반납하다'란 의미에
더 가깝습니다. 마지막으로 안 좋은 습관을 끊는 건 언제든 늦지 않다는 말은
"It's never too late to give up bad habits."로 표현해요. give up이 참 변화무쌍하죠?

2. 원어민의 시각 보기 ☐

When you "give up," you stop doing something before you finish it. You have a plan or a dream to finish something, but you don't complete it. Usually, we give up because it's too difficult for us. We can't keep going, so we need to give up. We usually feel very disappointed when we have to give up.

give up이라는 표현은 무언가를 끝내기 전에 멈추는 것을 의미해요. 무언가를 끝내려는 계획이나 꿈이 있지만, 그것을 완수하지 못하는 거예요. 보통 우리는 그것이 너무 어렵기 때문에 포기해요. 계속할 수 없어서 포기해야 하는 거죠. 포기해야 할 때 우리는 보통 매우 실망하게 돼요.

3. 짧은 문장으로 시작하기 ☐ **Short sentences**

I decided to **give up** coffee this month.
이번 달에 커피를 끊어 보기로 했다.

I really wanted to finish a novel by the time I turned 30, but now I've **given up**.
서른이 될 때까지 소설 한 권을 꼭 완성하고 싶었지만, 지금은 포기했다.

DIALOGUE

4. 대화로 반복하기 ☐

A How is learning French going?
B Oh, I **gave** that **up** already.
A What? Why?
B It was way too difficult for me!

A 프랑스어 공부는 어떻게 돼 가?
B 아, 진작에 그만뒀어.
A 뭐? 왜?
B 너무 어렵더라고!

5. 토막글에서 반복 익히기 ☐ **Passage**

When I was in my 20s, I tried to keep up with the latest fashions. I bought new clothes every season and never wore the same outfit twice. I've since **given up** trying to be so fashionable.

20대 때는 최신 유행을 따라가려고 노력했다. 매 시즌 새로운 옷을 샀고 같은 옷을 두 번 입지 않았다. 그 이후로는 그렇게 패셔너블해지려는 노력을 포기했다.

6. 문답 퀴즈로 익히기 ☐ **Q & A**

Q Imagine you want to try a new hobby. You pick up skateboarding. Unfortunately, you don't seem to be getting any better. What do you do?

A I decide to _____ learning how to skateboard.

Q 새로운 취미를 시도하고 싶다고 상상해 보세요. 스케이트보드를 시작했습니다. 불행히도, 별로 나아지지 않는 것 같습니다. 무엇을 하나요?

A 나는 스케이트보드 배우는 걸 그만두기로 한다.

Ans give up

293

fall apart
_____

get into
_____

give up
_____

아래의 빈 밑줄에
지문 내용에 알맞은
구동사의 결합을
써넣으세요.

Tidying a Desk
책상 정리

제 남편의 책상은 항상 엉망이었어요. 며칠 전에 그와 다툼을 벌였고, 그는 정리하겠다고 약속했어요. 그는 많은 쓰레기를 버리고 여기저기 흩어져 있던 문서들을 정리했어요. 몇 번이나 포기하고 싶었지만 결국 해내서 기뻤다고 말했어요. 이제 그의 사무실이 더 이상 엉망진창으로 보이지 않아요. 그는 앞으로 깨끗하게 유지하겠다고 약속했어요.

7. 동사를 채워 완성하기 ☐ **Fill in Verbs**

My husband's desk has always been a mess. I _____ into

it with him the other day, and he promised to clean it up. He threw

away lots of trash and organized documents that were

just lying around. He said he felt like _____ up a few times

but was glad he got it done. Now, it doesn't look like his office is

_____ apart. He has promised to keep it tidy from now on.

8. 부사/전치사를 채워 완성하기 ☐ **Fill in Adverbs & Prepositions**

My husband's desk has always been a mess. I got _____

it with him the other day, and he promised to clean it up. He threw

away lots of trash and organized documents that were just lying

around. He said he felt like giving _____ a few times but was

glad he got it done. Now, it doesn't look like his office is

falling _____. He has promised to keep it tidy from now on.

Ans 7. got, giving, falling / 8. into, up, apart

stand up for
_____

go over
_____

take after
_____

Family is so important. I will always
[＿＿＿＿＿] any member of my family who
needs me. The other day, I [＿＿＿＿＿] some
documents that my mom had and found
some pictures. I was surprised to see that I
[＿＿＿＿＿] one of my great-grandfathers. We
have the same nose and ears. It was cool to see
the family resemblance.

Learn fast
with
YouTube

GUIDES 35

1. 기본 설명 들어보기 ☐

stand up for는 '무언가를 위해 서 있다'란 뜻에서 '지지하다, 옹호하다'로 확장돼요.
주로 타인의 공격으로부터 자신을 지키는 상황에서 사용해요.
그럴 때는 "You should stand up for yourself." 라고 하죠. 사람뿐만 아니라
권리나 믿음 같은 개념도 올 수 있어요. 예를 들어, 자신이 옳다고 믿는 것을
두려워하지 않고 옹호하는 친구라면 "She's not afraid to stand up for what she believes
is right." 라고 해요.

2. 원어민의 시각 보기 ☐

When we "stand up for" someone or
something, then we defend that person
or thing. We can support a person even
if she is being attacked or ridiculed. We
often think of someone being bullied,
and we need to stand up for the victim.
It means that we want to protect and
help someone weak. We should stand up
for those who are powerless.

stand up for라는 표현은 누군가나 무언가를
옹호한다는 의미예요. 우리는 그 사람이
공격당하거나 조롱당해도 그 사람을 지지할
수 있어요. 우리는 종종 괴롭힘을 당하는
사람을 떠올리며, 피해자를
stand up for해야 한다고 생각해요.
이는 우리가 약한 사람을 보호하고
돕고자 한다는 뜻이에요. 우리는
힘없는 사람들을 위해 나서야 해요.

3. 짧은 문장으로 시작하기 ☐ **Short sentences**

You need to learn how to **stand up for** yourself.
스스로를 지키는 법을 배워야 한다.

Citizens of all ages should **stand up for** their rights.
모든 연령대의 시민은 자신의 권리를 지켜야 한다.

DIALOGUE

4. 대화로 반복하기 ☐

A   What do you think about the candidates this election season?
B   I like the ones who are **standing up for** human rights.
A   It seems like more of the candidates are outspoken this year.
B   I agree. It's such a relief.

A   이번 선거철에 출마한 후보들에 대해 어떻게 생각해?
B   인권을 옹호하는 후보들이 맘에 들어.
A   올해는 솔직한 후보들이 더 많은 것 같아.
B   맞아. 정말 다행이야.

5. 토막글에서 반복 익히기 ☐ **Passage**

Learning how to **stand up for** myself took me a long time.
I used to be really shy and reserved. One day, I learned that
the only person who could look out for me was me.

스스로를 방어하는 법을 배우는 데 오랜 시간이 걸렸다. 나는 정말 수줍음이 많고 말이
없었다. 어느 날, 나를 돌볼 수 있는 유일한 사람은 나 자신이라는 것을 깨달았다.

6. 문답 퀴즈로 익히기 ☐ **Q & A**

Q   Imagine you're a middle school student. You see a classmate
being bullied. You tell the bully to stop. What did you do?

A   I _____ the student who was being bullied.

Q   당신이 중학생이라고 상상해 보세요. 한 학급 친구가 괴롭힘을 당하는 것을 봅니다.
괴롭히는 학생에게 그만하라고 말합니다. 당신은 무엇을 했나요?

A   나는 괴롭힘을 당하는 학생의 편에 섰다.

Ans stood up for

297

1. 기본 설명 들어보기

go over는 '복습하다, 검토하다'라는 핵심 의미를 가지고 있어요. 비교적 꼼꼼하고
자세하게 보는 뉘앙스가 있죠. 예를 들어 가구를 조립할 때 설명서를 한 번만 읽어서는
부족하겠죠? 영어로는 "I'll go over the instructions once again."이라고 해요.
또 다른 예로 계약 상황을 들 수 있는데요, 부동산 계약서를 작성할 때는 특히
중요한 순간이에요. 이런 상황을 영어로 풀면 "Before you sign a contract, you should go
over it."이 돼요. 계약서를 서명하기 전에 꼼꼼히 검토해야 한다는 뜻이에요.

2. 원어민의 시각 보기

When we "go over" something, we
review it. We look at it carefully and
examine it. We often have to go over
official documents to make sure we
understand them. We also might need
to review a contract before we sign it.
Furthermore, sometimes we need to go
over a story to make sure it's true.

go over라는 표현은 무언가를 검토한다는
의미예요. 그것을 주의 깊게 보고 조사하는
거예요. 우리는 종종 공식 문서를
이해했는지 확인하기 위해 검토해야 해요.
계약서에 서명하기 전에 계약서를
검토해야 할 수도 있어요. 또한, 이야기가
사실인지 확인하기 위해 이야기를
검토해야 할 때도 있어요.

3. 짧은 문장으로 시작하기 ☐ **Short sentences**

The student **went over** her notes before her speech.
학생은 연설하기 전에 노트를 다시 살펴봤다.

The mayor **went over** the key points of his proposal again.
시장은 제안의 요점을 다시 한번 검토했다.

DIALOGUE

A   I've finished my article for today.
B   Leave it on my desk, and I'll **go over** it.
A   Do you think I can publish it today?
B   Definitely not. Maybe by the end of the week.

A   오늘 기사를 다 썼어요.
B   책상에 두고 가시면 제가 검토해 볼게요.
A   오늘 발행해도 될까요?
B   당연히 안되죠. 이번 주말이나 돼야 가능할 거예요.

5. 토막글에서 반복 익히기 ☐ **Passage**

I wrote a love note to my crush in high school. I must've
gone over it a hundred times before I gave it to him.
Unfortunately, he rejected me.

고등학교 때 짝사랑하는 사람에게 연애 편지를 썼다. 그에게 주기 전에 아마 백 번은
넘게 읽어 봤을 것이다. 불행히도 그는 나를 거절했다.

6. 문답 퀴즈로 익히기 ☐ **Q & A**

Q   Imagine you're an accountant. You are filing taxes for your
     company. You need to make sure everything is accurate before
     you submit the returns. What should you do?

A   I should _____ the tax returns one more time.

Q   당신이 회계사라고 상상해 보세요. 회사의 세금을 신고하고 있습니다. 신고서를
     제출하기 전에 모든 것이 정확한지 확인해야 합니다. 무엇을 해야 하나요?

A   세금 신고서를 한 번 더 검토해 봐야 한다.

1. 기본 설명 들어보기 ☐

take에는 '취하다'란 뜻이 있고, after에는 '~을 본떠서'라는 뜻이 있어요.
무언가를 본떠서 취한다는 의미에서 '~를 닮다'라는 의미까지 확장되었죠.
특히 자식이 부모를 닮았을 때 자주 써요. 예를 들어, 운동을 좋아하는 아빠를 닮았다면
"My dad loves to play sports, and I take after my dad."라고 해요. 부모 중에
누구를 더 닮았느냐고 묻는다면 "Who do you take after more?"라고 하죠.
look like는 외모를 닮았을 때 주로 사용하는 반면, take after는 외모, 성격 등
다양한 특징을 닮았을 때 사용할 수 있어요.

2. 원어민의 시각 보기 ☐

When we "take after" someone, we are similar to that person in appearance or character. We almost always say that we take after an older relative. It's really common to say that someone takes after his or her parents. We typically use this as a compliment. Parents are usually happy to hear that their children take after them.

take after라는 표현은 외모나 성격
면에서 누군가를 닮았다는 의미예요.
우리는 거의 항상 나이가 많은 친척을
닮았다고 말해요. 특히 부모를
닮았다고 말하는 것이 아주 흔해요.
우리는 보통 이것을 칭찬으로 사용해요.
부모는 보통 자녀가 자신을 닮았다는
말을 들으면 기뻐해요.

3. 짧은 문장으로 시작하기 ☐ **Short sentences**

You have a lovely singing voice. You really **take after** your mother.
노래하는 목소리가 정말 아름다워요. 어머니를 많이 닮았네요.

My grandma was prone to depression, and, unfortunately,
I **take after** her.
할머니는 우울증에 취약하셨는데, 안타깝게도 내가 그런 할머니를 닮았다.

DIALOGUE

4. 대화로 반복하기 ☐

A Do you think you **take after** your father or mother?
B I've often heard that I take after my mother.
A In what way?
B People say we have the same ears and laugh.

A 넌 아빠나 엄마 중에 누굴 닮은 것 같아?
B 엄마 닮았다는 말을 자주 들었어.
A 어떤 점이?
B 사람들이 귀랑 웃는 모습이 똑같대.

5. 토막글에서 반복 익히기 ☐ **Passage**

I think the resemblances in my family are kind of funny. My middle
brother **takes after** my mom, my youngest brother takes after
my dad, and I take after both of them. I think it's great how
different we all look.

우리 가족의 닮은 점이 좀 재미있다고 생각한다. 둘째 형은 엄마를 닮았고, 막내 형은 아빠를
닮았으며, 나는 엄마와 아빠를 둘 다 닮았다. 우리가 모두 다르게 생긴 것이 정말 멋지다고 생각한다.

6. 문답 퀴즈로 익히기 ☐ **Q & A**

Q Imagine you have a daughter. You are left-handed, and so is she.
You both like to eat scrambled eggs. You have a lot in common.
What might people say about you two?

A Your daughter _____ you.

Q 당신에게 딸이 있다고 상상해 보세요. 당신은 왼손잡이이고, 딸도 왼손잡이입니다.
둘 다 스크램블 에그를 좋아합니다. 공통점이 많습니다. 사람들은 당신들에 대해
뭐라고 말할 수 있을까요?

A 딸이 당신을 닮았네요.

stand up for

go over

take after

The Importance of Family
가족의 중요성

가족은 정말 중요해요. 저는 가족 중 누구든지 제 도움이 필요하면 항상 지지할 거예요. 며칠 전에 엄마가 가지고 있던 문서들을 검토하다가 몇 장의 사진을 발견했어요. 제가 증조할아버지 중 한 분을 닮았다는 사실에 놀랐어요. 우리는 코와 귀가 똑같이 생겼어요. 가족의 닮은 모습을 보는 것은 정말 신기했어요.

아래의 빈 밑줄에 지문 내용에 알맞은 구동사의 결합을 써넣으세요.

7. 동사를 채워 완성하기 ☐ **Fill in Verbs**

Family is so important. I will always _____ up for any

member of my family who needs me. The other day,

I _____ over some documents that my mom had and

found some pictures. I was surprised to see that

I _____ after one of my great-grandfathers. We have

the same nose and ears. It was cool to see the family resemblance.

8. 부사/전치사를 채워 완성하기 ☐ **Fill in Adverbs & Prepositions**

Family is so important. I will always stand _____ any

member of my family who needs me. The other day, I went

_____ some documents that my mom had and

found some pictures. I was surprised to see that I take

_____ one of my great-grandfathers. We have the

same nose and ears. It was cool to see the family resemblance.

Ans 7. stand, went, take / 8. up for, over, after

get along with
---
make up with
---
get together with

The other day, my friend and I got into a fight. I usually [   ] her really well, but we have different political beliefs. I decided to meet her for coffee and [   ] her. The meeting went really well. We're going to [   ] with our other friends soon. I think apologizing is an important part of friendships.

Learn fast with youTube

GUIDES 36

1. 기본 설명 들어보기 ☐

get은 '이동하다'란 뜻이고, along은 '~을 따라서'라는 뜻이에요. 함께 나란히 따라서
이동한다는 의미는 곧 '함께 어울려 잘 지내다'라는 의미로 확장돼요. 예를 들어, 저는
두 살 터울의 누나와 친하게 지내는 편인데요, 영어로는 "My sister and I get along perfectly
well. We always have fun together."가 돼요. 직장에서도 동료와 친하게 지내면 회사 생활이
훨씬 편해지겠죠? 관계에서 오는 스트레스를 예방할 수 있으니까요. "Try to get along with
your coworkers. It will make things much easier for you."와 같이 사용할 수 있어요.

2. 원어민의 시각 보기 ☐

When we "get along with" others, we
are friendly with them. We use this
when we have good relationships with
other people. If we get along with our
coworkers, then it's easy for us to talk
to them. We enjoy spending time with
people that we get along with. If we don't
get along with someone, then we don't
like each other.

우리가 다른 사람들과 get along with한다는
것은 그들과 친하게 지내는 것을 의미해요.
이는 우리가 다른 사람들과 좋은 관계를
맺고 있다는 뜻이에요. 만약 우리가 동료들
과 잘 지낸다면, 그들과 대화하기가 쉬워요.
우리는 함께 지내기 좋은 사람들과 시간을
보내는 것을 즐겨요. 반대로, 만약 우리가
누군가와 잘 지내지 못한다면, 서로를
좋아하지 않는다는 뜻이에요.

3. 짧은 문장으로 시작하기 ☐ **Short sentences**

I wish I could **get along with** everyone.
나는 모두와 잘 지내고 싶다.

Unfortunately, I don't really **get along with** my brother's wife.
애석하게도 남동생의 아내와 사이가 좋지 않다.

DIALOGUE 4. 대화로 반복하기 ☐

A What do you think about Stephanie?
B She's pretty nice. Why do you ask?
A I don't know. I just don't **get along with** her.
B Maybe you need to spend more time getting to know her.

A Stephanie에 대해 어떻게 생각해?
B 좋은 사람이지. 그건 왜 물어봐?
A 그냥. 나랑은 잘 안 맞는 것 같더라고.
B 좀 더 시간을 두고 알아 가면 어때.

5. 토막글에서 반복 익히기 ☐ **Passage**

One of my best friends is a little hard to **get along with**.
She can be very sarcastic and pretty rude. However, she's
very loyal and one of my closest friends.

내 가장 친한 친구 중 한 명은 약간 사귀기 어려운 사람이다. 그녀는 매우 빈정거리고
꽤 무례할 수 있다. 하지만 그녀는 매우 충실하며 내 가장 친한 친구 중 한 명이다.

6. 문답 퀴즈로 익히기 ☐ **Q & A**

Q Imagine you have to do a group project for class. Luckily, all of
your group members are nice and hardworking. You're so excited
to finish this project. What could you say about your group?

A My group members are very easy to _____.

   Q 수업에서 그룹 프로젝트를 해야 한다고 상상해 보세요. 다행히도 모든 팀원들이
      친절하고 열심히 일합니다. 이 프로젝트를 끝내는 것이 정말 기대됩니다. 당신은
      그룹에 대해 뭐라고 말할 수 있을까요?

   A 우리 팀원들은 다들 친해지기 쉬운 편이다.

1. 기본 설명 들어보기

구동사 make up에는 여러 가지 뜻이 있어요. 대표적으로 핑계나 이야기를 '지어내다'란
의미가 있죠. 예를 들어 약속 시간에 늦을 것 같아 변명을 지어냈다면 "I made up an excuse."
가 돼요. make up은 '화해하다'라는 뜻도 있어요. 말다툼을 한 후 서로 감정이 상할 수 있죠?
그런 상황에서 갈등을 해소하고 다시 좋아졌다면 "We made up a few days ago. Everything
is fine now."라고 말할 수 있어요. 또한 친구 둘이 화해했는지 묻는다면 "Have you two made
up yet?"이라고 질문할 수 있어요. make up의 뜻이 달라져도 문맥에서 힌트를 찾아서
이해하는 것이 중요하겠죠?

2. 원어민의 시각 보기

When we "make up with" someone, then
we repair our relationship with that person
after a fight. We become friendly again after
a disagreement. Usually, if we want to make
up with someone, we need to apologize for
what we did wrong. We typically use this
expression to describe a situation in which
two people become friends again. Couples
can also use this expression.

우리가 누군가와 make up with 한다는
것은 싸운 후 그 사람과의 관계를 회복하는
것을 의미해요. 이는 의견 충돌 후 다시
친해지는 것을 뜻해요. 보통 누군가와
화해하려면 우리가 잘못한 것에 대해
사과해야 해요. 우리는 이 표현을
두 사람이 다시 친구가 되는 상황을
설명할 때 주로 사용해요. 연인들도
이 표현을 사용할 수 있어요.

3. 짧은 문장으로 시작하기　☐ **Short sentences**

I've come here to **make up with** you.
너랑 화해하려고 여기 온 거야.

After a big fight, he was nervous about **making up with** his girlfriend.
크게 싸운 후, 그는 여자 친구랑 화해하는 문제로 불안해했다.

DIALOGUE

4. 대화로 반복하기　☐

A　Have you **made up with** Zack yet?
B　No. We're still fighting.
A　You guys are best friends! One of you needs to apologize.
B　Well, I think it should be him.

A　Zack랑 화해했어?
B　아니. 아직 냉전 중이야.
A　너희 절친 사이잖아! 둘 중 한 명이 사과해야지.
B　걔가 먼저 해야지.

5. 토막글에서 반복 익히기　☐ **Passage**

I got in a big fight with my teammates last week. I kept showing up late for practice, which messed up the flow. I apologized to everyone and **made up with** the team.

지난주에 팀원들과 크게 싸웠다. 내가 연습에 계속 늦게 나타나서 흐름을 망쳤다. 모두에게 사과하고 팀과 화해했다.

6. 문답 퀴즈로 익히기　☐ **Q & A**

Q　Imagine you got into a fight with your mom. She was upset that you went out without telling her where you were going. You decided to apologize to her. What happened next?

A　My mom accepted my apology and ＿＿＿＿＿＿＿＿＿＿ me.

Q　엄마와 싸웠다고 상상해 보세요. 엄마는 당신이 어디 가는지 말하지 않고 나간 것에 대해 화가 났습니다. 당신은 엄마에게 사과하기로 했습니다. 그 다음에 무슨 일이 일어났나요?

A　엄마가 내 사과를 받아주셔서 화해했다.

Ans made up with

1. 기본 설명 들어보기

'만나다'라고 하면 머릿속에 가장 먼저 떠오르는 단어는 meet일 거예요. 하지만 여러 사람이 모이는 뉘앙스를 더하려면 get together를 쓰면 좋아요. 예를 들어 매주 금요일 밤마다 친구들끼리 모여 술을 마신다면 "I get together with my friends for drinks every Friday night."가 돼요. 최근에 친구들을 오랫동안 못 만났다면 "We haven't gotten together recently."라고 표현할 수 있어요. '모임, 만남'이라는 뜻을 명사로 표현하면 a get-together로 쓸 수 있죠. 친한 친구와의 만남이 예정돼 있다면 meet 대신 get together를 적절히 활용해 보세요!

get
together
with

2. 원어민의 시각 보기

When people "get together with" others, they gather in one place. We often get together with our friends and family. We get together for special occasions and also just to hang out. This is a casual expression and shouldn't really be used in a business setting. We usually plan when we are going to get together with someone.

사람들이 다른 사람들과 get together with 한다는 것은 한 장소에 모이는 것을 의미해요. 우리는 종종 친구나 가족과 함께 모여요. 우리는 특별한 행사나 단순히 함께 시간을 보내기 위해 모여요. 이 표현은 캐주얼한 표현으로, 비즈니스 상황에서는 사용하지 않는 것이 좋아요. 우리는 보통 누군가와 모일 때 미리 계획을 세워요.

3. 짧은 문장으로 시작하기 [ ] **Short sentences**

She likes **getting together with** her friends for the holidays.
그녀는 휴일에 친구들과 함께 모이는 걸 좋아한다.

I think you should **get together with** a classmate and study.
같은 반 친구와 만나서 같이 공부해야 할 것 같다.

DIALOGUE

A   Would you like to have lunch with me today?
B   Oh, sorry. I'm **getting together with** my friend today.
A   Okay. Maybe we can grab lunch tomorrow then.
B   That sounds like a good idea!

A   오늘 점심 같이 드실래요?
B   아, 미안해요. 오늘 친구랑 약속이 있어요.
A   그렇군요. 그럼, 내일 같이 먹으면 어때요.
B   좋은 생각이에요!

5. 토막글에서 반복 익히기 [ ] **Passage**

When I was on maternity leave from work, I started to feel
a little lonely. I found an online group for stay-at-home
moms. Now, we **get together** to chat once a week.

직장에서 출산 휴가를 보내는 동안, 나는 약간 외로움을 느끼기 시작했다. 전업주부를
위한 온라인 그룹을 찾았다. 이제 우리는 일주일에 한 번 모여서 이야기를 나눈다.

6. 문답 퀴즈로 익히기 [ ] **Q & A**

Q   Imagine you have a sibling. You like to meet her once a month
to catch up. You are hanging out next week. What do you like to
do with your sibling?

A   I like to _____ my sibling once a month.

Q   당신에게 자매가 있다고 상상해 보세요. 한 달에 한 번씩 만나서 이야기를 나누는 것을
좋아합니다. 다음 주에 만날 예정입니다. 자매와 함께 무엇을 하는 것을 좋아하나요?

A   한 달에 한 번 자매와 함께 어울리는 걸 좋아한다.

Ans. get together with

get along with

make up with

get together

Maintaining Adult Friendships
친구 관계 유지하기

며칠 전에 친구와 싸웠어요. 저는 평소에 그녀와 정말 잘 지내지만, 우리는 정치적 신념이 달라요. 저는 그녀를 만나 커피를 마시며 화해하기로 결심했어요. 그 만남은 정말 잘 됐어요. 우리는 곧 다른 친구들과도 함께 모일 예정이에요. 사과하는 것은 우정의 중요한 부분이라고 생각해요.

아래의 빈 밑줄에 지문 내용에 알맞은 구동사의 결합을 써넣으세요.

---

7. 동사를 채워 완성하기 ☐ **Fill in Verbs**

The other day, my friend and I got into a fight. I usually

_____ along with her really well, but we have different

political beliefs. I decided to meet her for coffee and

_____ up with her. The meeting went really well. We're

going to _____ together with our other friends soon. I think

apologizing is an important part of friendships.

8. 부사/전치사를 채워 완성하기 ☐ **Fill in Adverbs & Prepositions**

The other day, my friend and I got into a fight. I usually get

_____ her really well, but we have different political beliefs.

I decided to meet her for coffee and make _____ her.

The meeting went really well. We're going to get _____

our other friends soon. I think apologizing is an important part of

friendships.

Ans 7. get, make, get / 8. along with, up with, together with

call off

move up

make up

I wanted to go to a baseball game last Friday. I ☐ all of my meetings so that my afternoon would be free. Then, I ☐ an excuse and left the office. I was so excited as I headed to the baseball field that I didn't even notice the rain clouds. Unfortunately, right when the game was about to begin, it started to rain. The teams ended up having to ☐ the game due to the bad weather.

Learn fast with **youTube**

GUIDES 37

1. 기본 설명 들어보기 ☐

call은 '부르다, 결정하다'란 뜻이고, off는 '취소된'이란 뜻이에요. call off는 '취소라고
부르다, 결정하다'는 말 그대로 '어떤 일이나 행사 등을 진행하지 않는다'란 의미예요.
cancel과 유사한 뜻이지요. 예를 들어 긴급한 일이 생겨 회의가 막판에 취소되었다면
"They called off the meeting at the last minute."라고 해요. 결혼이나 약혼을 취소할 때도
사용할 수 있어요. 한쪽에서 파혼을 요구하는 상황이라면 "I can't take this anymore.
I need to call off the engagement."로 표현하죠. 참고로 call off는 아예 취소하는 의미이고,
put off는 나중으로 미루는 의미예요. 헷갈리지 않도록 유의하세요!

2. 원어민의 시각 보기 ☐

When we "call something off," we have
to cancel it. We usually use this for events
and other plans. We can call things off
for many reasons. Sometimes we have
to cancel things for reasons outside our
control, and other times, we have to
cancel them for personal reasons. Most
of the time, we are disappointed that we
have to call something off.

우리가 어떤 일을 call off한다는 것은 그것을
취소해야 한다는 것을 의미해요. 주로
이벤트나 다른 계획에 대해 이 표현을
사용해요. 우리는 여러 가지 이유로 일들을
취소할 수 있어요. 때로는 통제할 수 없는
이유로 취소해야 할 때도 있고, 어떤 때는
개인적인 이유로 취소해야 할 때도 있어요.
대부분의 경우, 우리는 무언가를 취소해야
한다는 것에 실망해요

3. 짧은 문장으로 시작하기 ☐ **Short sentences**

The university refused to **call off** the event.
대학에서 행사 취소 요청을 거부했다.

The police chief **called off** the press conference.
경찰서장이 기자회견을 취소했다.

DIALOGUE

A   Did you hear about the little boy that went missing?
B   Yes, I heard the police have been looking for him for days.
A   They had to **call off** the search today because of the bad weather.
B   I hope they find him soon.

A   실종된 아이 얘기 들었어?
B   응. 경찰이 며칠째 아이를 찾고 있다던데.
A   날씨가 안 좋아서 오늘 수색은 중단해야 했대.
B   빨리 찾았으면 좋겠다.

5. 토막글에서 반복 익히기 ☐ **Passage**

A few years ago, the factory that I worked at went on strike.
We wanted higher salaries and better working conditions.
We had to **call off** the strike after six months though.

몇 년 전, 내가 일하던 공장이 파업에 들어갔다. 우리는 더 높은 급여와 더 나은
근무 조건을 원했다. 그러나 6개월 후에 파업을 철회해야 했다.

6. 문답 퀴즈로 익히기 ☐ **Q&A**

Q   Imagine you're a soccer player. You were supposed to play in a
    game tomorrow. Unfortunately, there was a fire at the stadium,
    and it was unusable. What happened to your game?

A   Officials had to _____ the game because of the fire.

> Q   당신이 축구 선수라고 상상해 보세요. 내일 경기에 출전할 예정이었습니다. 불행히도,
>   경기장에서 화재가 발생하여 사용할 수 없게 되었습니다. 당신의 경기는 어떻게
>   되었나요?
>
> A   관계자들은 화재로 인해 경기를 취소해야 했다.

Ans call off

1. 기본 설명 들어보기

move는 '옮기다, 움직이다'란 뜻이고, up은 '위로, 가까이'란 뜻이에요.
up에 '가까운'이란 뜻이 있다는 사실을 아셨나요? 자동차가 멀리서 다가오는 장면을
떠올려 보세요. 점점 가까워질수록 내 시야로 올라오게 되지요. 이게 up이 주는
'가까운'의 느낌이에요. 가까이 옮긴다는 것은 곧 스케줄을 앞당긴다는 의미로 확장돼요.
예를 들어 미팅을 한 시간 앞당겨야 한다면 "Can we move up the meeting by an hour?"
라고 해요.

2. 원어민의 시각 보기

When we "move up" a date, we do something earlier than planned. For example, if I have a meeting planned for Friday, I might "move it up" to Thursday. This means that I want to have the meeting earlier than I had planned. We can move up anything that has been scheduled. There are many reasons why we might need to move up the date for something.

날짜를 move up 한다는 것은 계획보다 더 일찍 무언가를 하는 것을 의미해요. 예를 들어, 금요일에 예정된 회의를 목요일로 move up할 수 있어요. 이는 회의를 계획했던 것보다 더 일찍 하고 싶다는 뜻이에요. 우리는 일정이 잡힌 모든 것을 앞당길 수 있어요. 어떤 일을 앞당겨야 하는 이유는 다양해요.

We had to **move** the time of the game **up** to 3:00 p.m.
경기를 오후 3시로 당겨야 했다.

I don't think we can **move** your appointment **up**.
예약을 앞당겨 드릴 수 없을 것 같습니다.

DIALOGUE

4. 대화로 반복하기 ☐

A Are you ready for your interview tomorrow?
B Didn't I tell you? The company **moved** it **up** to today.
A Oh! How did it go?
B I think it went pretty well.

A 내일 면접 준비는 다 됐어?
B 내가 말 안 했나? 오늘로 변경됐어.
A 오! 어떻게 됐어?
B 좋았던 것 같아.

5. 토막글에서 반복 익히기 ☐ Passage

I was supposed to go home in December. However, my dad is going to have surgery then, so I had to **move up** my trip. Now, I'm going to visit in August.

나는 12월에 집에 가기로 되어 있었다. 그러나 아버지가 그때 수술을 받으실 예정이어서 여행 일정을 앞당겨야 했다. 이제 8월에 방문할 것이다.

6. 문답 퀴즈로 익히기 ☐ Q & A

Q Imagine you are preparing a presentation for Friday. Your boss tells you that you have to do it on Wednesday. You have a lot less time to get ready now. What happened to your presentation?

A My presentation was _____ to Wednesday.

Q 금요일에 프레젠테이션을 준비하고 있다고 상상해 보세요. 상사가 수요일에 프레젠테이션을 해야 한다고 말합니다. 이제 준비할 시간이 훨씬 줄어들었습니다. 당신의 프레젠테이션은 어떻게 되었나요?

A 프레젠테이션 일정이 수요일로 당겨졌다.

Ans moved up

1. 기본 설명 들어보기 ☐

make up의 기본 의미는 없던 것을 새롭게 '만들다'예요. 예를 들어 밤마다
이야기를 만들어 아이들에게 들려준다면 "Every night, I make up a bedtime story for my
kids."가 돼요. 또 다른 예로 기존의 레시피를 따라 만든 요리가 아닌, 냉장고에 남은 재료를
나름대로 조합해서 만들었다면 "It's not a recipe. It's just something that I made up."
이라고 할 수 있어요. 또한 핑계를 대거나(make up an excuse),
거짓말로 둘러대는(make up a lie) 상황에서도 쓸 수 있어요.

2. 원어민의 시각 보기 ☐

When we "make something up," we
create or invent it. We usually do this
when we're talking about a plan, a
story, or even a lie. Sometimes we have
to make up an excuse so that we don't
hurt someone's feelings. However,
we usually make things up to protect
ourselves. We might get in trouble if
someone finds out that we've made
something up.

무언가를 make up한다는 것은 그것을
만들어 내거나 발명한다는 것을 의미해요.
우리는 보통 계획, 이야기, 심지어 거짓말에
대해 이야기할 때 이 표현을 사용해요. 때때로
우리는 누군가의 감정을 상하게 하지 않기 위해
변명을 만들어야 해요. 그러나 대개
우리는 자신을 보호하기 위해 무언가를 만들어
내요. 만약 누군가 우리가 무언가를
지어냈다는 것을 알게 되면,
우리는 곤경에 처할 수 있어요.

3. 짧은 문장으로 시작하기 ☐ **Short sentences**

He often **makes up** lies just for fun.
그는 재미로 자주 거짓말을 한다.

I need you to **make up** a plan for this weekend.
이번 주말 계획은 네가 세워 줘.

DIALOGUE

4. 대화로 반복하기 ☐

A My mom asked me where I was yesterday.
B Did you **make up** a story?
A Yes, I had to! I couldn't tell her I went to a party.
B Good thinking. I hope she believed you.

A 엄마가 어제 어디 있었냐고 물어봤어.
B 얘기를 지어냈어?
A 그럴 수밖에 없었어! 파티에 갔다고 말할 순 없었거든.
B 잘했네. 엄마가 믿어 주셨으면 좋겠다.

5. 토막글에서 반복 익히기 ☐ **Passage**

I work as an English teacher. Yesterday, I asked my students to **make up** short stories. They did a great job, and some of their stories were hilarious.

나는 영어 교사로 일하고 있다. 어제 학생들에게 짧은 이야기를 지어내라고 요청했다. 그들은 훌륭히 해냈고, 몇몇 이야기는 정말 재미있었다.

6. 문답 퀴즈로 익히기 ☐ **Q & A**

Q Imagine your friend wants to hang out with you. You're tired, and you just want to go home. You tell her that you're not feeling well. What did you do?

A I _____ an excuse so that I wouldn't have to hang out with my friend.

> Q 친구가 당신과 함께 시간을 보내고 싶어 한다고 상상해 보세요. 당신은 피곤하고 집에 가고 싶기만 합니다. 그래서 친구에게 몸이 좋지 않다고 말합니다. 당신은 무엇을 했나요?
>
> A 친구와 놀지 않아도 되도록 핑계를 만들어 냈다.

Ans made up

| call off |
| move up |
| make up |

Bad Weather
안 좋은 날씨

아래의 빈 밑줄에
지문 내용에 알맞은
구동사의 결합을
써넣으세요.

저는 지난 금요일에 야구 경기에 가고 싶었어요. 오후 시간을 비워 두기 위해 모든 회의를 앞당겼어요. 그런 다음, 변명을 만들어 내고 사무실을 나왔어요. 야구장으로 가는 길에 너무 흥분해서 비구름도 눈치채지 못했어요. 안타깝게도 경기가 막 시작하려던 순간 비가 내리기 시작했어요. 결국 악천후로 인해 팀들이 경기를 취소해야 했어요.

7. 동사를 채워 완성하기 ☐ Fill in Verbs

I wanted to go to a baseball game last Friday. I _____ up all of my meetings so that my afternoon would be free. Then,

I _____ up an excuse and left the office. I was so excited as I headed to the baseball field that I didn't even notice the rain clouds. Unfortunately, right when the game was about to begin, it started to rain. The teams ended up having to _____ off the game due to the bad weather.

8. 부사/전치사를 채워 완성하기 ☐ Fill in Adverbs & Prepositions

I wanted to go to a baseball game last Friday. I moved _____ all of my meetings so that my afternoon would be free. Then,

I made _____ an excuse and left the office. I was so excited as I headed to the baseball field that I didn't even notice the rain clouds. Unfortunately, right when the game was about to begin, it started to rain. The teams ended up having to call _____ the game due to the bad weather.

Ans 7. moved, made, call / 8. up, up, off

stick to
_____

go off
_____

throw on
_____

I try to ☐ a very basic morning routine. As soon as my alarm ☐, I jump out of bed and take a shower. Then, I ☐ whatever I can find in my closet. I have breakfast and a cup of coffee. Finally, I put everything in my bag and head out the door. I usually take the subway to get to work.

Learn fast
with
YouTube

GUIDES 38

1. 기본 설명 들어보기 ☐

stick은 '붙다'란 뜻이고, to는 '~로'라는 방향을 나타내요. stick to를 직역하면 특정 방향으로 붙어 있다는 뜻이고, 의역하면 '지키다, 고수하다'란 뜻이 되죠. 예를 들어, 정해진 요일에 스케줄을 지켜 운동을 하고 있다면 "I go to the gym on the same days every week. I stick to this schedule."이 될 거예요. 대화할 때 주제에서 벗어나지 않고 중요한 요점에 집중하는 것이 중요하다면 "It's important to stick to the point when you're telling a story."라고 말할 수 있어요. 변하지 않는 태도나 습관을 나타내는 표현으로 stick to를 기억해 주세요!

2. 원어민의 시각 보기 ☐

When we "stick to" something, we continue trying to do it even if it's difficult. We should keep doing it even if we want to give up. When we "stick to" something, we don't change. If we should stick to a plan or route, it means that we shouldn't start doing something else. We should keep doing it even if others tell us to change.

어떤 것에 stick to 한다는 것은 어려워도 계속해서 그것을 하려고 노력한다는 것을 의미해요. 포기하고 싶어도 계속해야 해요. 우리가 stick to 한다면, 변하지 않는다는 뜻이에요. 우리가 계획이나 경로를 고수해야 한다면, 그것은 다른 일을 시작하지 말아야 한다는 의미예요. 다른 사람들이 우리에게 바꾸라고 해도 계속해서 그것을 해야 해요.

3. 짧은 문장으로 시작하기 ☐ **Short sentences**

Just **stick to** the plan, and everything will be fine.
계획대로만 하면 다 잘될 거야.

I'm going to lose weight by **sticking to** a strict diet.
식단을 엄격하게 지켜서 살을 뺄 거야.

DIALOGUE

4. 대화로 반복하기 ☐

A Did you understand what the boss was saying in the meeting?
B No. He never **sticks to** the point.
A Right. I never know what's important.
B He's very hard to work for.

A 회의에서 상사가 무슨 말을 하려고 했는지 이해했어?
B 아니. 요점에 집중하는 법이 없잖아.
A 그렇지? 도대체 뭐가 중요하다는 건지 모르겠어.
B 같이 일하기 진짜 힘든 사람이야.

5. 토막글에서 반복 익히기 ☐ **Passage**

I got an opportunity to remodel my house. I decided to **stick to** the basics and not do anything too crazy. I'm really happy with how it all turned out.

집을 리모델링할 기회를 얻었다. 기본에 충실하기로 결정하고 너무 과하게 하지 않기로 했다. 모든 결과에 정말 만족한다.

6. 문답 퀴즈로 익히기 ☐ **Q & A**

Q Imagine you ordered an item online. The seller initially told you it was $20. Later, he told you it was actually $40. You told him not to change the price. What did you tell him to do?

A The seller needs to _____ the original price.

Q 온라인에서 물건을 주문했다고 상상해 보세요. 판매자가 처음에는 $20라고 했지만, 나중에는 실제로 $40이라고 말했습니다. 가격을 변경하지 말라고 말했습니다. 당신은 그에게 무엇을 하라고 말했나요?

A 판매자는 원래 가격을 유지해야 한다.

1. 기본 설명 들어보기 ☐

go off에는 크게 두 가지 뜻이 있어요. 다름 아닌 '울리다, 터지다'예요.
그래서 알람이 울리지 않아 늦잠을 자 버린 상황을 설명할 때는
"My alarm didn't go off, so I overslept."라고 해요. 새해를 맞아 자정에 폭죽이 터지는
장면을 묘사할 때는 "The fireworks went off at midnight to welcome the new year."라고
표현할 수 있죠. 이 외에도 총이 발사될 때도 go off를 사용해요.
개별 상황을 기억하는 것도 좋지만, go off의 전반적인 뉘앙스를 최대한 영어로
받아들이는 걸 추천해요!

2. 원어민의 시각 보기 ☐

When something "goes off," it makes a loud noise. When we say that an alarm goes off, it means that it rings loudly. When a bomb goes off, it explodes. When a gun goes off, it fires a bullet. We use this expression whenever something makes a loud sound.

무언가가 go off한다는 것은 큰 소리가 나는 것을 의미해요. 알람이 go off한다고 말하면, 그것이 크게 울린다는 뜻이에요. 폭탄이 go off하면, 그것이 폭발한다는 의미예요. 총이 go off하면, 총알이 발사된다는 뜻이에요. 우리는 이 표현을 무언가 큰 소리를 낼 때 사용해요.

3. 짧은 문장으로 시작하기 ☐ **Short sentences**

The timer for my boiled eggs is **going off**!
달걀 삶으려고 맞춰 둔 타이머가 울리고 있어!

He pulled the trigger, but the gun didn't **go off**.
방아쇠를 당겼지만 총이 발사되지 않았다.

DIALOGUE

4. 대화로 반복하기 ☐

A Wake up! You're going to be late for school.
B Oh, no! Did my alarm not **go off** again?
A I guess not. We need to buy you a new clock.
B I think so. This is getting to be very stressful!

A 일어나! 학교 늦겠어.
B 안 돼! 제 알람이 또 안 울렸어요?
A 그런 것 같은데. 새 걸로 하나 사 줘야겠다.
B 그래야 할 것 같아요. 너무 스트레스예요!

5. 토막글에서 반복 익히기 ☐ **Passage**

During the week, my alarm **goes off** at 6:00 a.m. Then,
I take a shower and get dressed. After that, I have
breakfast and head to work.

평일에는 알람이 오전 6시에 울린다. 그 후 샤워를 하고 옷을 입는다. 그 다음으로
아침을 먹고 출근한다.

6. 문답 퀴즈로 익히기 ☐ **Q & A**

Q Imagine you are studying at home. Suddenly, the fire alarm starts
ringing. You have to exit your building. What happened to you?

A I had to go outside when the fire alarm _____.

Q 집에서 공부하고 있다고 상상해 보세요. 갑자기 화재 경보가 울리기 시작합니다.
건물 밖으로 나가야 합니다. 당신에게 무슨 일이 일어났나요?

A 화재 경보기가 울려서 밖으로 나가야 했다.

Ans went off

1. 기본 설명 들어보기 ☐

put on은 그냥 '입다'라는 뜻이에요. 아침에 출근하거나 주말에 데이트할 때
옷을 입는 상황에서 자주 사용돼요. try on은 '처음 입어 보다'라는 뜻으로, 쇼핑 중에
피팅룸에서 옷을 시도해 보는 것을 뜻해요. throw on은 '대충 걸쳐 입다'란 의미로,
잠깐 나가거나 간단한 일을 처리할 때 빠르게 옷을 입는 상황을 묘사할 때 사용돼요.
잠깐 집 근처 편의점에 가거나 쓰레기를 버리러 갈 때 옷을 주섬주섬 챙겨 입는
상황에는 throw on이 딱이죠. put on, try on, throw on을 이해하면 옷을 입는 다양한
상황을 자연스럽게 표현할 수 있어요!

2. 원어민의 시각 보기 ☐

When we "throw something on," we quickly put on a piece of clothing, usually without thinking. If we're in a hurry, then we need to throw on our clothes. We can also use this if we don't really care how we look. We can say that we just threw on whatever was nearby. When we throw something on, we do so quickly and without much thought.

무언가를 throw on 한다는 것은 대개 아무 생각 없이 급하게 옷을 입는다는 거예요. 만약 급한 일이 있으면, 옷을 빨리 입어야 해요. 우리는 외모에 별로 신경 쓰지 않을 때도 이 표현을 사용할 수 있어요. 그냥 근처에 있는 옷을 걸쳤다고 말할 수 있어요. 우리가 무언가를 throw on 한다면, 별 생각 없이 빠르게 그렇게 하는 거예요.

3. 짧은 문장으로 시작하기 ☐ **Short sentences**

It looked cold outside, so I **threw on** a jacket before I went out.
밖이 추워 보여서 나가기 전에 재킷을 걸쳤다.

We're going to be painting today, so **throw on** some old clothes.
오늘 페인트칠을 해야 하니까 헌 옷을 입어.

DIALOGUE

4. 대화로 반복하기 ☐

A Hurry up! We're going to be late.
B Relax. We have plenty of time to get to the airport.
A Will you just **throw** something **on** already?
B I like to look nice when I travel.

A 서둘러! 늦겠어.
B 진정해. 공항까지 갈 시간은 충분해.
A 옷이라도 먼저 대충 좀 입을래?
B 여행할 땐 멋지게 보이고 싶어.

5. 토막글에서 반복 익히기 ☐ **Passage**

I'm moving out of my apartment soon, so the landlord is starting to show it to new tenants. Yesterday, a couple wanted to visit my apartment while I was relaxing at home. I quickly **threw on** some jeans and a T-shirt before everyone arrived.

곧 아파트에서 이사 나갈 예정이라 집주인이 새로운 세입자들에게 집을 보여 주기 시작했다. 어제 한 커플이 내가 집에서 쉬고 있을 때 아파트를 방문하고 싶어 했다. 모두가 도착하기 전에 급히 청바지와 티셔츠를 입었다.

6. 문답 퀴즈로 익히기 ☐ **Q & A**

Q Imagine that your boss asks you to come to work on Saturday. You usually dress up nicely during the week, but you don't feel like it today. You don't really care how you look. How do you get dressed?

A I just _____ whatever I can find.

Q 상사가 토요일에 출근하라고 요청했다고 상상해 보세요. 평소 주중에는 깔끔하게 차려입지만, 오늘은 그럴 기분이 아닙니다. 외모에 신경 쓰고 싶지 않습니다. 어떻게 옷을 입나요?

A 그냥 아무 옷이나 집히는 대로 입는다.

Ans throw on

325

stick to _____

go off _____

throw on _____

아래의 빈 밑줄에
지문 내용에 알맞은
구동사의 결합을
써넣으세요.

Morning Routine
모닝 루틴

저는 매우 기본적인 아침 루틴을 지키려고 해요. 알람이 울리자마자 침대에서 뛰쳐 나와 샤워를 해요. 그 다음에는 옷장에서 찾을 수 있는 옷을 대충 걸쳐 입어요. 아침 식사를 하며 커피 한 잔을 마셔요. 마지막으로 모든 것을 가방에 넣고 집을 나서요. 저는 보통 지하철을 타고 출근해요.

7. 동사를 채워 완성하기 ☐ **Fill in Verbs**

I try to _____ to a very basic morning routine.

As soon as my alarm _____ off, I jump out of bed and

take a shower. Then, I _____ on whatever I can find in

my closet. I have breakfast and a cup of coffee. Finally,

I put everything in my bag and head out the door. I usually take

the subway to get to work.

8. 부사/전치사를 채워 완성하기 ☐ **Fill in Adverbs & Prepositions**

I try to stick _____ a very basic morning routine.

As soon as my alarm goes _____ , I jump out of bed and

take a shower. Then, I throw _____ whatever I can find in

my closet. I have breakfast and a cup of coffee. Finally,

I put everything in my bag and head out the door. I usually take

the subway to get to work.

Ans 7. stick, goes, throw / 8. to, off, on

stand up to

---

leave out

---

keep up with

One of my favorite childhood memories is when I [   ] the neighborhood bully. I was smaller than the other kids and often got [   ] when they were picking teams. Nobody thought that I would be a good teammate. One day, we all decided to race. Not only did I [   ] the other kids, but I was faster than all of them. I told the bully that he shouldn't look down on me just because I'm small. He ran away and never bothered me again.

Learn fast with **YouTube**

GUIDES 39

1. 기본 설명 들어 보기 ☐

stand up to는 '맞서다, 저항하다'란 뜻이에요. 예를 들어 학교에서 친구를
괴롭히는 사람에게 맞서서 대응했다면 "I stood up to my friend's bully."라고 할 수 있어요.
회사에서도 비슷한 상황이 발생할 수 있어요. 상사가 부적절한 행동을 할 때 침묵하면
나중에 존중받지 못할 수 있어요. 이를 영어로는 "If you don't stand up to your boss,
she'll never respect you."라고 표현해요. stand up for는 '지지하다, 옹호하다'란 의미인데,
이 구조에서 for 대신 to를 사용하면 의미가 완전히 반대가 돼요.

2. 원어민의 시각 보기 ☐

When we "stand up to" someone, then
we defend ourselves from a person more
powerful than us, especially if he or she
has been treating us unfairly. We can also
stand up to governments or organizations
that aren't treating us well. This usually
happens after a period of poor treatment.
When we can't stand it anymore, we
stand up to them. We usually think that
standing up to someone is very brave.

누군가에게 stand up to한다는 것은 특히
자신을 불공평하게 대하는 더 강력한
사람에게 맞서 자신을 방어하는 것을
의미해요. 우리는 또한 우리를 잘 대하지
않는 정부나 조직에 맞설 수 있어요.
이것은 보통 오랜 기간 동안 부당한 대우를
받은 후에 일어나요. 더 이상 참을 수
없을 때, 우리는 그들에게 맞서요.
보통 누군가에게 맞서는 것은
매우 용감한 행동이라고 생각해요.

3. 짧은 문장으로 시작하기 **Short sentences**

She finally **stood up to** her parents.
그녀는 결국 부모님께 맞섰다.

He was too scared to **stand up to** the bully.
그는 너무 두려워서 괴롭히는 놈에게 대항하지 못했다.

DIALOGUE
4. 대화로 반복하기

A I was really impressed with how you **stood up to** the boss yesterday.
B Thanks. I was tired of always being disrespected.
A I hope things change around here.
B Me, too. If not, I'm going to find another job.

A 어제 상사에게 당당히 맞서는 모습이 정말 인상적이었어요.
B 고마워요. 매번 무시당하는 게 정말 지긋지긋하더라고요.
A 여기 분위기도 좀 바뀌었으면 좋겠네요.
B 저도요. 그렇지 않으면 이직하려고요.

5. 토막글에서 반복 익히기 **Passage**

I was amazed that some of Amazon's workers **stood up to** the company. They were tired of the poor working conditions. They demanded more break times and better safety.

아마존의 일부 직원들이 회사에 맞선 것을 보고 놀랐다. 그들은 열악한 근무 조건에 지쳐 있었다. 그들은 더 많은 휴식 시간과 더 나은 안전을 요구했다.

6. 문답 퀴즈로 익히기 **Q & A**

Q Imagine you have a coworker who is always rude to you. She constantly criticizes your work and makes fun of you. One day, you tell her to stop. What did you do?

A I _____ my rude coworker.

Q 당신에게 항상 무례하게 구는 동료가 있다고 상상해 보세요. 그녀는 항상 당신의 일을 비판하고 당신을 놀립니다. 어느 날, 그녀에게 그만하라고 말합니다. 당신은 무엇을 했나요?

A 무례하게 구는 동료에게 맞섰다.

Ans stood up to

1. 기본 설명 들어보기 ☐

leave는 '그대로 두다'란 뜻이고, out은 '없는'이란 뜻이에요.
'무엇이 없는 상태로 두다'라는 의미로 '빼다, 생략하다, 제외하다'란 뜻으로 사용돼요.
예를 들어, 결혼식에 초대할 사람의 리스트를 만들 때 중요한 사람을 빠뜨리지 말라고
하려면 "Don't leave out anyone important."라고 할 수 있어요.
음식을 만들 때 재료를 빠뜨린 경우에는 "Did you leave something out?
I feel like something is missing."이라고 말할 수 있죠. leave out에는
'애초에 포함하지 않다'는 뉘앙스가 담겨 있어요.

2. 원어민의 시각 보기 ☐

Whn we "leave something out," we don't include it in a group or activity. People can be left out of groups. We can also leave ingredients out of a recipe. Anytime something isn't part of a larger group, we can say it was left out. People usually don't like being left out.

무언가를 leave out 한다는 것은 그것을 그룹이나 활동에 포함시키지 않는 것을 의미해요. 사람들이 그룹에서 제외될 수 있어요. 우리는 또한 레시피에서 재료를 빼놓을 수 있어요. 무언가가 더 큰 그룹에 속하지 않을 때마다 우리는 그것이 제외되었다고 말할 수 있어요. 사람들은 보통 제외되는 것을 좋아하지 않아요.

3. 짧은 문장으로 시작하기 □ **Short sentences**

She **left** her sister **out** of her wedding plans.
그녀는 결혼 계획에서 여동생을 제외했다.

If you can't handle spicy food, **leave out** the chili peppers.
매운 걸 못 먹으면, 고추는 빼세요.

DIALOGUE

A I used to work as a dog groomer. Should I put that in my résumé?
B What kind of job are you applying for?
A I'm applying to be a secretary at a law firm.
B I think you can **leave** that experience **out**.

A 전에 애견 미용사로 일한 적이 있어요. 이력서에 이 경력을 넣을까요?
B 어떤 직종에 지원하시나요?
A 로펌 비서에 지원하려고요.
B 그 경력은 빼는 게 나을 것 같아요.

5. 토막글에서 반복 익히기 □ **Passage**

I wish singers would **leave** swear words **out** of their songs. It makes it really hard for me to sing along when a song is filled with swear words. I don't think they add anything to the song anyway.

가수들이 노래에서 욕설을 빼 줬으면 좋겠어요. 욕설이 가득한 노래는 따라 부르기가 정말 어렵거든요. 어쨌든 욕설이 노래에 아무런 도움이 되지 않는 것 같아요.

6. 문답 퀴즈로 익히기 □ **Q & A**

Q Imagine you are friends with a group of people. You keep in touch in a group chat. One day, you find out they have a second group chat that doesn't include you. What happened to you?

A I was _____ from my friends' chat group.

Q 한 무리의 사람들과 친구라고 상상해 보세요. 그룹 채팅으로 연락을 주고받고 있습니다. 어느 날, 당신을 제외한 두 번째 그룹 채팅이 있다는 사실을 알게 됩니다. 당신에게 무슨 일이 일어났나요?

A 친구들의 채팅 그룹에서 내가 빠졌다.

Ans left out

1. 기본 설명 들어보기 ☐

며칠 전에 친구와 함께 조깅을 했어요. 오랜만에 뛰었는데요, 그래서인지 친구와 비슷한 속도로 따라가는 게 쉽지 않았어요. 이런 상황을 영어로 바꾸면 "I struggled to keep up with him."이 돼요. keep에는 '유지하다'라는 뜻이 있어서 keep up with를 이해하기 쉬울 거예요. 매일 쏟아지는 소식에 뒤떨어지지 않는 사람이라면 이 표현을 써서 "She always keeps up with the news and current events."라고 표현할 수 있어요. 이와 유사한 catch up with는 이미 뒤처진 상태에서 따라잡는 행위라는 뉘앙스가 있으니 차이에 주의하세요.

2. 원어민의 시각 보기 ☐

When we "keep up with" someone or something, then we stay equal or level with that person or thing. It means that we go at the same pace as that person or thing. We can use this in a race or at work. If I complete my work at the same rate as someone else, then I'm keeping up with her. We want to be able to keep up with the competition.

누군가 또는 무언가를 keep up with 한다는 것은 동등하거나 같은 수준을 유지하는 것을 의미해요. 이는 같은 속도로 나아간다는 뜻이에요. 우리는 이것을 경주나 직장에서 사용할 수 있어요. 만약 내가 다른 사람과 같은 속도로 일을 완료한다면, 나는 그 사람과 보조를 맞추고 있는 거예요. 우리는 경쟁에서 뒤처지지 않고 따라가기를 원해요.

My daughter loves to **keep up with** the latest trends.
우리 딸은 최신 트렌드에 따르는 걸 좋아한다.

The most frustrating thing about the economy these days is that wages are not **keeping up with** inflation.
요즘 경제 상황에서 제일 안타까운 점은 임금이 인플레이션을 따라잡지 못한다는 것이다.

DIALOGUE

4. 대화로 반복하기 ☐

A Hey, Mike! Will you slow down a bit?
B Why? What's the problem?
A You're walking so fast I can't **keep up with** you.
B Sorry about that. I'll slow down.

A 안녕, Mike! 좀 천천히 걸을래?
B 왜? 뭐 문제 있어?
A 걸음이 빨라서 내가 따라갈 수가 없잖아.
B 미안해. 속도를 늦출게.

5. 토막글에서 반복 익히기 ☐ **Passage**

As I've gotten older, it's gotten harder and harder to **keep up with** music. I used to know all the popular singers, but now I don't. There are just too many to keep track of.

나이가 들면서 음악을 따라잡기가 점점 더 어려워졌다. 예전에는 모든 인기 가수들을 알았지만, 지금은 그렇지 않다. 따라가야 할 가수가 너무 많다.

6. 문답 퀴즈로 익히기 ☐ **Q & A**

Q Imagine you have a very successful neighbor. When he buys a new car, you buy one, too. When he remodels his apartment, so do you. What are you trying to do?

A I'm trying to _____ my successful neighbor.

Q 당신에게 매우 성공한 이웃이 있다고 상상해 보세요. 그가 새 차를 사면, 당신도 새 차를 삽니다. 그가 아파트를 리모델링하면, 당신도 그렇게 합니다. 당신은 무엇을 하려고 하나요?

A 성공한 이웃과 같은 수준을 유지하려고 노력 중이다.

Ans keep up with

stand up to

leave out

keep up with

아래의 빈 밑줄에
지문 내용에 알맞은
구동사의 결합을
써넣으세요.

My Favorite Childhood Memory
가장 좋아하는 어린 시절의 추억

제가 어렸을 때 가장 좋아하는 추억 중 하나는 동네에서 괴롭히던 아이에게 맞섰던 일이에요. 저는 다른 아이들보다 작았고, 팀을 나눌 때 자주 제외되곤 했어요. 아무도 제가 좋은 팀원이 될 것이라고 생각하지 않았죠. 어느 날, 우리 모두 달리기를 하기로 했어요. 저는 다른 아이들과 속도를 맞출 뿐만 아니라 그들 모두보다 더 빨랐어요. 저는 그 괴롭히던 아이에게 제가 작다고 해서 저를 무시하지 말라고 말했어요. 그는 도망갔고 다시는 저를 괴롭히지 않았어요.

---

7. 동사를 채워 완성하기 ☐ **Fill in Verbs**

One of my favorite childhood memories is when I ＿＿＿＿＿＿ up to

the neighborhood bully. I was smaller than the other kids and often

got ＿＿＿＿＿＿ out when they were picking teams. Nobody

thought that I would be a good teammate. One day, we all decided to

race. Not only did I ＿＿＿＿＿＿ up with the other kids, but I was

faster than all of them. I told the bully that he shouldn't look down on

me just because I'm small. He ran away and never bothered me again.

---

8. 부사/전치사를 채워 완성하기 ☐ **Fill in Adverbs & Prepositions**

One of my favorite childhood memories is when I stood ＿＿＿＿＿＿

the neighborhood bully. I was smaller than the other kids and often

got left ＿＿＿＿＿＿ when they were picking teams. Nobody

thought that I would be a good teammate. One day, we all decided to

race. Not only did I keep ＿＿＿＿＿＿ the other kids, but I was

faster than all of them. I told the bully that he shouldn't look down on

me just because I'm small. He ran away and never bothered me again.

Ans 7. stood, left, keep / 8. up to, out, up with

put off

---

sort out

---

throw away

I really hate taking out the recycling, so I usually [   ] it [   ]. Instead of throwing it out a bit at a time, I just throw it all away on Saturday. I really hate [   ] all of my trash. It's so time consuming and annoying. I wish I could just [   ] everything [   ] in one bag. But I know that recycling is good for the environment.

Learn fast with youTube

GUIDES 40

1. 기본 설명 들어보기

put은 '놓다'란 뜻이고, off는 '멀리, 떨어진'이란 뜻이에요.
일정표에 오늘 계획한 일을 떨어진 다른 날짜로 이동시키는 장면을 상상해 보세요.
그렇게 put off는 '시간이나 날짜를 미루다'란 의미로 쓰여요. 치과 진료를 예로 들면,
핑계를 대며 치과에 가지 않는다면 "He keeps putting off going to the dentist."가 돼요.
각종 과제를 마지막 순간까지 미루지 말라는 말은 "Don't put things off
until the last minute."으로 쓸 수 있죠. 지금 처리하면 도움이 되는데,
귀찮거나 하기 싫어서 미루는 뉘앙스가 강하게 있는 표현이니 참고하세요.

2. 원어민의 시각 보기

When we "put something off," we delay it. We arrange to do it at a later time. We usually delay events or plans. We often use "put off" when we talk about procrastinating. The nuance is that I really don't want to do that thing, so I'll delay doing it until later.

무언가를 put off한다는 것은 그것을 미루는 거예요. 나중에 하기로 정하는 거죠. 우리는 보통 이벤트나 계획을 미뤄요. 미루는 것에 관해 얘기할 때 put off라는 표현을 자주 써요. 이 표현은 내가 정말로 그 일을 하고 싶지 않아서 나중으로 미룬다는 뉘앙스를 가지고 있어요.

3. 짧은 문장으로 시작하기 | Short sentences

I'm a little worried that I **put off** being a parent for too long.
부모가 되는 걸 너무 오래 미룬 것 같아 좀 걱정이야.

The negotiations between the two countries have been **put off** for another month.
양국 간의 협상이 한 달 더 미뤄졌다.

DIALOGUE

4. 대화로 반복하기

A   Have you talked to Taylor yet?
B   Not yet. I'm really nervous about it.
A   You can't **put off** the conversation forever.
B   You're right. I'll call him now.

A   Taylor랑은 얘기했지?
B   아니 아직. 너무 떨려.
A   대화를 영원히 미룰 순 없잖아.
B   네 말이 맞아. 지금 전화해 볼게.

5. 토막글에서 반복 익히기 | Passage

I tend to **put off** replying to emails until the last moment. I don't know why, but checking my emails is really stressful for me. I always feel better after I've replied to them though.

나는 이메일에 답장하는 것을 마지막 순간까지 미루는 경향이 있다. 왜 그런지 모르겠지만, 이메일을 확인하는 것이 정말 스트레스다. 그래도 이메일에 답장을 하고 나면 항상 기분이 나아진다.

6. 문답 퀴즈로 익히기 | Q & A

Q   Imagine you have a sore throat. You know you need to see a doctor, but you really don't want to. You're scared that it might be something serious. What are you doing?

A   I'm _____ visiting the doctor.

Q   목이 아프다고 상상해 보세요. 병원에 가야 한다는 것을 알지만, 정말 가고 싶지 않습니다. 심각한 질병일까 봐 두려워하고 있습니다. 당신은 무엇을 하고 있나요?

A   병원 방문을 미루고 있다.

1. 기본 설명 들어보기 ☐

sort는 동사로 사용될 때 '구분하다'를 뜻해요.
out에는 '밖으로, 완전히'라는 뜻이 있어요. 이 둘이 결합된 구동사 sort out은
'분류하다', '해결하다'란 의미로 쓰여요. 예를 들어, 책상 위에 문서를 분류했으면
"She sorted out the documents."라고 해요. 은행에서 어떤 문제 해결에
어려움을 겪고 있을 때는 "I'm having a hard time sorting out this problem with
my bank."라고 할 수 있죠.
'엉망으로 만들다'를 뜻하는 mess up과 묶어서 기억하면 좋겠네요!

2. 원어민의 시각 보기 ☐

When we "sort out" things, we separate them into groups. We might separate an item or a group of items from a large pile. We often have to sort out our trash. We might have to sort out documents at work. It's really common to sort things out when we need to organize them.

무언가를 sort out한다는 것은 그것들을 그룹으로 나누는 것을 의미해요. 우리는 큰 더미에서 한 가지 항목이나 여러 항목을 분리할 수 있어요. 우리는 종종 쓰레기를 분류해야 해요. 직장에서 문서를 분류해야 할 수도 있어요. 무언가를 정리해야 할 때, 분류하는 것은 매우 흔한 일이에요.

3. 짧은 문장으로 시작하기 □ **Short sentences**

You need to **sort out** which articles are true and which are made up.
어떤 기사가 사실이고 어떤 기사가 지어낸 건지 가려내야 한다.

She had to **sort out** which documents she needed to apply for a visa.
그녀는 비자 신청에 필요한 서류를 분류해야 했다.

DIALOGUE

A   You need to clean out your closet.
B   Why? I love all my clothes.
A   You have too many. **Sort out** what you want to keep and what you want to give away.
B   Okay. I'll work on that this weekend.

A   옷장 정리 좀 해야겠다.
B   왜? 난 내 옷이 다 좋아.
A   너무 많잖아. 계속 보관할 옷이랑 기부할 옷을 분류해 봐.
B   알았어. 이번 주말에 해 볼게.

5. 토막글에서 반복 익히기 □ **Passage**

My mom asked me to **sort out** my old things at her house. I still have so many things in storage. I seriously just want to throw everything away.

엄마가 집에 있는 내 오래된 물건들을 정리해 달라고 하셨다. 아직도 창고에 많은 물건들이 남아 있다. 정말 그냥 다 버리고 싶다.

6. 문답 퀴즈로 익히기 □ **Q & A**

Q   Imagine you need to file your taxes. You need to organize your bills, receipts, and pay slips. It can be such a headache getting everything in order. What do you need to do?

A   I need to _____ my documents for tax purposes.

Q   세금을 신고해야 한다고 상상해 보세요. 청구서, 영수증, 급여 명세서를 정리해야 합니다. 모든 것을 정리하는 것은 정말 골치 아플 수 있습니다. 무엇을 해야 하나요?

A   세금 신고를 위해 서류를 분류해야 한다.

Ans sort out

1. 기본 설명 들어보기 ☐

throw는 '던지다'란 뜻이고, away는 '떨어진'이란 뜻이에요.
'떨어진 곳에 던지다', 곧 '버리다'라는 의미가 되지요. 필요 없는 물건을 버릴 때 언제든
어울려요. 예를 들어, 쓰지 않는 장난감을 언제 버릴 거냐고 묻는 상황에서는 영어로
"When are you going to throw away those old toys?"라고 해요.
또한 기회를 날릴 때도 쓸 수 있는데요, "Don't throw away your chance to win
a scholarship."이라고 하면 장학금을 받을 기회를 놓치지 말라는 당부가 돼요.
참고로 throw away의 반대말은 keep이니 함께 기억해 주세요.

2. 원어민의 시각 보기 ☐

When we "throw something away," we get rid of it, usually because we don't want it anymore. We typically throw away trash or other unwanted items. We tend to throw things away in the trash although some people might throw something away on the side of the road. When we throw it away, we don't want it anymore. We don't throw away things that we like or we want to keep using.

무언가를 throw away한다는 것은 그것을 버린다는 거예요. 보통 더 이상 필요 없기 때문에 버려요. 우리는 보통 쓰레기나 원하지 않는 물건을 버려요. 보통 쓰레기통에 버리지만, 어떤 사람들은 길가에 버리기도 해요. throw away 한다는 건 더 이상 원하지 않는다는 뜻이에요. 우리는 좋아하거나 계속 사용하고 싶은 것을 버리지 않아요.

3. 짧은 문장으로 시작하기 ☐ **Short sentences**

My grandma never **throws** anything **away**.
우리 할머니는 물건을 하나도 버리지 않으신다.

I can't believe someone is **throwing away** this perfectly good table!
이런 멀쩡한 식탁을 버리는 사람이 있다니!

DIALOGUE

A What should I do with the eggshells?
B I think you should **throw** them **away** in the regular trash.
A They don't go in the food trash?
B No, I'm pretty sure they don't.

A 달걀 껍데기는 어떻게 처리해야 할까?
B 일반 쓰레기통에 버려야 할 것 같아.
A 음식물 쓰레기통에 넣는 거 아니고?
B 내가 알기론 분명히 아니야.

5. 토막글에서 반복 익히기 ☐ **Passage**

I recently decided to downsize. I had too many things that I didn't use. It felt really good to **throw away** so much stuff.

최근에 나는 규모를 줄이기로 결정했다. 사용하지 않는 물건이 너무 많았다.
많은 물건을 버리니 정말 기분이 좋았다.

6. 문답 퀴즈로 익히기 ☐ **Q & A**

Q Imagine you just got a new smartphone. Unfortunately, you're not sure what to do with your old one. You try to search online to find out what to do. What are you curious about?

A I'm not sure how to _____ my old smartphone.

Q 새 스마트폰을 샀다고 상상해 보세요. 불행히도, 오래된 스마트폰을 어떻게 해야 할지 잘 모르겠습니다. 온라인에서 해결책을 찾으려고 합니다. 무엇이 궁금한가요?

A 쓰던 스마트폰을 어떻게 버려야 할지 모르겠다.

Ans throw away

put off
___

sort out
___

throw away
___

아래의 빈 밑줄에
지문 내용에 알맞은
구동사의 결합을
써넣으세요.

Dealing with Recycling
재활용하기

저는 재활용 쓰레기를 내다 버리는 것이 정말 싫어서 보통 미루곤 해요. 한 번에 조금씩 버리는 대신에, 그냥 토요일에 다 버려요. 쓰레기를 모두 분류하는 것도 정말 싫어요. 시간이 많이 걸리고 성가시거든요. 모든 것을 한 봉투에 다 버릴 수 있으면 좋겠어요. 하지만 재활용이 환경에 좋다는 건 알고 있어요.

---

7. 동사를 채워 완성하기 ☐ **Fill in Verbs**

I really hate taking out the recycling, so I usually _____ it

off. Instead of throwing it out a bit at a time, I just throw it all

away on Saturday. I really hate _____ out all of my trash.

It's so time consuming and annoying. I wish I could just

_____ everything away in one bag. But I know that

recycling is good for the environment.

8. 부사/전치사를 채워 완성하기 ☐ **Fill in Adverbs & Prepositions**

I really hate taking out the recycling, so I usually put it _____.

Instead of throwing it out a bit at a time, I just throw it all away on

Saturday. I really hate sorting _____ all of my trash. It's so

time consuming and annoying. I wish I could just throw everything

_____ in one bag. But I know that recycling is good for

the environment.

Ans 7. put, sorting, throw / 8. off, out, away

Index

Index